FOLIO BIOGRAPHIES
collection dirigée par
GÉRARD DE CORTANZE

Darwin

par

Jean-Noël Mouret

Gallimard

Crédits photographiques :

1, 2, 3, 4 : The Bridgeman Art Library / English Heritage Photo Library ; 5, 6, 7 et 9 : English Heritage ; 8 : Edigraphie ; 10 : Cosmos / SPL / Paul D. Stewart ; 11 : The Bridgeman Art Library / Natural History Museum, London ; 12 : The Bridgeman Art Library / Archives Charmet ; 13 : Rue des Archives / Mary Evans Picture Library ; 14 : Adoc-photos / Maull et Polyblank ; 15 : The Bridgeman Art Library / Look and Learn / Elgar Collection ; 16 : Washington, Library of Congress ; 17 : The Bridgeman Art Library / Look and Learn / Peter Jackson Collection ; 18 : Library of Congress Prints and Photographs Division, Washington D.C.

Écrivain, traducteur, journaliste d'entreprise et passionné de littérature de voyage, Jean-Noël Mouret est diplômé de Sciences-Po Bordeaux et ancien élève des Arts et Métiers. Il se partage entre la communication institutionnelle, la médiation du patrimoine scientifique et technique et l'écriture. Il a notamment publié, aux Éditions Gallimard, *Louis Renault* (Folio Biographies, 2009) et, aux Éditions du Mercure de France, dans la série « Le goût des villes », *Venise*, *Barcelone*, *Lisbonne*, *Bruxelles*, *Palerme*, *Séville*, *Le Périgord*, *La Haute Provence*, *Le Mont-Saint-Michel*, *Bordeaux* et *Lille*, ainsi que des ouvrages thématiques comme *Le goût des villes imaginaires* (2011) et *Le goût du vin* (2012).

Prologue : Suicide à Port Famine

1er août 1828. Au cœur de l'hiver austral, un jour sale traîne sur la baie de Port Famine, au cœur des solitudes marines du détroit de Magellan. Dans une atmosphère glaciale, « composée de deux-tiers de pluie et d'un tiers de brouillard*[1] », les mâtures de deux vaisseaux de Sa Gracieuse Majesté en mission hydrographique, le *Beagle*** et l'*Adventure*, mouillés presque bord à bord, se devinent à peine dans la demi-obscurité. Malgré cette ambiance démoralisante, les équipages, malades du scorbut, épuisés par d'effroyables tempêtes, apprécient autant le calme de ces eaux bien abritées que la viande fraîche de guanaco dont les deux navires sont maintenant

* Les notes bibliographiques sont regroupées en fin de volume, p. 369.

** Lancé en 1820, le H.M.S. *Beagle*, brick de 235 tonneaux et de 10 canons, faisait partie de l'une des toutes dernières séries de voiliers militaires. De petite taille — environ 27 m de long pour 7 m de large —, dépourvus de quille, ces navires chavirent facilement, ce qui leur vaut le surnom de « cercueil flottant »... En 1825, avec cinq autres unités de la même classe, le *Beagle* a été refondu pour devenir un navire de recherche océanographique : modifié et allégé, il se montrera très manœuvrant dans les zones peu profondes et sera utilisé intensivement pour effectuer des relevés cartographiques des côtes et des sondages des fonds marins. Le *Beagle* doit son nom à une race de chiens courants du même nom, particulièrement douée pour la détection.

abondamment pourvus grâce au troisième vaisseau de la flotte, l'*Adelaide*, de retour d'une expédition de ravitaillement auprès des Indiens patagons de Peckett's Harbour.

Soudain, en milieu de journée, un coup de feu déchire le silence, les oiseaux de mer, affolés, se dispersent à grands cris rauques, et bien vite un canot sillonne la baie pour répandre la mauvaise nouvelle : le capitaine du *Beagle*, Pringle Stokes, reclus dans sa cabine et qui depuis des semaines s'enfonçait dans la dépression, vient de se tirer une balle dans la tête. Alertés, les chirurgiens du *Beagle* et de l'*Adventure* se rendent immédiatement à son chevet et vont tout tenter pour le sauver, en vain : Stokes, mauvais tireur, s'est raté, mais le projectile, logé dans le cerveau, ne peut en être extrait. Pendant quatre jours, le malheureux va délirer, son esprit vagabondant à travers les épisodes les plus dramatiques de sa navigation et revivant les moments où il avait frôlé la catastrophe. Les jours suivants, son état semble s'améliorer, au point que Stokes s'imagine, mais il est bien le seul, qu'il va guérir. Puis la gangrène se déclare dans les tissus cérébraux et, après une longue période de terribles douleurs, le malheureux expire au matin du 12 août. Sa dépouille est ramenée à terre pour être ensevelie avec les honneurs dus à son rang, et Philip Parker King, commandant de la mission hydrographique, note dans sa relation de voyage : « C'est ainsi que périt à la fleur de l'âge, de manière aussi terrible que prématurée, un officier des plus énergiques, actifs et intelligents. Les rudes épreuves traversées par l'expédition, le temps épouvantable et les périls mortels auxquels les hommes étaient soumis en permanence, avaient, comme je l'appris par la suite, provoqué dans son esprit impressionnable une anxiété si intense qu'il présentait des troubles mentaux laissant craindre le pire quant à leurs conséquences[2]. »

Après la mort de Stokes, son second, le lieutenant de vaisseau Skyring, prend le commandement du *Beagle* et rejoint Montevideo pour réparer le navire et le rééquiper. De nouveau prêt à reprendre ses explorations, le *Beagle* passe, le 15 décembre, sous le commandement d'un tout jeune officier de marine de vingt-trois ans, Robert FitzRoy. Lorsque FitzRoy regagne l'Angleterre le 14 octobre 1830, au terme de la mission du *Beagle*, cet aristocrate raffiné est intimement persuadé de deux choses : d'abord, se retrouver « seul maître à bord après Dieu » l'a plongé dans un état de solitude à la limite du supportable ; ensuite, la dépression qui a terrassé Pringle Stokes pourrait tout aussi bien s'emparer de lui et le conduire au suicide, tentation à laquelle il redoute d'autant plus de succomber qu'il y a des précédents dans sa propre famille : son oncle, le diplomate et homme d'État lord Castlereagh, s'est tranché la gorge dans une crise de folie en 1822.

Pour sa prochaine expédition, dont le départ est prévu à la fin de l'année 1831, FitzRoy est bien décidé à s'adjoindre un compagnon de voyage cultivé, dont la présence et la conversation l'aideront à surmonter la solitude du commandement. En août 1831, il se lance à la recherche de l'oiseau rare qui voudrait bien se lancer dans une circumnavigation d'au moins deux ans dans les mers les plus inhospitalières de la planète. Cet inconscient s'appellera Charles Darwin, jeune dilettante fortuné et naturaliste amateur à peu près inconnu. L'expédition durera en fait près de cinq ans ; et des notes et observations accumulées par Darwin surgira une vision neuve du fonctionnement de la nature.

Voilà comment, dans le droit fil de l'effet papillon, une balle maladroitement tirée dans les solitudes de Patagonie en 1828 déclenche trente ans plus tard, en 1858, une révolution intellectuelle. Les « vieux panneaux indicateurs de la science[3] », plantés depuis des siècles, seront renversés par le darwinisme, ce nouveau cadre conceptuel qui va bouleverser les sciences du vivant et ébranler le monde scientifique et philosophique.

Formation

1809-1831

Le chromosome du non-conformisme

The Mount, la maison natale de Charles Darwin à Shrewsbury, vieille cité du Shropshire, présente au visiteur un visage plutôt austère. Cette grande bâtisse de briques rouges, imposante et massive, ressemble assez à celui qui la fit édifier à la fin des années 1790, le médecin et homme d'affaires Robert Darwin, « l'homme le plus corpulent, dira son fils, que j'ai jamais rencontré[1] ». En effet, le personnage en impose, avec son mètre quatre-vingt-huit et ses cent cinquante kilos... au moins : un jour viendra où il renoncera à se peser. Par précaution, lorsqu'il visite un patient, il ne se risque jamais sur les planchers sans envoyer devant lui son cocher — tout aussi massif —, et fait renforcer les marchepieds de ses voitures, qu'il estime trop frêles pour le supporter.

Robert Darwin n'est pas un simple médecin de province, mais un notable reconnu qui, en peu d'années, a rassemblé une véritable fortune qu'il fait fructifier avec talent. Son mariage a encore contribué à augmenter sa prospérité : il a épousé Susannah Wedgwood, fille de Josiah Wedgwood, le fondateur de la grande manufacture de céramiques du même nom*. Pour comprendre comment, à une époque où les mariages sont, sinon arrangés dès l'enfance, du moins fortement soumis aux bonnes relations entre les familles, une fille de l'élite manufacturière a pu épouser un membre d'une profession libérale, il faut remonter à la génération précédente et à la rencontre de deux très fortes personnalités : Josiah Wedgwood, père de Susannah, et surtout Erasmus Darwin, père de Robert.

Erasmus Darwin semble un personnage de la Renaissance égaré au siècle des Lumières. Il descend d'une vieille famille du Lincolnshire, dont le premier ancêtre identifié est un certain William Darwin**, qui vécut vers 1500 à Marton, près de Gainsborough. De cette dynastie de petite noblesse de province naîtra en 1682 un certain Robert Darwin (1682-1754), premier de la lignée à montrer un vif intérêt pour la science. Ainsi, un article de la revue *Philosophical Transaction* d'avril-mai 1719 rend compte des observations, par Robert Darwin, d'un important fossile, « le squelette presque complet d'un gros animal », découvert par le pasteur d'Elston, « dont le semblable n'a jamais été observé jusqu'à présent dans cette île, à ma connaissance ».

Des quatre fils de Robert Darwin, l'aîné, Robert Waring Darwin (1724-1816), restera célibataire et consacrera sa longue vie à la poésie et à la botanique.

* En 2014, la firme Wedgwood figure toujours parmi les grands fabricants mondiaux de porcelaine.

** Le patronyme a connu plusieurs variantes orthographiques : Derwent, Darwen, Darwyn, Darwynne, etc.

Il est l'auteur de *Principia Botanica*, contenant nombre de réflexions originales dans le domaine de la biologie, qui connaît un réel succès auprès du public cultivé. Le benjamin n'est autre qu'Erasmus, qui voit le jour le 12 décembre 1731 au manoir d'Elston Hall. Très vite, il fait preuve d'originalité, de curiosité et d'une grande indépendance d'esprit, comme s'en souvient son frère Robert Waring : « Erasmus a toujours aimé la poésie. Mais il était tout autant passionné de mécanique. Je me souviens que, tout jeune, il avait fabriqué un système d'alarme très ingénieux pour sa montre ; il réalisait aussi des expériences simples sur l'électricité avec un appareil rustique, utilisant une bouteille, qu'il avait lui-même inventé[2]. » Après des études de lettres classiques et de mathématiques au St. John's College, à Cambridge, cet esprit curieux de tout part étudier la médecine à Édimbourg à l'automne 1754. En septembre 1756, il s'installe comme médecin à Nottingham. Faute de patients, il consacre son temps à discuter avec ses amis, par lettres interposées, de philosophie, d'électricité, de sténographie… Las de cette oisiveté forcée, il quitte Nottingham pour Lichfield dès novembre. Le succès est cette fois au rendez-vous : il sauve un jeune homme dont le cas semblait désespéré, la presse locale s'empare de ce « miracle ». Il peut alors envisager de s'établir durablement et de se marier. Il épouse l'année suivante, en décembre 1757, la jeune Mary Howard, à peine âgée de dix-huit ans, qu'il appelle affectueusement « Polly ». Les lettres qu'il lui envoie, à la fois tendres et drôles, montrent un homme sincèrement amoureux, qui se préoccupe bien plus de trouver une compagne qu'une maîtresse de maison. Tout au long de sa vie, d'ailleurs, Erasmus Darwin se montrera sincèrement amoureux… mais jamais de la même, et il le prouvera à chacune en multipliant les enfants, légitimes et hors mariage.

Polly lui donne cinq enfants, dont trois survivront : Charles Darwin, né en 1758, Erasmus II Darwin, né en 1759, et Robert Waring Darwin, né en 1766, futur père de Charles Darwin. Mais, à la fin des années 1760, après treize ans de mariage apparemment heureux, la santé de Polly s'est considérablement dégradée. Le père d'Erasmus avait mis ses fils en garde contre l'intempérance dans un quatrain ironique : « D'un matin qui brille, / D'un garçon qui boit du vin, / D'une femme qui parle latin, / Seigneur, délivre-moi* ! » Si la femme d'Erasmus ne parle pas latin, en revanche, elle boit — pas du vin, du gin… Son ivrognerie va la précipiter dans la tombe en 1770.

Comme Erasmus n'est pas fait pour le célibat, il s'intéresse bien vite à une certaine Lucy Swift, une femme mariée qui donne le jour à une petite Lucy dont il semble être le vrai père… Il se tourne ensuite vers la nurse engagée pour s'occuper du petit Robert, qui n'avait que quatre ans à la mort de sa mère. Mary Parker est jeune, fraîche et peu farouche : bientôt, Erasmus et elle auront deux

* « *From a morning that doth shine, / From a boy that drinketh wine, / From a wife that talketh Latine, / Good Lord deliver me.* » (Charles Darwin, notice préliminaire, *in* Ernst Kreuse, *Erasmus Darwin, with a Preliminary Notice by Charles Darwin*, John Murray, Londres, 1879.)

filles, élevées avec les autres enfants Darwin, présents et à venir.

Car Erasmus ne va pas s'en tenir aux amours ancillaires : à près de cinquante ans, handicapé par une rotule brisée, obèse et défiguré par la petite vérole, il tombe amoureux comme un collégien — il ne cesse de lui envoyer des poèmes enflammés — d'Elizabeth Chandos-Pole, l'aristocratique et flamboyante épouse du colonel Pole, héros de la bataille de Minden*. Contre toute attente, les sentiments sont réciproques : le colonel décède le 26 novembre 1780, sa veuve se remarie avec Erasmus dès le 6 mars 1781... Malgré les seize ans d'écart entre les époux, ce second mariage sera au moins aussi heureux que le premier et verra naître sept enfants. La petite dernière voit le jour en 1790 : Erasmus, qui a toujours entretenu les relations les plus affectueuses avec ses multiples enfants, aura pouponné jusqu'à la fin de ses jours, qui survient subitement le 18 avril 1802.

Erasmus ne saurait cependant se résumer à ce personnage truculent. Sa double formation de médecin et de philosophe, sa curiosité toujours en éveil, sa capacité à observer et à réfléchir à partir de ses analyses vont donner naissance à une pensée libre et originale, débarrassée des dogmes. Et de pensée libre à libre-penseur, il n'y a qu'un pas qu'Erasmus va bientôt franchir. Ainsi, dans une

* La bataille de Minden (1er août 1759), au cours de la guerre de Sept Ans, se déroula en Rhénanie-Westphalie et se solda par la victoire des armées britannique et prussienne sur les Français. Cette défaite eut pour la France de graves conséquences, comparables à celles de Waterloo.

lettre écrite alors qu'il n'a que vingt-trois ans, il explique à propos de la nature :

> Qu'il existe un Ens Entium* supérieur qui soit à l'origine de ces merveilleuses créatures est une démonstration mathématique. Qu'Il influence le cours des choses par une providence particulière n'est pas aussi évident. Selon mes idées, il est probable que ce soit le contraire, puisque les lois générales semblent suffisantes pour y parvenir. Pouvons-nous dire qu'aucune providence particulière n'est nécessaire pour faire tourner cette planète autour du Soleil, tout en affirmant sa nécessité pour faire sortir le cinq et le quatorze quand on agite un cornet à dés ? Ou donner à chacun son pain quotidien ? Les lumières de la Nature ne nous procurent pas un seul argument en faveur d'un état futur ; celui-ci est le seul qui soit possible avec Dieu, à partir du moment où celui qui nous a faits à partir du néant peut sûrement nous re-créer ; et nous espérons humblement que c'est ce qu'il fera**[3].

En clair, Erasmus veut bien admettre l'existence d'un créateur originel, mais récuse toute influence directe de sa part dans l'évolution de la nature et *a fortiori* dans notre quotidien — ce qui revient à dénier tout pouvoir aux institutions qui se présentent comme des intermédiaires, des intercesseurs, entre les hommes et Dieu. Bien qu'il ne se soit jamais déclaré athée — il publia au contraire une « Ode sur la sottise de l'athéisme » —, son scepticisme envers les religions et sa méfiance envers les religieux ne feront que s'aggraver avec le temps. On

* Pour simplifier, « Être Suprême » ; le terme appartient au vocabulaire du philosophe rationaliste Emmanuel Kant (1724-1804), contemporain d'Erasmus.

** Lettre au docteur Okes, d'Exeter, envoyée pour l'informer de la mort de son père le 20 novembre 1854.

lui doit ces fortes paroles, dans une lettre à une jeune femme un peu trop pieuse à son gré : « Pour ce qui est de l'existence d'un dieu, de l'existence de l'âme, ou d'un autre monde à venir, qui peut être sûr de quoi que ce soit sur ces sujets ? Soyez-en bien certaine, chère Madame, ce ne sont là que des épouvantails dont se servent les hommes intelligents pour manipuler les imbéciles. » En d'autres temps, Erasmus aurait été brûlé comme hérétique...

Au centre de ses multiples travaux et publications se détachent les deux forts volumes de *Zoonomia, or the Laws of Organic Life* (*Zoonomia, ou Les Lois de la vie organique*), publiés en 1794 et 1796. Dans cette somme de ses connaissances en pathologie, anatomie, psychologie et physiologie du corps humain, il aborde également un sujet qui l'intéresse entre tous : l'adaptation et l'évolution des espèces. Il remarque ainsi :

Quelques oiseaux ont acquis un bec plus dur pour casser les noix, comme les perroquets ; d'autres, des becs adaptés à briser les semences encore plus dures, tels que les moineaux ; d'autres l'ont propre à enlever les semences tendres des fleurs ou les bourgeons des arbres, comme les bouvreuils. D'autres oiseaux ont un long bec pour pénétrer dans les terres humides et y chercher des insectes et des racines, comme la bécasse ; d'autres enfin ont des becs larges pour attraper les insectes aquatiques, dans le fluide où ils nagent ; tels sont les canards. Tous ces moyens paraissent avoir été acquis graduellement pendant une longue suite de générations, par les efforts continuels de ces animaux pour se procurer leur nourriture, et avoir été transmis à leurs descendants avec une amélioration constante de ces parties à l'effet d'atteindre le but désiré[4].

Ou encore, en conclusion :

En méditant ainsi sur la grande ressemblance de structure des animaux à sang chaud, et en même temps sur les grands changements qu'ils subissent avant et après leur naissance ; et en considérant en quel petit espace de temps se sont opérés plusieurs de ces changements dans les animaux ci-dessus décrits, serait-ce une témérité d'imaginer que dans la longue suite de siècles écoulés depuis la création du monde, peut-être plusieurs millions de siècles avant l'histoire du genre humain, serait-ce, dis-je, une témérité d'imaginer que tous les animaux à sang chaud sont provenus d'un filament vivant que LA GRANDE CAUSE PREMIÈRE a doué de l'animalité, avec la faculté d'acquérir de nouvelles parties accompagnées de nouveaux penchants dirigés par des irritations, des sensations, des volitions et des associations, et ainsi possédant la faculté de continuer à se perfectionner par sa propre activité inhérente, et de transmettre ces perfectionnements de génération en génération à sa postérité et dans les siècles des siècles[5] ?

Faut-il ajouter que, le jour venu, les observations et les questions d'Erasmus trouveront un écho puissant dans l'élaboration de la pensée de son petit-fils Charles ?

Face à cet Erasmus Darwin haut en couleur, Josiah Wedgwood semble presque pâle, bien qu'il compte parmi les industriels majeurs de la région de Birmingham et que ses préoccupations intellectuelles soient tout aussi vastes que celles d'Erasmus, même si moins spéculatives. Né en 1730 dans une famille de potiers de Stoke-on-Trent, il commence son apprentissage à l'âge de neuf ans. À l'adolescence, une maladie — peut-être la variole* — le laisse avec une faiblesse au genou droit, qui l'empêche définitivement d'actionner un tour de potier. Josiah se consacre alors à la création de nouvelles formes de pots et à l'étude des diverses techniques de la céramique — terre cuite, grès, faïence, porcelaine —, de l'émaillage et du glaçage. En 1754, il s'associe avec le maître potier Thomas Whieldon et change d'échelle : il fonde la Wedgwood Company, passant du stade artisanal à la production industrielle. À partir des années 1760, il s'associe également avec le porcelainier Thomas Bentley et s'impose rapidement comme fournisseur des cours royales et impériales d'Europe. Pour répondre à la demande, il s'installe en 1769 dans une manufacture construite sur ses plans, baptisée Etruria en hommage au talent des potiers étrusques, qui restera active pendant cent quatre-vingts ans**. Bien plus qu'un site industriel, Etruria rassemble toutes les fonctions de la ville utopique du XVIIIe siècle : maison de maître pour la famille Wedgwood, logements ouvriers, écoles pour les enfants... Soucieux, également, de la bonne desserte de ses entreprises, Josiah investit dans les infrastructures de transport, participant à l'amélioration des routes et, surtout, soutenant sans réserve le projet de canal entre les rivières Trent et Mersey — à condition, naturellement, qu'il passe au plus près de ses ateliers. C'est à cette occasion qu'il rencontre Erasmus

* Selon la tradition familiale, bien que la variole ne provoque pas d'atteintes articulaires.

** La firme s'est ensuite transférée à Barlaston, à une dizaine de kilomètres d'Etruria.

Darwin, qui s'intéresse, entre mille autres sujets, aux ascenseurs à bateaux sur les canaux, dispositifs que le projet Trent et Mersey envisage.

L'amitié entre les deux hommes ne se démentira plus. À partir des années 1760, il vont régulièrement se retrouver au sein d'un club très fermé bien qu'assez informel, le Lunar Circle (« Cercle lunaire »), cofondé par Erasmus, le manufacturier Matthew Boulton et le mathématicien Joseph Small, réunissant les plus éminentes personnalités de la région de Birmingham. En 1775, le Lunar Circle devient la Lunar Society (« Société lunaire* »). Naturellement, ce nom n'est pas innocent : selon les statuts du club, les membres devaient se réunir pour des dîners-débats uniquement les nuits de pleine lune (selon eux, pour que le trajet de retour soit mieux éclairé…) et ils s'appelaient entre eux les *lunaticks*, jeu de mots qui évoque aussi bien les habitants imaginaires de la Lune que les fous (*lunatics* en anglais). Il fallait bien un grain de folie pour prôner des idées démocrates et républicaines au point de saluer les succès de la Révolution française (considérée comme une abomination en Grande-Bretagne), d'opposer les droits de l'homme aux injustices de la Providence — en réclamant au passage plus d'égalité —, ou, comme Josiah Wedgwood, de militer pour l'abolition de l'esclavage. Il fabrique un camée représentant un esclave noir enchaîné, dans une posture de supplication, entouré de l'inscription « *Am I Not a Man and a*

* La Lunar Society ferma ses portes en 1813, à la suite du décès de ses principaux membres. Une nouvelle Lunar Society a été créée à Birmingham en 2012.

Brother ? » (« Ne suis-je pas un homme et un frère ? »). Ce « médaillon abolitionniste », bien vite adopté par la bonne société britannique et américaine, va connaître un immense succès et Thomas Clarkson, l'infatigable propagandiste de la cause, s'en réjouit : « Les dames le portaient à leur bracelet, d'autres l'avaient fait monter en épingles à cheveux. Enfin, le goût de l'arborer devint général, et l'on vit ainsi la mode, qui en général ne se préoccupe que de babioles sans intérêt, jouer pour une fois un rôle fort honorable dans la défense d'une cause de justice, d'humanité et de liberté[6]. »

Sur le terrain religieux aussi, les deux hommes sont proches : Erasmus s'affirme libre-penseur et agnostique, Josiah est unitarien — pour cette branche radicale du protestantisme, moderne héritière de l'antique hérésie arienne, la Trinité (le Père, le Fils et le Saint-Esprit) n'existe pas, Jésus-Christ n'est pas Dieu, l'interprétation de la Bible est libre, le christianisme n'est qu'une religion parmi d'autres, la liberté, la raison et la tolérance constituent des valeurs tout aussi importantes que la foi, l'espérance et la charité...

L'amitié entre Erasmus Darwin et Josiah Wedgwood n'est pas seulement intellectuelle : au début des années 1770, l'état du genou de Josiah s'aggrave, obligeant à l'amputation de la jambe. En 1780, son associé Thomas Bentley décède et Thomas Whieldon prend sa retraite à la même période. Diminué, seul à la tête de l'entreprise, Josiah fait appel à Darwin pour l'assister en attendant que ses fils John, né en 1766, et Josiah II, né en 1769, soient en âge de reprendre l'affaire — ce sera chose faite en 1793. De ce rapprochement entre les Wedgwood et les Darwin va naître le projet de mariage entre la fille aînée de Josiah, Susannah, et le troisième fils d'Erasmus, Robert Waring, mariage qui se déroulera à St. Marylebone, à Londres, le 18 avril 1796.

Les personnalités marquantes dans la généalogie du futur Charles ne se limitent pas à ces deux grands-pères qu'il ne connaîtra d'ailleurs pas vivants : Erasmus décède sept ans avant sa venue au monde, Josiah est mort depuis 1795. Deux autres personnages, eux aussi disparus avant sa naissance, vont influencer son destin : l'oncle Thomas, frère cadet de sa mère, et surtout l'oncle Charles, frère aîné de son père.

Thomas Wedgwood, né en 1771, mort prématurément en 1805, ne s'intéressa jamais à la céramique — pas plus qu'aux dames, d'ailleurs : on le dit très attiré par les jeunes gens sensibles et musiciens[7]. En revanche, il se passionne pour un domaine où tout reste à découvrir : la photographie. Dans les années 1790, il parvient, en utilisant des surfaces sensibles comme du papier ou du cuir blanc enduit de nitrate d'argent, à réaliser des photogrammes (image obtenue en posant des objets sur une surface photosensible exposée à la lumière). Hélas pour lui, le « premier photographe », comme on l'appelle parfois, ne réussira pas à trouver la formule pour fixer l'image, mais il va rester dans les mémoires comme un des pionniers de la photographie. Dans la mémoire familiale, « Tom » Wedgwood restera aussi, de manière moins reluisante, au-delà de sa très probable homosexualité et d'un état dépressif majeur, un drogué notoire. « Pour soulager ses maux d'estomac », prétend-il, il consomme du cannabis, qu'il demande parfois à son ami le poète Samuel Taylor Coleridge de lui fournir, et surtout de l'opium en quantités telles que son addiction va sensiblement abréger son existence.

Charles Darwin a également connu un destin aussi bref que tragique : brillant étudiant en médecine à Édimbourg, il est victime, en 1778, d'un « accident du travail », à la suite d'une légère coupure survenue lors de la dissection d'un cadavre :

> Vers la fin d'avril, M. Darwin avait consacré la plus grande partie de sa journée à disséquer avec précision le cerveau d'un enfant mort d'hydrocéphalie, et qu'il avait soigné durant sa vie. Le soir même, il fut assailli de sévères maux de tête. Cela ne l'empêcha pas, cependant, de se rendre à la Société Médicale*, où il parla au Dr. Duncan de la dissection qu'il venait de faire, en lui promettant de lui en délivrer le lendemain un compte-rendu détaillé par écrit. Mais le lendemain, d'autres symptômes fébriles vinrent s'ajouter à ses maux de tête. Et, en peu de temps, des hémorragies, des éruptions de pétéchies et des diarrhées fétides se produisirent, sa maladie manifestant une grande tendance putride[8].

Le malheureux décédera le 15 mai suivant — il n'avait pas vingt ans —, terrassé semble-t-il par une méningite transmise par son scalpel infecté. Le choc

* La graphie et la syntaxe de la traduction d'origine des citations ont été respectées.

sera terrible pour Erasmus, qui avait rejoint Édimbourg dans l'urgence, espérant pouvoir lui administrer un traitement de la dernière chance. En vain : il n'a pu que lui fermer les yeux. Il plaçait en ce fils aîné les plus grands espoirs et voyait en lui son successeur à Lichfield. Il tentera de se consoler en faisant éditer les premiers travaux de son fils, afin d'honorer sa mémoire.

Autre personnage hors norme, mais occulté par la mémoire familiale, l'oncle Erasmus II, dont la mort bizarre plane comme une grande ombre : frère cadet de Charles, cet homme de loi prospère se comportait de manière étrange. Généalogiste, numismate, passionné par les statistiques et probablement arithmomane*, il montrait de curieuses dispositions pour résoudre des énigmes par la seule réflexion — il démasqua ainsi un corbeau qui sévissait depuis des années —, mais souffrait de procrastination pathologique. Peu avant sa mort en 1799, à quarante ans, il venait de décider de prendre sa retraite pour « passer en dormant le reste de ses jours ». En fait, il se suicida quelques semaines plus tard, au cours d'une crise de démence, en se noyant dans la Derwent.

Maintenant que les présentations sont faites, le décor en place, les fées, en la personne des grands ancêtres — Erasmus, Josiah —, prêtes à se pencher sur le berceau, les cadavres — Charles, Thomas,

* L'arithmomanie est une forme typique de névrose obsessionnelle « qui réalise parfois un type de rituel compulsif, contraignant le sujet à opérer des séries de calculs mentaux complexes et souvent répétitifs avant toute action » (*Dictionnaire de la psychiatrie*, CILF, 2013).

Erasmus II — bien rangés dans les placards dont ils ne demandent qu'à sortir, et le patrimoine génétique du futur nouveau-né bien établi, il ne reste plus à Charles Robert Darwin qu'à pousser le premier cri de la vie. C'est chose faite le 12 février 1809, mais l'histoire n'a retenu ni à quelle heure, ni dans laquelle des quatorze chambres* du premier étage de The Mount.

* The Mount est occupé aujourd'hui par des bureaux ; sur la porte d'une des pièces côté rue, une plaque affirme « *Charles Darwin was born in this room, 12th February 1809* », mais ce n'est qu'une tradition.

L'école buissonnière ou le *poco curante*

Se prénommer Charles Robert dans une famille où l'arbre généalogique foisonne de Charles et de Robert, à commencer par son propre père, peut poser quelques problèmes de repérage. Alors, de même que son aîné Erasmus Alvey, de cinq ans plus âgé, est rebaptisé « Eras », Charles Robert devient « Bobby » pour ses parents et ses frère et sœurs. Car il naît au sein d'une fratrie déjà bien établie de quatre enfants : trois filles, Marianne, Caroline et Susan, nées respectivement en 1798, 1800 et 1803, et un garçon, Erasmus, né en 1804. Le sixième et dernier enfant, une fille, Catherine, naîtra l'année suivante, en 1810. Tous, c'est assez rare à l'époque pour être souligné, atteindront l'âge adulte — conséquence des bons principes de vie saine du docteur Darwin ?

Les rares souvenirs conservés de la petite enfance de Charles Darwin ont été rédigés par lui-même en 1838, à une époque où, préoccupé du fonctionnement de la mémoire et de la conscience, il se prend comme sujet d'étude :

Le souvenir le plus ancien que je puisse à peu près dater doit remonter avant ma quatrième année. J'étais assis sur les genoux de Caroline dans la salle à manger ; pendant qu'elle m'épluchait une orange, une vache longea la fenêtre en courant, ce qui me fit sursauter, si bien que je reçus un mauvais coup, dont je porte encore aujourd'hui la cicatrice. Dans cette scène, je me souviens de l'endroit où j'étais et de la cause de ma frayeur, mais pas de la coupure elle-même. — Et je pense que mon souvenir est réel ; ce n'est pas comme il arrive souvent en pareil cas : à force d'entendre la même histoire souvent répétée, on finit par en avoir une image si vive qu'on ne peut plus la distinguer d'un souvenir — parce que je me souviens clairement de la direction de la vache, ce dont personne ne m'a probablement jamais parlé. En l'occurrence, mon souvenir est une représentation obscure, dans laquelle j'ai à peine conscience de son rapport à moi, puisque je ne me rappelle aucune douleur[1].

L'anecdote est riche d'enseignements sur la vie quotidienne des Darwin à Shrewsbury : ce n'est pas une nurse qui s'occupe de Charles, mais l'une de ses sœurs, et l'enfant consomme des oranges, un luxe absolu à l'époque ; le docteur Darwin, certainement au courant des bons résultats de la consommation d'agrumes pour lutter contre le scorbut sur les navires de la Marine anglaise*, a peut-être décidé que ce fruit était indispensable à une alimentation équilibré.

À l'âge de quatre ans et demi, Charles part en vacances à la mer, et si ses souvenirs se montrent encore très fragmentaires, ils témoignent déjà d'un vrai sens de l'observation et d'un certain humour :

* À partir des années 1794-1795, la distribution de jus de citron vert ou jaune se généralise à bord des navires de la Royal Navy.

Je me souviens que Catherine ou moi avions été méchants, qu'on nous avait enfermés dans une chambre et qu'on avait tenté de casser les fenêtres. — J'ai sous les yeux une obscure image de la maison, d'un petit magasin à côté, dont le patron m'avait donné une figue, puis à ma grande joie avait fini par m'en donner deux : — cette figue m'avait été donnée pour que cet homme puisse embrasser la bonne. — Je me souviens d'une promenade tous ensemble vers une sorte de puits. Il y avait sur le chemin une maison ombragée par des pruniers de Damas, habitée par un vieillard, désigné comme un ermite ; ses cheveux étaient blancs, et il nous donnait des prunes. — Je ne sais si ce sont les prunes ou le respect et la vague peur que m'inspiraient cet homme qui ont eu le plus d'effet sur ma mémoire. — Je me souviens que sur la route, notre équipage avait traversé un large gué et ma peur et mon étonnement devant l'écume blanche de l'eau m'ont laissé une forte impression[2].

Entre tous ces « je me souviens » va surgir un « j'ai oublié » significatif : « Quand ma mère mourut en juin 1817*, j'avais un peu plus de huit ans, et *je ne me rappelle presque rien d'elle*** sauf son lit de mort, sa robe de velours noir et sa table à ouvrage, curieusement faite[3]. » Amnésie confirmée par ailleurs : « À part une ou deux promenades avec elle, je n'ai aucun souvenir distinct d'aucune conversation, et seulement de nature très insignifiante[4]. »

De même, les obsèques de sa mère ne lui laissent aucun souvenir. Ce n'est qu'un mois plus tard, en assistant, pétrifié, depuis une fenêtre de sa salle de classe donnant sur le cimetière, aux obsèques solennelles d'un dragon, ancien combattant de Waterloo,

* En réalité le 15 juillet 1817.

** C'est nous qui soulignons.

qu'il prendra conscience de l'événement : « Je me souviens très bien du cheval, des bottes et de la carabine suspendues à la selle, ainsi que de la salve qui fut tirée sur sa tombe. La scène remua profondément ce qu'il pouvait y avoir en moi d'imagination poétique[5]. » Là où, soixante ans plus tard, Charles parle d'« imagination poétique », il s'agit plutôt, en revivant la séquence de l'enterrement maternel, de laisser enfin libre cours à son chagrin refoulé.

Cette mère très tôt disparue a eu le temps de laisser une forte empreinte intellectuelle sur Charles : bien qu'il ait été baptisé à l'Église anglicane, elle l'amenait avec elle chaque dimanche à la chapelle unitarienne de High Street, à Shrewsbury, dont le ministre, le révérend George Case, était également directeur d'un externat où l'enfant va entrer peu après son huitième anniversaire. Cette formation unitarienne, antidogmatique par essence, lui sera toute sa vie d'un grand secours lorsque ses observations viendront contredire les théories alors communément admises.

Mais Charles n'en est pas encore à échafauder de brillants édifices intellectuels, loin de là. Il se montre même fort peu intéressé par les études : avant de fréquenter l'école de M. Case, « ma sœur Caroline s'occupait de mon éducation, mais je doute que cela ait été très efficace. On m'a dit que j'étais beaucoup plus lent à apprendre que ma jeune sœur Catherine, et je crois avoir été, à plus d'un titre, un véritable vaurien[6]. » De l'enseignement de M. Case, il semble n'avoir gardé aucun souvenir marquant, et se montrera très critique envers l'école du docteur Samuel Butler, qu'il fréquente à partir de 1818 et où son frère Erasmus est déjà inscrit, leur père préférant l'orientation anglicane du révérend Butler à l'unitarisme du révérend Case :

> Rien n'aurait pu être plus mauvais pour mon éducation que l'école du Dr. Butler, car l'enseignement y était strictement classique, avec rien d'autre qu'un peu d'histoire et de géographie anciennes. En tant que moyen d'éducation, l'école fut pour moi une simple parenthèse. Toute ma vie, j'ai été singulièrement inapte à maîtriser une langue quelconque. Une attention toute particulière était portée à la versification, domaine dans lequel je ne parvins jamais à exceller. J'avais beaucoup d'amis, et nous fîmes une grande collection de vers anciens que j'assemblais, parfois avec l'aide de mes camarades, afin de les adapter à n'importe quel sujet. On attachait beaucoup d'importance à apprendre par cœur les leçons du jour précédent. Je le faisais très facilement, apprenant quarante ou cinquante vers de Virgile ou d'Homère pendant que j'étais à la chapelle, le matin, mais l'exercice était absolument inutile car tout était oublié dans les quarante-huit heures. [...] Quand je quittai l'école, je n'étais ni en avance ni en retard pour mon âge, et je crois que j'étais considéré par tous mes maîtres et par mon père comme un garçon très ordinaire, voire plutôt au-dessous de la moyenne[7].

Il faut dire que le docteur Butler a une curieuse conception de l'éducation et accueille d'encore plus curieux élèves : nombre d'entre eux, bien que fils de hobereaux et de notables locaux, se comportent comme de parfaits sauvageons : « L'un, surpris en état d'ivresse, le menaça d'un couteau ; un autre portait sur lui un pistolet chargé ; et toute une bande terrorisait les fermiers de la région en tuant leurs cochons. Le révérend Butler tonnait et menaçait ou, s'il le jugeait préférable, incitait les garçons à régler honorablement leurs différends à coups de poings[8]. » Pour Charles et Erasmus, tous deux internes dans cette honorable institution installée dans une antique bâtisse sombre, humide et glaciale, l'ambiance n'est supportable que parce qu'ils s'en échappent à la moindre occasion : « Comme la maison n'était qu'à un mile* de distance, j'y courais très souvent, pendant les longs intervalles entre les appels, et avant la fermeture du soir. Cela se révéla très favorable, en entretenant les liens affectifs avec ma famille ainsi que mes intérêts personnels. Je me souviens qu'au cours de mes premières années d'école, j'eus souvent à courir très vite pour être à l'heure, ce qui mit à rude épreuve mes grandes qualités de coureur[9]. »

En fait, les deux garçons apprécient de pouvoir simultanément profiter du confort familial et mener une vie de pensionnaires avec leurs parfois pittoresques condisciples, à l'abri des colères du docteur, dont le caractère entier tourne progressivement à l'autoritarisme depuis son veuvage — contrairement à son père, Erasmus, il ne s'est pas remarié et ne semble pas en avoir eu l'intention. À l'abri aussi de la sollicitude parfois envahissante de leurs sœurs, qui tentent de leur inculquer quelques bons préceptes auxquels Charles rechigne, à commencer par l'hygiène la plus élémentaire — à sa décharge, l'école du docteur Butler est plutôt sous-équipée question sanitaires :

* Un mile terrestre, soit 1 609 m.

Tu dois savoir qu'après ma géographie, elle a dit que je devrais descendre pour demander le poney de Richard, juste comme j'allais partir, elle a dit qu'elle devait me poser une question un peu délicate, qui était de savoir si je me lavais entièrement chaque matin, j'ai dit non, alors elle a dit que c'était vraiment dégoûtant, alors elle m'a demandé si je le faisais tous les autres matins et j'ai dit non alors elle m'a demandé combien de fois je le faisais et j'ai dit une fois par semaine, alors elle a dit bien sûr tu te laves les pieds tous les jours et j'ai dit non, alors elle a commencé à dire à quel point c'était dégoûtant et elle a continué comme ça un bon moment, puis elle a dit que je devrais le faire, j'ai dit que je me laverai le cou et les épaules, alors elle a dit que je ferais mieux de me laver partout alors j'ai dit ma parole, je ne le ferai pas, alors elle m'a dit, et m'a fait promettre que je ne le répéterai pas, pourquoi je me lave les pieds seulement une fois par mois à l'école, ce que je reconnais être mal, mais ce n'est pas possible, car nous n'avons rien pour le faire, alors Caroline a affirmé que ça la rendait vraiment malade et elle a quitté la pièce, alors je suis parti et je l'ai dit à Erasmus, et il a éclaté de rire et m'a dit que j'aurais mieux fait de lui dire de venir et de me les laver elle-même, d'autant plus qu'elle a dit qu'elle n'aimait pas s'asseoir à côté de moi ou d'Erasmus parce qu'on sentait mauvais de ne pas nous laver partout, et on est restés assis à nous disputer un bon moment*.

Plus le temps passe, moins Charles est motivé par les études. En revanche, tout ce qui touche à la nature le passionne. Il note qu'à huit ans : « Mon goût pour l'histoire naturelle, et plus spécialement pour les collections, était déjà bien marqué. J'essayais de trouver le nom des plantes, et collec-

* « Lettre à un cher ami », 4 janvier 1822 ; ces « lettres » écrites à l'âge de treize ans dans un carnet constituent plutôt une amorce de journal intime ; la syntaxe et l'orthographe de l'original sont plutôt relâchées... (Carnet « *Darwin C. R. to Dear Friend* », consultable sur le site du Darwin Correspondance Project (DCP) : www.darwinproject.ac.uk/)

tionnais toutes sortes de choses, coquilles, sceaux, cachets de poste, monnaies et minéraux[10]. » Pour cet apprenti naturaliste, The Mount est un vrai paradis. Sans attrait à l'extérieur, la demeure ne révèle son secret qu'aux visiteurs : le petit salon s'ouvre sur un magnifique jardin d'hiver, qui lui-même donne sur un parc immense aux vastes pelouses qui se couvrent de crocus au printemps, et dont les grands arbres dissimulent un jardin d'agrément, un jardin potager, tout un ensemble de serres, dont une « serre à vigne » produisant du raisin de table et une « étuve à plantes », serre chauffée pour les plantes tropicales. Des terrasses successives, aménagées sur la rive escarpée de la Severn, permettent de rejoindre le bord de la rivière par un long sentier de promenade, tandis que deux pavillons d'été s'ouvrent sur « un beau et vaste paysage », « l'ensemble d'une surface de 37 752 yards carrés* ». Le plan d'aménagement a probablement été dessiné par Susannah elle-même, avec l'aide de son frère John Wedgwood, alors premier secrétaire de la Société royale d'horticulture. C'est là que Charles prend ses premières leçons de botanique avec sa mère, c'est là aussi qu'il se livre à ses premières expériences de pêche avec des vers de terre préalablement euthanasiés dans de l'eau salée pour les empêcher de souffrir lorsqu'on les pique sur l'hameçon. Faut-il préciser que les poissons vont montrer le plus profond dédain pour ces appâts sans attrait ?

* Soit près de 3,2 ha ; précisions tirées de l'annonce descriptive de la propriété lors de sa vente aux enchères en 1867.

Vers l'âge de dix ans, son penchant de naturaliste se précise :

En ce qui concerne la science, je continuais de collectionner les minéraux avec beaucoup de zèle, mais d'une façon tout à fait non scientifique — tout ce qui m'importait était de nommer un nouveau minéral mais il m'importait peu de le classer. Je dois avoir observé les insectes avec un certain soin car, quand j'eus dix ans (en 1819) et allai passer trois semaines à Plas Edwards, sur la côte du pays de Galles, je fus aussi intéressé que surpris lorsque je découvris un gros insecte hémiptère noir et écarlate, de nombreux papillons de nuit (*Zygaena*) ainsi qu'une cicindèle, tous inconnus dans le Shropshire. J'étais presque résolu à commencer une collection de tous les insectes morts que je pouvais trouver ; en effet, après avoir consulté ma sœur, je conclus que je n'avais pas le droit de tuer dans le seul but de constituer une collection. Avec en main le *Selborne** de White, j'eus beaucoup de plaisir à observer les habitudes des oiseaux, et pris même des notes sur le sujet. Je me souviens que, dans ma simplicité, je m'étonnais que tout gentleman ne devînt pas ornithologiste[11].

Mais plutôt que d'accumuler des insectes morts, Charles va se découvrir, vers treize ans et à l'instigation d'Erasmus, une nouvelle passion : la chimie. Leurs premières expériences, visant à fabriquer les gaz les plus nauséabonds possible, leur valent d'être expulsés de la demeure familiale pour se replier dans une remise au fond du parc, qu'il vont aménager en laboratoire sans regarder à la dépense : au prix d'un investissement de 50 livres**

* Guide ornithologique publié en 1789 par le naturaliste Gilbert White (1720-1793).
** Une livre sterling de l'époque de Darwin équivaut à environ 130 livres sterling d'aujourd'hui.

— l'équivalent d'un an de gages pour un domestique ! —, ils vont faire venir de Londres tout le matériel nécessaire, cornues, ballons, pipettes, éprouvettes, brûleurs… Le pharmacien local fournit les produits chimiques, et la bibliothèque des Wedgwood, dont l'industrie fait largement appel à la chimie, est mise à contribution. Leurs travaux communs ne vont durer que quelques mois : en octobre 1822, Erasmus quitte Shrewsbury pour Cambridge, où il doit entamer des études de médecine au Christ's College. De là, il envoie à Charles des lettres fort détaillées, décrivant l'art et la manière de fabriquer un gaz à violente odeur d'ail à partir d'arsenic, ou de produire du gaz hilarant, dont il expose les effets enivrants : « Un des types a dit qu'il se sentait capable de voler, et quand il a bu le gaz, il s'est mis à bondir en agitant les doigts et en émettant des sons étranges, moitié rire et moitié hurlements[12]… » Ces événements vont pousser Charles à continuer en solitaire ses expériences bizarres, mais instructives : « Cette période constitua la meilleure partie de mon éducation scolaire, en ce qu'elle m'initia à la science expérimentale. » Tout cela finit par se savoir à l'école et Charles fut surnommé « Gaz », tandis que le révérend Butler le réprimanda publiquement : « parce que je perdais […] mon temps sur des sujets sans intérêt, […] il me traita très injustement de *poco curante**. Comme je ne comprenais pas ce qu'il voulait dire, le reproche me sembla terrible[13] ». Visiblement, le

* Qui ne s'intéresse qu'aux détails, avec la connotation péjorative de touche-à-tout et de bon à rien…

révérend était plus apte à organiser des combats de boxe qu'à déceler les talents naissants…

À quinze ans, Charles va se découvrir une nouvelle marotte : la chasse. Par chance, l'un des meilleurs terrains de chasse de la région ne se trouve qu'à une petite journée de cheval de Shrewsbury, à Maer Hall, le vaste domaine acquis en 1805 par l'oncle Josiah Wedgwood II grâce à un prêt de 30 000 livres accordé par Robert Darwin à son beau-frère. Cette grande maison de campagne, datant du XVIIe siècle, domine le village de Maer, à une dizaine de kilomètres des usines Wedgwood. Elle est construite sur une pente surplombant un petit lac, ou *mere* en vieil anglais, d'où elle tire son nom. Une fois la maison aménagée en 1807, toute la famille va y séjourner de plus en plus fréquemment, avant de s'y installer définitivement en 1819, lasse de vivre à Etruria Hall, au cœur des ateliers.

Non seulement les bois environnants sont particulièrement giboyeux, mais Charles retrouve là tous ses cousins Wedgwood, Josiah III, Harry, Frank et Hensleigh, ce qui le change de sa solitude à The Mount depuis le départ d'Erasmus. Tous ensemble, parfois accompagnés par Josiah II, « Oncle Jos », qui préfère pourtant la chasse à courre, ils battent les taillis pour lever bécasses, lièvres et perdrix :

Dans la dernière partie de ma vie scolaire, je me passionnai pour la chasse, et je ne crois pas que quiconque ait pu montrer davantage de zèle pour la plus sainte cause que je n'en montrais moi-même pour tuer des oiseaux. Comme je me rappelle bien ma première bécassine ! Mon excitation était telle que je n'arrivais pas à recharger mon fusil tant mes mains tremblaient. Cette passion dura longtemps et je devins un très bon fusil[14].

Le temps est loin où le petit Charles avait scrupule à tuer des insectes pour les collectionner... Charles a une autre bonne raison de se rendre à Maer aussi souvent qu'il le peut et de s'y attarder autant que possible : l'accueil chaleureux de ses quatre cousines Wedgwood, bien loin de l'autorité parfois austère de ses propres sœurs. Il y a là Elizabeth, née en 1793, Charlotte, née en 1797, Fanny, née en 1806, et la benjamine, Emma, née en 1808. Si Elizabeth, l'aînée, est contrefaite — bossue et naine, elle mesure à peine un mètre vingt, ce qui ne l'empêchera pas de vivre très âgée —, chacun apprécie son dévouement et son cœur d'or. Avec Emma, elle s'occupe de l'école du dimanche de la paroisse, qui réunit une soixantaine d'enfants du village dans la buanderie du manoir, où les deux sœurs s'efforcent de leur inculquer les rudiments de la lecture, de l'écriture et de la religion.

En fait, Charles se sent plus chez lui à Maer qu'à Shrewsbury, et il n'est pas loin de considérer les Wedgwood comme sa vraie famille — après tout, n'est-il pas un Wedgwood par sa mère ? Sans parler de la joie de vivre qui baigne la maisonnée : en 1824, Emma, bien qu'élevée dans l'unitarisme, a choisi de faire sa confirmation dans la religion anglicane. La cérémonie, prévue pour le 17 septembre, est prétexte à réunir les proches. Charles, venu à Maer avec deux de ses sœurs, Susan et Catherine, profite de l'occasion pour enchaîner les parties de chasse : c'est la pleine saison de la perdrix. Et, le soir venu, toute la bande s'active pour mettre sur pied une représentation familiale des *Joyeuses Commères de Windsor* de Shakespeare... Si l'on en croit la correspondance familiale, la fête durera jusqu'au 6 octobre.

Pendant ce temps, Erasmus multiplie les frasques à Cambridge, et le docteur Darwin reçoit de son aîné des lettres embarrassées accompagnées de lourdes factures difficiles à justifier, comme une ardoise de 13 guinées* chez un marchand de vins, près de trois mois de salaire d'un employé... Passablement énervé par l'attitude de ses deux fils, qu'il juge aussi irresponsables l'un que l'autre — Charles reconnaît lui-même que « cela ne marchait pas fort à l'école », bel euphémisme... —, le docteur finit par exploser et lance à son rejeton : « Tu ne t'occupes que de chasse, de chiens et d'attraper des rats : tu feras ton malheur et celui de ta famille ! » Finies les expériences de chimie malodorantes, les chasses à la bécasse et le théâtre amateur, terminées les humanités approximatives chez le révérend Butler : dès le mois de juin 1835, deux ans avant le terme assigné à ses études, le *poco curante* quitte l'école et passe l'été auprès de son père pour apprendre les rudiments de la médecine, avant d'aller l'étudier à Édimbourg dès la rentrée d'octobre.

* Soit un peu moins de 14 livres de l'époque (et près de 400 livres actuelle).

Médecin malgré lui

Cet été 1825, consacré à soigner les indigents de la région sous la supervision paternelle, se passe plutôt bien : pour la première fois, Charles semble s'intéresser à ses activités, et le docteur reprend espoir dans les capacités de son fils :

> Durant l'été qui précéda ma venue à Édimbourg, je commençai à visiter des pauvres, principalement des enfants et des femmes de Shrewsbury : j'écrivais un compte rendu aussi complet que je le pouvais des cas et de leurs symptômes, puis les lisais à haute voix à mon père, qui suggérait des recherches nouvelles et me conseillait sur les médicaments à donner, que je préparais moi-même. À un moment, j'eus au moins une douzaine de patients, et ce travail m'intéressait beaucoup. Mon père, de loin le meilleur connaisseur que j'ai connu, déclara que je pouvais réussir comme médecin — ce qui voulait dire que je pouvais avoir de nombreux patients. Il soutenait que le plus important était d'inspirer confiance, mais j'ignore ce qu'il put bien trouver en moi qui justifiât cette confiance[1].

Cette dernière remarque est capitale pour comprendre le comportement de Darwin tout au long de sa vie : Charles n'a pas, n'aura jamais tout à fait confiance en lui. Sans le soutien de son entourage familial, amical et professionnel — ce seront souvent les mêmes personnes — auquel s'ajouteront d'incroyables concours de circonstances, Charles n'aurait jamais pu devenir le grand Darwin et serait probablement resté voué à la médiocrité obscure d'un cabinet médical de province, d'une bibliothèque poussiéreuse ou, plus sûrement, d'un presbytère rural.

Pour le moment, la perspective de suivre des études de médecine à Édimbourg lui sourit d'autant plus qu'il va s'y retrouver en compagnie d'Erasmus : le docteur a en effet décidé de retirer celui-ci de Cambridge, préférant l'université d'Édimbourg qu'il juge supérieure, à la fois plus ouverte aux innovations et plus conforme à la tradition familiale : lui-même y a étudié, tout comme le grand-père Erasmus et le malheureux oncle Charles, tombé en quelque sorte au champ d'honneur.

Dans les premiers mois, Charles se sent heureux à Édimbourg, où il a le sentiment de trouver enfin l'environnement intellectuel auquel il aspirait. Non seulement son logement du 11, Lothian Street, à deux pas de l'université, est des plus agréables, mais il retrouve de vieux amis des deux familles Darwin et Wedgwood, à commencer par John Leslie, professeur de philosophie naturelle et ancien précepteur des enfants Wedgwood à Maer, et la famille Duncan. Andrew Duncan, maintenant octogénaire mais toujours en activité, avait été le professeur du défunt Charles Darwin qui, par une faveur exceptionnelle, est inhumé dans le caveau des Duncan au cimetière édimbourgeois de Buccleuch. Le jour, les frères Darwin se comportent en étudiants appliqués. Le soir, ils sont les hôtes de leurs professeurs, découvrant à Édimbourg les prémices de la vie mondaine.

Étudiants appliqués... pour quelques semaines seulement : bien vite, Charles note, à propos de ce même Duncan dont il apprécie par ailleurs la table et la sollicitude presque paternelle : « J'ai un souvenir effrayant des cours de *Materia Medica** du Dr. Duncan, à 8 heures du matin, en plein hiver. » Dans une lettre à sa sœur Caroline, il précise : « Le Dr. Duncan est si savant qu'il en oublie d'avoir la sagesse de laisser un peu de place au bon sens, et il n'existe aucun mot assez expressif pour traduire la stupidité de son cours[2]. » Duncan, particulièrement soporifique, est en effet capable de disserter pendant une heure d'affilée sur les propriétés médicinales de la rhubarbe[3]... Darwin note par ailleurs, pour parfaire le tableau :

Le Dr. Monro**, lui, faisait des cours d'anatomie humaine aussi ennuyeux qu'il l'était lui-même, et en outre le sujet me dégoûtait. Un des plus grands maux de mon existence est que je n'ai pas été poussé à pratiquer la dissection, car j'aurais vite surmonté mon dégoût, et cette pratique aurait été d'une valeur incalculable pour mes travaux ultérieurs. Ce fut un mal irrémédiable, tout comme mon incapacité à dessiner. Je fréquentais régulièrement les leçons de clinique à l'hôpital. Certains cas m'affligeaient beaucoup et j'ai encore devant les yeux l'image de certains d'entre eux ; cependant, je n'étais

* Substances médicamenteuses.

** Alexandre III Monro (1773-1859) était alors titulaire de la chaire d'anatomie et de chirurgie de l'université d'Édimbourg ; il avait succédé à son père et à son grand-père.

pas assez sot pour laisser cette répulsion influer sur mon assiduité. [...] J'allai aussi, en deux occasions, à l'hôpital d'Édimbourg, où j'assistai à deux opérations très graves, dont l'une sur un enfant, mais je m'enfuis avant la fin. Rien n'aurait pu me faire revenir : cela se passait avant l'époque bénie du chloroforme. Ces deux opérations m'ont hanté pendant bien des années[4].

De fait, Charles a quelques solides raisons de détester les séances d'anatomie : pour commencer, Erasmus, qui pour d'obscures raisons s'était vu confier, à Cambridge, la corvée puante et sanguinolente de préparer les corps destinés à la dissection puis de nettoyer l'amphithéâtre après les cours, n'a eu de cesse, en bon carabin, de lui raconter des histoires à retourner l'estomac et de parsemer ses lettres, au détour des phrases les plus anodines, d'allusions à faire frémir : « Ce matin, j'ai observé une curiosité : le foie malade d'un enfant mort d'une jaunisse[5]. » Ensuite, avec certains professeurs, la leçon tourne à une répugnante boucherie humaine : cadavres éventrés, membres épars, têtes tranchées… l'ambiance tient de l'abattoir, du charnier et du Grand-Guignol. Enfin et surtout, l'idée même de dissection suscite chez Darwin une horreur irrépressible : il sait qu'il suffit d'un mouvement maladroit, d'une minuscule entaille, à peine visible à l'œil, pour périr dans d'atroces souffrances. L'image horrible de l'agonie de l'oncle Charles, qui le hante depuis l'enfance — on ne porte pas impunément le prénom d'un mort — est ravivée par la fréquentation du professeur Duncan. Comprendre les raisons de cette mort, mal expliquée à une époque où l'on ignore à peu près tout des mécanismes de la transmission des infections, et par conséquent de l'antisepsie*, va réapparaître comme une obsession dans son œuvre à venir, où s'accumulent des remarques comme celle-ci, datée de 1868 : « Un atome de matière variolique, assez minuscule pour être emporté par le vent, va se multiplier des milliers de fois sur la personne ainsi contaminée[6]. »

Comme à son habitude, Charles va très vite se désintéresser des matières principales — l'anatomie, la pharmacologie — et se passionner pour des à-côtés. Ainsi, il ne raterait pour rien au monde les cours de chimie du professeur Hope. Thomas Charles Hope** a compté parmi les premiers à refuser la vieille idée de la phlogistique (le feu comme constituant des corps minéraux) pour adhérer à la chimie moderne telle qu'elle vient alors d'être théorisée par Lavoisier. Son enseignement à l'université, suivi par plus de cinq cents élèves chaque année, est considéré comme un modèle du genre :

> Hope donnait une série de cours magistraux strictement scientifiques, à raison d'une séance par jour pendant six mois, chacune intégralement illustrée par des expériences. Il faut dire à son honneur qu'il savait simplifier et légitimement populariser la chimie, sans la vulgariser. Il n'avait nul besoin d'éclairs de phosphore ou de spectaculaires lumières bleues. Un prestidigitateur aurait pu envier sa dextérité, mais aurait regretté l'absence totale de théâtralité, et il aurait souri

* Il faudra attendre Pasteur et sa théorie des germes en 1865, puis le Britannique Lister, pionnier de la désinfection au phénol en 1869, pour voir diminuer significativement les risques d'infection.

** Thomas Hope (1766-1844) a notamment démontré que l'eau atteint sa densité maximale à +4° et déterminé les propriétés du strontium.

devant la profonde gravité avec laquelle le Professeur versait un acide sur un morceau de craie avant d'expliquer avec solennité pourquoi celui-ci entrait en effervescence[7].

Le succès de Hope est tel qu'on lui demande d'assurer des conférences en dehors de l'université, et le Tout-Édimbourg se bouscule à ses cours d'été auxquels assistent, ô scandale aux yeux des traditionalistes, des centaines de dames — l'un de ses détracteurs, lord Cockburn, note ironiquement : « J'aimerais qu'une de ses expériences le pulvérise. Chacune de ses étudiantes pourrait ainsi en avoir un morceau[8]... » Charles, redevenu « Gaz » Darwin comme à la belle époque du laboratoire de Shrewsbury, ne se contente pas de suivre assidûment les cours de Hope, il dîne régulièrement avec lui. Leurs conversations ne se limitent probablement pas à la chimie minérale : Hope, dont le père était professeur de botanique à l'université d'Édimbourg, s'intéresse beaucoup aux plantes, au point de leur avoir consacré sa thèse de médecine : *De Plantarum Motibus et Vita* (*Des mouvements et de la vie des plantes*). Faut-il voir là le germe d'un des futurs ouvrages de Darwin, *On the Movement and Habits of Climbing Plants** (*Les Mouvements et les habitudes des plantes grimpantes*) ?

Charles se découvre une autre marotte : la taxidermie. Si disséquer des macchabées ne lui dit rien, l'art de naturaliser les animaux séduit le chasseur en lui. Il note succinctement dans son *Autobiographie* : « Il y avait à Édimbourg un Noir qui avait

* Publié en 1865.

voyagé avec Waterton, et qui gagnait sa vie en empaillant des oiseaux, ce qu'il faisait excellemment. Il me donna des leçons payantes, et j'allais souvent le voir, car c'était un homme très agréable et intelligent. » Ce Noir est, en effet, un personnage en tout point remarquable : né esclave en Guyane britannique, dans une plantation du Demerara appartenant à un Écossais, Charles Edmonstone, il apprend la taxidermie auprès du gendre de celui-ci, l'explorateur et naturaliste Charles Waterton. Après son affranchissement, l'ex-esclave prend le nom de John Edmonstone et accompagne son ancien maître à Glasgow. De là, il s'installe à Édimbourg pour enseigner la taxidermie selon la méthode Waterton, consistant à tremper les spécimens dans un « sublimé de mercure », ce qui leur donnait une remarquable apparence de vie sans qu'il soit nécessaire de les « empailler » avec un matériau de bourrage. John Edmonstone maîtrisait admirablement cette technique et partageait (contre rémunération) son savoir avec les étudiants de l'université d'Édimbourg. Par un heureux hasard, il résidait au n° 37, Lothian Street et Charles au n° 11, permettant à ce dernier de s'attarder pour de longues conversations à propos de l'Amérique du Sud, de la flore et de la faune tropicales, des voyages au long cours... De l'esclavage, aussi : Charles tenait là l'occasion de vérifier l'opinion d'Oncle Jos et l'affirmation du médaillon abolitionniste : noir et esclave à la naissance, John Edmonstone se montrait effectivement « un homme et un frère », et même, par sa culture et son humour, bien plus plaisant à fréquenter que tant d'autres Britanniques bon teint.

Désintérêt pour la médecine, dégoût pour l'anatomie, engouement pour la chimie et la taxidermie : naturellement, tout cela transparaît dans les lettres de Charles à sa famille. Ses sœurs essayent de le réconforter à leur manière, Caroline en lui conseillant de lire la Bible, Susan en l'exhortant à se concentrer sur ses études. Le docteur, lui, est plus abrupt, il a compris que Charles s'éparpille et papillonne, selon sa mauvaise habitude, et menace : plus question de continuer à sécher les cours, pas question de rentrer à Shrewsbury avant la fin de l'année universitaire.

Seule la présence d'Erasmus permet à Charles de supporter Édimbourg et sa froidure. Ensemble, ils ont fréquenté les théâtres et les salles de concerts, écumé les bibliothèques, répondu aux invitations... Mais Erasmus, qui vient d'avoir vingt-deux ans alors que Charles en a à peine dix-sept, poursuit sa trajectoire d'étudiant appliqué, allant même jusqu'à s'inscrire dans l'une des multiples écoles privées qui venaient alors concurrencer l'université officielle et ses professeurs, plus souvent sélectionnés pour leurs opinions politiques et leurs statuts de notables que pour leurs connaissances médicales. Erasmus a ainsi choisi de suivre l'enseignement de John Lizard, anatomiste presque aussi réputé que le brillant et bouillant Robert Knox, dont le cours d'anatomie connaît une vogue vertigineuse — plus de trois cents élèves en 1826. La chute du professeur Knox sera tout aussi brutale : directement impliqué dans le scandale des pourvoyeurs de cadavres — non contents de piller les cimetières, certains faisaient directement passer leur « marchandise » de vie à trépas —, il devra se résoudre à quitter Édimbourg pour Londres où, sa carrière brisée, il vivotera jusqu'à son décès.

En juin 1826, Charles est heureux d'échapper à cette ambiance délétère. Le 15, en compagnie d'anciens camarades d'école de Shrewsbury, il part pour une randonnée pédestre, prélude à un été entièrement consacré au grand air et à la nature : « Pendant l'été de 1826, je fis une longue randonnée avec deux amis, le sac sur le dos, dans le nord du pays de Galles. Nous faisions 30 miles presque chaque jour et nous fîmes l'ascension du Snowdon*. Je fis aussi, avec ma sœur Caroline, une excursion à cheval dans la même région, avec un serviteur pour transporter nos affaires. » Cette excursion équestre va les mener aux jardins du domaine de Vaynor Park, près de Berriew, l'un des plus beaux villages du pays de Galles, et à Bala, petit bourg sur les rives du lac du même nom. Le lac présente la particularité d'être le dernier endroit au monde où survit une espèce rarissime de corégone, le *gwyniad fish*, piégé dans ses eaux à la fin du dernier âge glaciaire il y a dix mille ans ; on y trouve également la tout aussi rare et étonnante limnée cristalline**, un escargot d'eau douce à coquille presque transparente laissant voir son organisme, et qui respire de l'air — de quoi exciter la curiosité de Charles. Bref, même s'il affirme qu'il « avai[t] toujours quelque

* Le Snowdon culmine à 1 085 m.

** *Myxas glutinosa.*

livre en main, qu['il] lisai[t] avec intérêt », en particulier la *Zoonomia* de son grand-père, il ne se laisse guère de temps pour l'étude, l'automne étant consacré à la chasse : dès le 1er septembre, il rejoint Maer où il s'empresse de « détruire les lièvres, les faisans, les perdrix et les coqs de bruyère à l'aide d'un fusil à deux coups* » : « Mon zèle était si grand que j'avais l'habitude, quand je me couchais, de placer mes bottes de chasse ouvertes à côté de mon lit, pour ne pas perdre une demi-minute en les mettant le matin[9]. »

La rentrée de 1826 s'annonce sous de bien médiocres auspices, très loin de l'enthousiasme d'octobre 1825. Comme Erasmus poursuit ses études de médecine dans une école privée de Londres, la Great Windmill Street Anatomy School**, à Soho, Charles se retrouve seul à Édimbourg, plus démotivé que jamais. D'autant qu'il ne voit aucune raison valable de travailler dur afin de s'assurer une position : « Je fus rapidement convaincu, par nombre de petits détails, que mon père me laisserait une fortune suffisante pour subsister confortablement, bien que je n'aie jamais imaginé, alors, être aussi riche que je le suis actuellement ; mais cette conviction suffit à enrayer tout effort suivi dans l'étude de la médecine[10]. »

Cette année universitaire mal partie va finalement être sauvée, mais, comme toujours avec Charles,

* Note de Caroline Darwin à la famille en vue d'offrir un fusil neuf à Charles, 3 octobre 1828.

** Fondée en 1768 par le fameux médecin écossais William Hunter, cette école réputée a formé les meilleurs chirurgiens britanniques jusqu'à sa fermeture en 1831.

d'une manière tout à fait imprévue, comme il s'en souviendra par la suite :

Je fus livré à moi-même pendant la seconde année. Ce fut profitable, car je fis la connaissance de plusieurs jeunes gens qui s'intéressaient aux sciences naturelles. L'un d'eux était Ainsworth, qui publia plus tard ses voyages en Assyrie : géologue wernérien*, il s'intéressait un peu à tout mais était superficiel et pourvu d'une langue très acérée. Le Dr. Coldstream** était un jeune homme très différent, compassé, guindé, très religieux et très généreux : il publia plus tard quelques bons articles de zoologie. Un troisième, Hardie, qui aurait pu faire, je pense, un bon botaniste, mourut précocement en Inde. Il y avait enfin le Dr. Grant, mon aîné de quelques années, mais je ne puis me souvenir comment nous entrâmes en relation ; [...] il était sec et guindé dans ses manières, mais cette carapace cachait un grand enthousiasme. Un jour que nous nous promenions ensemble, il laissa éclater sa grande admiration pour Lamarck et ses vues sur l'évolution. Je l'écoutai dans un silence étonné, et, autant que j'en puisse juger, sans que cela eût le moindre effet sur moi. J'avais déjà lu la *Zoonomie* de mon grand-père, qui soutenait des vues semblables, mais je n'étais guère plus convaincu. Il est probable néanmoins que d'avoir entendu assez tôt exposer et louer de tels points de vue peut avoir favorisé la position différente que je pris sur ces questions dans mon *Origine des espèces*. [...]

Les Dr. Grant et Coldstream s'occupaient beaucoup de zoologie marine. J'accompagnais souvent le premier lorsqu'il ramassait des animaux dans les flaques de marée, et je les disséquais du mieux que je pouvais. Je nouais aussi des liens avec des pêcheurs de Newhaven*** que j'accompagnais parfois lorsqu'ils draguaient des huîtres, me procurant ainsi de

* Abraham Gottlob Werner (1749-1817), géologue allemand, soutenait que toutes les roches s'étaient formées dans un océan universel primitif.

** John Coldstream (1806-1863), médecin écossais, se consacra ensuite à des « missions médicales » auprès des handicapés physiques et mentaux.

*** Petit port de pêche sur le Firth of Forth, alors proche d'Édimbourg, aujourd'hui englobé dans l'agglomération.

nombreux spécimens. Mais, sans pratique régulière de la dissection et ne possédant qu'un misérable microscope, mes tentatives eurent peu de succès. Je fis néanmoins une intéressante découverte et, au début de l'année 1826*, fis la lecture d'un court article sur le sujet devant la Plinian Society. Il s'agissait de ce que l'on appelait les œufs de *Flustra*** qui, grâce à leurs cils, possédaient une capacité indépendante de mouvement et qui en fait étaient des larves. Dans un autre bref article, je démontrai que les petits corps globulaires que l'on avait supposé être l'état jeune de *Fucus loreus**** étaient en réalité les oothèques du ver *Pontobdella muricata*****[11].

Plus les mois passent, et plus Charles s'éloigne de la médecine pour se consacrer à la géologie et à la zoologie. Il fréquente assidûment la Plinian Society, fondée en 1823, et dont il est élu membre le 5 décembre 1826 : « Composée d'étudiants, elle se réunissait dans un sous-sol de l'université pour lire et discuter de communications sur les sciences naturelles ; [...] ces réunions avaient un bon effet sur moi, stimulant mon zèle et me procurant des relations dont je partageais les goûts. » Dans ces lignes écrites un demi-siècle plus tard, Darwin oublie de préciser que ces étudiants sont aussi, pour la plupart, des libres-penseurs, appelant à une science débarrassée de toute superstition et de toute explication par l'intervention surnaturelle d'un « Créateur ». Autant dire qu'il y règne une atmosphère résolument anticléricale, à une époque

* En réalité le 27 mars 1827.

** Espèces de bryozoaires, animaux marins coloniaux proches des coraux ; certaines *Flustra* présentent des structures en lames souples d'aspect proche des algues.

*** Espèce d'algue brune du genre *Fucus*.

**** Ou sangsue marine ; ver annélide vivant aux dépens des animaux marins, en particulier des raies.

où les Églises officielles, Église d'Écosse et Église anglicane, ont la haute main sur la vie quotidienne des Britanniques, monopolisant le pouvoir et écrasant les autres communautés religieuses — ainsi, les évêques siègent automatiquement de plein droit à la Chambre des lords en tant que « lords spirituels* ». Charles, qui n'a pas oublié sa formation unitarienne initiale, entretenue par ses conversations avec Oncle Jos, ne peut, avec la fougue de ses dix-sept ans, que souscrire à ces prises de positions radicales.

Son intérêt pour les activités de la Plinian Society, auxquelles il participe pleinement en présentant des communications comme sa découverte sur les *Flustra*, et pour la Wernerian Society, « où des articles d'histoire naturelle étaient lus, discutés, puis publiés dans les *Transactions* » et où il assiste en particulier aux conférences sur les oiseaux d'Amérique du Nord de l'ornithologue Audubon, contraste avec l'ennui qu'il éprouve à devoir fréquenter, par obligation, la Royal Medical Society : « Comme les sujets étaient exclusivement médicaux, je n'y prêtais guère attention. Il s'y disait beaucoup de sottises. » Cette prédilection marquée ne l'empêche pas d'être fort critique envers certains professeurs d'histoire naturelle : « Pendant ma seconde année à Édimbourg, j'assistai aux cours de Jameson sur la géologie et la zoologie, mais ils étaient eux aussi incroyablement ennuyeux. » Décidément, Charles n'est pas fait pour les cours magistraux et l'enseignement universitaire.

* Leur nombre est limité à vingt-six depuis 1875.

À la fin de cette seconde année, le bilan est bien loin d'être négatif : Charles a découvert la géologie, la zoologie, et obtenu quelques résultats salués par ses pairs dans ses recherches sur les micro-organismes marins ; il maîtrise la taxidermie et possède, quoi qu'il en dise, une bonne maîtrise des techniques de dissection. Surtout, il a reçu une formation intellectuelle à des années-lumière de la médiocrité de l'enseignement subi à Shrewsbury : il a appris à observer, à réfléchir, à raisonner, à réfuter et à débattre. Il a abordé les grands principes de la classification des animaux et des plantes, les grandes théories qui agitent le monde des biologistes, en particulier le transformisme, ou théorie de la transformation des espèces, défendu par Jean-Baptiste de Lamarck, cofondateur du Muséum d'histoire naturelle de Paris. En voyant s'opposer partisans et détracteurs du lamarckisme, Charles a compris à quel point la politique peut venir polluer le débat scientifique : en Grande-Bretagne, Lamarck a mauvaise presse avant tout parce que français, à une époque où tout ce qui vient d'une France révolutionnaire et régicide, puis napoléonienne et hégémonique, est largement détesté.

Lorsqu'il quitte définitivement l'université d'Édimbourg en avril 1827, Charles est désormais dépositaire, sans en être vraiment conscient, d'une culture scientifique et d'une ouverture d'esprit qui vont jouer un rôle fondamental dans son parcours ultérieur — dont il n'a encore pas la moindre idée. Car il s'en retourne à Shrewsbury les mains vides, sans l'ombre d'un diplôme au bout de deux ans d'études coûteuses... Problème épineux, qu'il va devoir régler avec un Robert Darwin fatigué de ce bon à rien de fils.

Théologien par défaut

Charles va contourner le mécontentement paternel en évitant, tout simplement, de rentrer directement à Shrewsbury. Comme il le note dans son *Journal* : « 1827. Au printemps parti en excursion. Dundee, St. Andrews, Sterling. Ensuite Glasgow. Belfast. Dublin. Puis Londres. Paris[1]. » En clair, il va prendre le chemin des écoliers et mettre près de trois mois pour effectuer le trajet Édimbourg-Shrewsbury, via les Lowlands d'Écosse, la traversée de la mer d'Irlande, l'Irlande orientale, la traversée du canal Saint-Georges, l'Angleterre, et même la traversée de la Manche et la France... En mai, il rend visite à sa sœur Caroline et à son cousin Harry Wedgwood, qui se trouvent tous deux à Londres, où Oncle Jos ne tarde pas à les rejoindre.

À la fin du mois, Oncle Jos, en compagnie de Caroline et de Charles, s'embarque pour le Continent, destination Genève via Paris. En effet, Emma et Fanny Wedgwood, les deux benjamines, sont parties pour la Suisse à la fin du mois de novembre 1826, à l'invitation de leur tante Jessie Allen, sœur de leur mère et belle-sœur de Jos. Jessie, qui a épousé l'économiste suisse Jean Charles de Sismondi*, vit depuis son mariage à Genève. Après un séjour de six mois où les deux jeunes filles ont été choyées, fêtées, invitées dans tous les bals et toutes les réceptions de la métropole suisse — ce dont s'est réjoui leur père : « Mes deux petites filles semblent très heureuses à Genève et vont passer un hiver bien plus gai qu'elles ne l'auraient fait à la maison[2]. » —, le moment est venu pour elles de retrouver Maer et d'accomplir le voyage de retour en compagnie de Jos. Tout juste arrivé à Paris le 26 mai 1827, celui-ci écrit à ses filles :

> Mes chères petites filles, je suis très heureux d'avoir persuadé Car. D. [Caroline Darwin] de venir avec moi. Je n'ai pas besoin de vous dire quel agréable compagnon elle fait, et elle a tant de goût pour la beauté que c'est un plaisir de voyager avec elle. Elle n'a pas vu Jessie [Sismondi], je crois, depuis son mariage, mais sauf si je me trompe lourdement Jessie l'aimera beaucoup et aussi le mari de Jessie, enfin je le crois et je l'espère. Pour revenir à notre traversée et aux voyages ; je me suis couché dès mon arrivée à bord à 1h, et je suis resté allongé jusqu'à notre arrivée à Dieppe à 11h. Caroline a été malade, mais cela ne l'a pas dérangée le moindrement, et Charles, même s'il n'était pas bien, a allégrement dîné de rosbif. Nous aurions pu être tentés de passer une journée à Rouen, s'il avait fait beau, mais le temps a été épouvantable du moment où nous avons débarqué jusqu'à cette après-midi. (P.-S. — Pluie à nouveau)[3].

Ce sera l'unique fois où Charles risquera le pied sur le Continent. À Paris, il se sépare d'Oncle Jos

* Jean Charles Léonard de Sismondi (1773-1842), historien, économiste et essayiste politique ; il a combattu le libéralisme absolu (« laisser-faire »), introduit la notion de « cycle » dans l'économie et envisagé le partage des richesses par le biais d'une certaine protection sociale.

et de Caroline, qui continuent leur voyage vers les Alpes. Rien n'indique son emploi du temps parisien, mais il semble y avoir retrouvé deux anciens de la Plinian Society d'Édimbourg, William Browne, venu parfaire sa formation en psychiatrie auprès du professeur Esquirol, médecin-chef de l'asile de Charenton, et John Coldstream, installé depuis peu à Paris et qui vient de traverser une grave dépression nerveuse. Ensemble, ils auraient visité le Muséum d'histoire naturelle et le Jardin des Plantes. Quelques semaines plus tard, Charles retrouve Oncle Jos, Caroline, Emma et Fanny, qu'il trouve plus jolies que jamais, pour le voyage de retour. Cette fois, direction Shrewsbury où Charles arrive en juillet, résigné à affronter ce qu'il redoute depuis des mois, la colère paternelle.

En fait, il trouve le docteur plutôt bien disposé à son égard. Il réalise vite que s'il a pu accompagner Oncle Jos en France, c'est avec la complicité de Robert Darwin, qui avait écrit en ce sens à son beau-frère : « Il [Charles] a échafaudé de vous rejoindre et, si vous l'autorisez, de traverser la mer avec vous, de façon à pouvoir se rendre en France, puis de revenir[4]. » Pendant l'absence de son fils, le docteur, certes autoritaire mais réputé fin psychologue, a réfléchi à son avenir :

> Après deux ans d'études à Édimbourg, mon père s'aperçut — ou bien mes sœurs lui dirent-elles — que je n'envisageais pas de devenir médecin, et il me proposa de devenir pasteur. Il était, à juste titre, radicalement opposé à l'idée que je puisse devenir un gentleman oisif, comme tout semblait alors m'y destiner. Je demandais du temps pour réfléchir. Ayant peu discuté et réfléchi sur le sujet, j'avais en effet des scrupules à

déclarer mon adhésion à tous les dogmes de l'Église d'Angleterre, quoique par ailleurs je n'aie rien contre l'idée de devenir pasteur de campagne. Je lus donc avec soin *The Creed** de Pearson et quelques autres livres sur la religion ; et comme je ne doutais pas le moins du monde, à l'époque, de la vérité stricte et littérale de chaque mot de la Bible, je me persuadai vite que notre *Credo* devait être pleinement accepté. Je ne fus pas du tout frappé de l'illogisme qu'il y a à dire que je croyais en ce que je ne pouvais comprendre, et qui est en fait inintelligible. J'aurais pu dire très franchement que je ne souhaitais discuter aucun dogme, mais je n'ai jamais été assez fou pour penser et dire : « *Credo quia incredibile*** [5]. »

Étonnant revirement de la part de quelqu'un qui, il y a quelques semaines encore, fréquentait les milieux les plus anticléricaux d'Édimbourg… Faut-il y voir un emballement de jeunesse — Charles n'a que dix-huit ans —, le désir de se réconcilier avec ce père à la fois redouté et admiré ou, plus prosaïquement, la perspective d'un avenir paisible qui lui assurerait, outre des revenus confortables et une position sociale enviable, tout le temps libre qu'il peut souhaiter pour herboriser, observer les insectes et les oiseaux, étudier la géologie et les fossiles… D'ailleurs, la plupart des naturalistes britanniques de l'époque ne sont-ils pas, précisément, pasteurs ?

Dans l'Angleterre du début du XIXe siècle, la profession est très recherchée pour les bénéfices qu'elle assure, avant toute préoccupation spirituelle. La

* *An Exposition of the Creed* (*Un commentaire de la foi*), par l'évêque John Pearson [1612-1686], a été publié en 1659 ; l'ouvrage, recueil de ses sermons, s'inscrit dans la tradition de la plus pure théologie dogmatique anglicane.

** La formule complète, *Credo quia incredibile est*, « Je crois ce qui est incroyable », définit une foi aveugle.

nomination à la tête d'une paroisse, l'*advowson*, considérée comme une propriété privée, peut être achetée, vendue ou transmise par héritage. Au point qu'on peut lire, dans le *Morning Chronicle* du 2 juin 1824, que M. et Mme P. L. Wellesley mettent en vente un certain nombre d'*advowsons* dans l'Essex, pour rembourser des dettes de jeu… En général, les paroisses les plus lucratives sont mises aux enchères : nul doute que, grâce à la fortune familiale, Charles Darwin peut espérer devenir titulaire d'une bonne place dans la région de Shrewsbury et joindre la prospérité à la respectabilité. Il ne serait d'ailleurs pas le premier de la famille : en 1825, Oncle Jos lui-même a financé l'installation de l'un de ses neveux, John Allen Wedgwood, comme pasteur à Maer. Tout compte fait, pourquoi pas une carrière ecclésiastique ?

En attendant d'entreprendre à Cambridge les indispensables études de théologie, Charles n'a qu'une préoccupation : la prochaine ouverture de la chasse approche, qui passe alors pour lui avant toute autre considération : « Comme j'aimais chasser ! Mais je pense que j'ai eu, plus ou moins consciemment, un peu honte de ma passion, car j'essayais de me persuader qu'il s'agissait d'une occupation presque intellectuelle ; cela demandait tant d'habileté de savoir où l'on trouverait le plus de gibier, et de bien conduire les chiens… » Il ne faut pas se laisser abuser par la distance perceptible dans cette réflexion formulée en son âge mûr ; à dix-huit ans, il proclame plutôt : « Sur mon âme, dans quinze jours on fera l'ouverture de la chasse, et s'il y a sur terre une béatitude, c'est bien celle-là[6]. »

En cette fin d'été 1827, les coqs de bruyère n'ont qu'à bien se tenir : Charles se précipite à Maer, où une surprise non cynégétique l'attend, en la personne du prestigieux sir James Mackintosh, philosophe, historien et homme politique. Beau-frère par alliance d'Oncle Jos, il s'est installé chez les Wedgwood pour six mois en compagnie de son épouse Kitty*, officiellement pour rédiger au calme une vaste « Histoire de l'Angleterre », en fait pour cacher et remâcher sa déception de n'être pas ministre dans le cabinet de coalition de lord Canning constitué mi-avril 1827. Bien que les Wedgwood lui aient aménagé un bureau et une bibliothèque pour travailler tout à son aise, l'écriture de son grand œuvre n'avance guère, comme le déplore Bessie Wedgwood : « Mackintosh a eu une ou deux crises de vertiges**, qui ont duré moins d'une minute, mais cela a suffi à beaucoup le perturber dans l'écriture de son Histoire, qui avance si lentement que cela me désespère. Il ne peut pas travailler longtemps d'affilée par crainte de maux de tête ; il ne fait jamais rien après le dîner, et il accomplit en général deux promenades à pied et une balade à cheval chaque matin, ce qui fait que dans les moments où il est le plus en forme il ne se garde guère de temps pour travailler[7]. »

Malgré cet épisode quelque peu dépressif, ce n'est

* James Mackintosh (1765-1832) avait épousé en secondes noces Catherine « Kitty » Allen, sœur d'Elizabeth « Bessie » Allen, épouse de Josiah II Wedgwood.

** Il connaissait de sérieux problèmes de santé depuis un séjour prolongé aux Indes de 1804 à 1811.

pas pour rien que sir Mackintosh est considéré comme l'esprit le plus cultivé de son temps : lors de ses visites à Paris, Mme de Staël prisait tout particulièrement sa conversation, et Charles ne sera pas en reste sur la célèbre femme de lettres :

Une de mes visites d'automne à Maer, en 1827, fut rendue mémorable par ma rencontre avec Sir J. Mackintosh, le plus brillant causeur que j'aie jamais entendu. J'appris ensuite, non sans quelque orgueil, qu'il avait dit : « Il y a quelque chose qui m'intéresse dans ce jeune homme. » Il avait certainement remarqué que j'écoutais avec un grand intérêt tout ce qu'il disait, car j'étais d'une ignorance crasse en histoire, en politique et en philosophie morale. S'entendre louer par une personne éminente, même si cela flatte outrageusement la vanité, est bon pour un jeune homme : cela l'aide à rester dans la bonne voie[8].

Outre l'intermède Mackintosh, cet automne de chasse va connaître une autre variante : Charles va quelque peu délaisser les taillis giboyeux de Maer pour aller battre la campagne du côté de Woodhouse*, l'un des domaines de la famille Owen, de vieux amis des Darwin. Le *pater familias*, William Mostyn-Owen, irascible et despotique, ancien officier du 1[rst] Royal Dragoons, prestigieux régiment victorieux des troupes françaises de la Révolution et de Napoléon**, est l'archétype, à la limite de la caricature, du hobereau de province à l'ancienne mode. Son caractère épouvantable est légendaire, et plus tard Charles se plaira à raconter quelques anecdotes révélatrices :

* À 13 miles (environ 20 km) au nord-ouest de Shrewsbury.

** Le 1[rst] Royal Dragoons a notamment joué un rôle décisif dans la bataille de Waterloo.

La maison était grande et assez mal tenue. M. Owen entendait souvent, ou croyait entendre, des gens marcher la nuit ; il décida un jour de les piéger en entassant de la vaisselle au sommet des escaliers. Tard dans la nuit, il entendit des bruits et sortit de sa chambre pour surprendre le maraudeur dès qu'il entendrait le fracas. Mais, oubliant où il avait exactement installé son piège, il envoya lui-même toute la vaisselle voler dans l'escalier, ce qui fit tellement rire Mme Owen qu'il entra dans une furieuse colère[9].

Charles a lié amitié avec les fils Owen, en particulier l'aîné, William, à peine plus âgé que lui. Il apprécie les parties de chasse en sa compagnie et celle de son cousin, le major Hill, même si les deux jeunes gens se livrent parfois à quelques facéties au détriment du méticuleux Darwin :

Chaque fois que j'avais tiré, et que je pensais avoir tué un oiseau, l'un deux faisait semblant de recharger son fusil et criait : « Ne compte pas cet oiseau, j'ai tiré en même temps » ; le garde-chasse, qui avait compris le jeu, ne pipait mot. Après quelques heures, ils m'avouèrent la plaisanterie, mais ce n'en était pas une pour moi : j'avais tué un grand nombre d'oiseaux, mais je ne savais pas combien, et ne pouvais donc les ajouter à ma liste, ce que je notais habituellement en faisant un nœud sur un bout de ficelle attaché à une boutonnière. Mes amis avaient bien remarqué cette habitude[10]...

La chasse n'est pas le seul motif de la présence de plus en plus fréquente et prolongée de Charles à Woodhouse : si l'impossible M. Owen a des fils, il a aussi des filles... Il connaît surtout les deux aînées, Sarah et Frances, qui, plus jeunes, fréquentaient The Mount pour prendre des cours de chant en compagnie de Susan Darwin, et c'est Frances,

« Fanny », qui retient son attention. La fillette un peu malingre qu'il croisait parfois dans le salon familial s'est épanouie en une ravissante jeune fille de dix-neuf ans, une pétillante beauté brune aux yeux noirs. Catherine Darwin, lors d'un séjour émaillé de fêtes et de réceptions à Woodhouse, en compagnie de son aînée Susan et des sœurs Owen, écrit à son propos : « Fanny était la reine du bal. Cela ne m'étonne pas, car je n'ai jamais vu une fille aussi séduisante qu'elle[11]. » Charles est du même avis, même si ce n'est pas tant la « reine du bal » qui le séduit que l'intrépide cavalière, qui lui demande de lui apprendre à tirer au fusil. Il admire sa résistance à la douleur : le recul de la crosse a meurtri son épaule, devenue « noire et bleue », comme Charles en gardera le souvenir ému jusqu'à la fin de sa vie[12] — mais son émotion ne provient-elle pas surtout de l'image de cette épaule dévoilée ? Lorsque, dans les années 1850, il raconte cet épisode à sa fille Henrietta, son trouble est tel qu'elle n'a oublié aucun détail de cet instant : « Je n'étais qu'une enfant, mais je peux toujours me rappeler l'expression de son visage, et l'endroit exact où il se tenait à Down[13]. »

En clair, Charles est amoureux, et Fanny pourrait bien devenir le plus beau trophée de son tableau de chasse. D'autant que M. Owen père, qui a l'œil sur tout et surtout sur ses filles, laisse l'idylle se dérouler sans sourciller : contre toute attente, le vieux militaire atrabilaire semble apprécier Charles — sans quoi il lui aurait fait franchir depuis longtemps, *manu militari*, les bornes de son domaine en lui faisant définitivement passer l'envie de revenir :

ne dit-on pas qu'il a un jour si brutalement roué de coups un de ses fils, pourtant adulte, que celui-ci a dû garder le lit pendant quinze jours ?

Malgré tout, Charles se retrouve dans une position délicate : lui dont les seules relations féminines étaient jusque-là familiales n'a semble-t-il aucune idée claire de la manière de se comporter avec une jeune femme qui n'est ni une sœur ni une cousine, mais pourrait devenir beaucoup plus. Après la chasse et les séances de tir, il raconte à Fanny ses études de médecine et son récent voyage à Paris avec d'autant plus d'enthousiasme qu'elle semble subjuguée. Dans les lettres qu'elle commence à lui adresser dans un curieux langage codé, émaillé d'allusions parfois obscures, d'abréviations, et d'une orthographe pleine de fantaisie*, elle le désigne comme son « postillon** » (*postillion*) et se présente comme sa « bonne » (*housemaid*), installant entre eux une tendre complicité.

Charles revient à Shrewsbury la tête dans les étoiles, mais se voit bien vite rattrapé par l'amère réalité — l'impérieuse nécessité d'une remise à niveau pour être capable d'entrer à Cambridge :

Comme il avait été décidé que je serais pasteur, il était nécessaire que je passe un diplôme dans une université anglaise ; mais, n'ayant pas ouvert un livre d'humanité depuis que j'avais quitté l'école [de Shrewsbury], je constatai, à ma consternation, et aussi incroyable que cela puisse paraître,

* Ainsi, « leetle » pour *little* (« petit »), « viz » pour *with* (« avec »), etc. ; ces graphies fautives sont souvent volontaires pour imiter des accents locaux, comme « werry pecoolier » pour *very peculiar* (« très bizarre »).

** Postillon : cocher, plus spécialement conducteur d'une voiture (hippomobile) des postes.

qu'au cours de ces deux dernières années j'avais réellement oublié presque tout ce que j'avais appris, jusqu'à quelques-unes des lettres grecques. Je ne rentrai donc pas à Cambridge en octobre, mais travaillai à Shrewsbury avec un précepteur et ne me rendis à Cambridge qu'après les vacances de Noël, au début de 1828. Je rattrapai vite mon niveau précédent et pus traduire des livres grecs faciles, tels qu'Homère et le *Testament* grec, avec une relative aisance[14].

Il parvient à s'échapper à deux reprises pour se rendre à Woodhouse, mais Sarah et Fanny sont parties en villégiature à Brighton, et il trouve subitement beaucoup moins d'intérêt à la chasse. À Noël, Erasmus revient à Shrewsbury, porteur d'une sympathique nouvelle : après son année à Londres, il va lui aussi revenir à Cambridge afin d'obtenir son diplôme de médecine. C'est ensemble, comme au bon vieux temps des débuts à Édimbourg, que les deux frères vont faire route vers Cambridge, où ils retrouvent un lointain cousin* qu'ils voient rarement mais apprécient beaucoup : William Darwin Fox, lui aussi étudiant en théologie au Christ's College. Charles, cependant, ne voit pas en Fox le futur pasteur qui pourra l'aider dans sa nouvelle orientation, mais le naturaliste passionné d'entomologie et spécialiste des scarabées. Autant dire d'emblée que les études de Charles vont, une fois encore, dériver vers de tout autres centres d'intérêt que la théologie :

Je perdis complètement mon temps pendant les trois années que je passai à Cambridge, du moins en ce qui

* En fait, il était cousin second des frères Darwin, mais Charles s'intéressait peu aux liens exacts de parenté.

concerne les études académiques, aussi complètement qu'à Édimbourg et à l'école. Je m'essayai aux mathématiques, et travaillai même pendant l'été 1828 à Barmouth avec un précepteur (un homme très ennuyeux), mais je progressais lentement. Je ne parvenais pas à m'y intéresser, à cause de mon incapacité à trouver une signification quelconque aux rudiments de l'algèbre. Cette impatience était tout à fait absurde, et dans les années qui suivirent, j'ai profondément regretté de n'avoir pas été assez loin pour comprendre au moins quelque chose aux grands principes des mathématiques, car ceux qui en sont capables possèdent un sens supplémentaire. Mais je ne crois pas que j'aurais jamais réussi à atteindre autre chose qu'un niveau médiocre. Quant aux humanités, je ne fis rien, sinon assister à quelques conférences obligatoires, où la présence était presque nominale[15].

Arrivé à Cambridge dans les premiers jours de janvier 1828, il doit résoudre d'urgence la question du logement, les hébergements de Christ's College étant complets. Une fois trouvé un appartement meublé, la première chose que va faire Charles sera, à l'instar du cousin William, de s'acheter un chien, ou plutôt une minuscule chienne curieusement baptisée Sappho, qui l'accompagne partout et dort sur son lit. Car il a la passion des chiens, qu'il observera attentivement toute sa vie — observations qui lui seront précieuses pour son futur ouvrage consacré à l'expression des émotions chez l'homme et les animaux.

Quelques jours après les formalités d'inscription, Charles va devoir, en compagnie des nouveaux inscrits et devant le *senior proctor* (« secrétaire général »), le révérend Adam Sedgwick, jurer fidélité à l'université, à ses règlements et à ses coutumes, et s'engager à les respecter et à les défendre en toutes circonstances, « avec l'aide de Dieu et des saints Évangiles[16] ». Il va aussi, à la même période, recevoir deux lettres de Fanny Owen qui vont probablement bien plus l'émouvoir que la rigide cérémonie officielle en latin ecclésiastique qu'il vient de vivre : la première, badine et joyeuse, raconte ses vacances à Brighton et le retour à Woodhouse ; la seconde se montre nettement plus sèche : « J'ai été très surprise d'apprendre par Sarah que vous aviez décidé de devenir *docteur en théologie* au lieu de *docteur en médecine*. Vous ne *m*'avez jamais mise dans le secret*. » D'évidence, Charles, peu au fait des subtilités de la psychologie féminine, a doublement gaffé…

S'est-il, d'ailleurs, seulement soucié d'expliquer son attitude, voire même de lui répondre, tant il est occupé à découvrir le monde nouveau qui l'entoure ? Au-delà des cours et des cérémonies obligatoires à la chapelle, le Christ's College, et plus largement Cambridge, ne manque pas d'opportunités pour un jeune homme sportif — à bientôt vingt ans, Charles est un vigoureux gaillard d'un mètre quatre-vingts, cavalier émérite et randonneur infatigable — et d'esprit ouvert, entre les équipes de cricket et d'aviron, ou les clubs de discussion, les uns très orientés vers les questions politiques, comme l'Union Debating Society, fondée par des étudiants en droit, les autres très préoccupés par les sujets religieux, comme The Apostles (« Les Apôtres ») ou le petit groupe de réflexion, surnommé les Sims, qui se réunit autour du révérend Simeon.

* Lettre de Fanny Owen à Charles Darwin, [?] janvier 1828 ; c'est elle qui souligne.

Pourtant, Charles ne rejoint ni les clubs, ni les équipes sportives. Il a constitué autour de lui un noyau d'amis fidèles, pour la plupart anciens condisciples de l'école du révérend Butler à Shrewsbury, dont Thomas Butler, le propre fils du révérend, Jonathan Cameron, Charles Whitley et le cousin de ce dernier, John Maurice Herbert. Ensemble, ils lisent Shakespeare, se rendent régulièrement au Fitzwilliam Museum*, dont ils explorent en particulier la vaste collection de plus de 40 000 gravures, et se rendent aux concerts. Mais Charles n'a guère l'oreille musicale, et il faut toute l'insistance de John Herbert pour le décider à se cultiver en ce domaine — efforts qui, heureusement, ne seront pas tout à fait vains :

> Je fréquentais aussi un groupe musical, par l'entremise, je crois, de mon très cordial ami Herbert [...]. À force de fréquenter ces musiciens et de les écouter jouer, j'acquis un goût très prononcé pour la musique, et j'organisais très souvent mes promenades de façon à entendre, les jours de semaine, la chorale de la chapelle de King's College. Cela me procurait un plaisir intense, allant parfois jusqu'au frisson dans le dos. Je suis sûr que dans ce goût ne rentraient ni affectation, ni simple imitation, car je me rendais en général seul à King's College, et je payais parfois les choristes pour chanter dans mon appartement. Pourtant, je suis si totalement dépourvu d'oreille que je ne peux ni percevoir une dissonance, ni garder la mesure, ni fredonner un air correctement : le plaisir que j'ai pu tirer de la musique demeure pour moi un mystère[17].

En mars, deux lettres des sœurs Owen — la première de Fanny, la seconde de Sarah —

* Musée des Beaux-Arts de l'université de Cambridge, alors récemment ouvert (1816) et installé dans des locaux provisoires.

l'interrogent sur ses projets pour les vacances de Pâques : viendra-t-il à Woodhouse « même si ce n'est pas la saison de la chasse » ? Fanny serait si heureuse qu'il lui donne enfin quelques leçons de billard ! Va-t-il au moins les rejoindre à la foire de Wrexham ? Charles répond par la négative : il a décidé de consacrer ce début de printemps à sa seule véritable passion, capturer et collectionner les scarabées : « Voici une preuve de mon ardeur : un jour, en arrachant une vieille écorce, je vis deux scarabées rares et en pris un dans chaque main ; puis j'en vis un troisième d'une autre espèce, que je ne pouvais évidemment pas laisser échapper ; je mis donc dans ma bouche celui que je tenais dans ma main droite. Hélas, il émit un fluide acide qui me brûla la langue, de sorte que je fus obligé de le recracher*. Il fut perdu, comme d'ailleurs le troisième. » Et d'ajouter : « Aucun poète n'éprouva plus de plaisir à voir publié son premier poème que je n'en ressentis en voyant, dans les *Illustrations of British Insects* de Stephen, les mots magiques, "capturé par C. Darwin, Esq.". »

Grâce à son cousin Fox, Charles fait la connaissance du révérend John Stevens Henslow, professeur de minéralogie et de botanique à Cambridge. Henslow, né en 1796, avait accompli des études poussées de géologie sous la direction du révérend Adam Sedgwick, travaillant notamment avec lui sur le terrain en 1819, d'abord à l'île de Wight, puis à l'île de Man. Il avait également, toujours en 1819

* Il s'agissait probablement d'un scarabée bombardier, capable d'éjecter un mélange chimique explosif, brûlant et corrosif.

et avec Sedgwick, cofondé la Cambridge Philosophical Society, qui se préoccupait de concilier découvertes scientifiques et théologie et publiait une revue scientifique de grande qualité, *Transactions of the Cambridge Philosophical Society**. Autant dire que Henslow est un personnage clé des milieux scientifiques de Cambridge, tout à la fois très respecté pour ses connaissances et plus disponible, pour les étudiants, qu'un Sedgwick que ses hautes fonctions administratives rendent inaccessible. Charles apprécie d'ailleurs à sa juste valeur la chance qui lui est offerte :

Je n'ai pas encore mentionné une circonstance qui, plus qu'aucune autre, influença toute ma carrière. Il s'agit de mon amitié avec le Pr. Henslow. Avant ma venue à Cambridge, mon frère m'en avait parlé comme d'un homme qui connaissait toutes les branches de la science, et je l'admirais donc par avance. Sa maison était ouverte une fois par semaine, et tous les étudiants, ainsi que plusieurs membres âgés de l'université attachés à la science, avaient coutume de s'y réunir le soir. J'eus bientôt une invitation par l'intermédiaire de Fox et j'y allai régulièrement. Il me fallut peu de temps pour bien connaître Henslow et, pendant la seconde moitié de mon séjour à Cambridge, je fis de longues promenades avec lui presque tous les jours [...] et, le soir, j'étais souvent retenu à la table familiale. Il avait de vastes connaissances en botanique, entomologie, chimie, minéralogie et géologie. Il aimait par-dessus tout tirer des conclusions à partir d'observations minutieuses étalées sur une longue période de temps. Son jugement était excellent, et son esprit équilibré[18].

Au terme de son premier semestre d'étudiant à Cambridge, Charles aborde les vacances d'été 1828

* La société, toujours active, publie actuellement la *Biological Review* et les *Mathematical Proceedings*.

avec un lot de bonnes résolutions : pas moins de trois mois de cours particuliers dans la matière où il est le plus faible, les mathématiques, en compagnie de quelques condisciples tout aussi studieux, ou se prétendant tels. Naturellement, ce beau programme ne sera que très partiellement respecté. Après un bref séjour à Shrewsbury, il est pris d'une folle envie de revoir Fanny et galope vers Woodhouse. Non seulement elle lui a pardonné son absence à Pâques, mais elle semble plus heureuse que jamais de revoir son cher « postillon », tandis qu'il la trouve encore embellie et lui déclare qu'elle est la plus jolie femme de tout le Shropshire. Il tente de lui communiquer sa passion de l'entomologie, lui proposant une chasse aux scarabées dans les plates-bandes de fraisiers du jardin, mais, à force de se pencher pour mieux voir les insectes, tous deux finissent par se retrouver allongés au sol côte à côte, et « se comportant comme des bêtes[19] », si l'on en croit certaine allusion dans une lettre de Fanny...

Les bonnes résolutions finissant par l'emporter, Charles part à regret pour Barmouth retrouver Thomas Butler et John Herbert pour leur remise à niveau estivale. Après quelques jours de cours, il juge son professeur de mathématiques, le révérend George Ash Butterton, enseignant au St. John's College à Cambridge, « un homme très ennuyeux » et envoie au diable algèbre, équations et théorèmes pour se consacrer entièrement aux insectes et à la nature. Fin août, il répond positivement à l'invitation de William Fox qui lui propose de le rejoindre à Osmaston Hall, près de Derby, pour tout le mois de septembre. En chemin, il s'arrête à Maer, ne voulant rater pour rien au monde l'ouverture de la chasse : « Pendant la première semaine, j'ai tué soixante-quinze têtes de gibier — un nombre tout à fait indigne — mais il n'y a que très peu d'oiseaux. J'ai cependant tué une paire de tétras lyre[20]. » Le séjour à Osmaston l'enchante : « C'est une maison très agréable, et les réunions musicales se déroulent parfaitement. » Il en remercie Fox chaleureusement dans une lettre qu'il lui adresse au début du mois d'octobre 1828, quelques jours après l'avoir quitté :

Shrewsbury, mardi
Mon cher Fox,
Je crois avoir mentionné les quelques oiseaux naturalisés que je possède, et comme ils ne sont pas plus utiles à toi qu'à moi, j'ai pris la liberté de les envoyer au « Muséum d'Osmaston » et j'espère qu'ils arriveront en bon état. — J'ai aussi envoyé quelques insectes, un carabe six-points — capturé à Maer, et un autre carabique de couleur brun clair. — Dis-moi ce que tu penses de ces insectes, ainsi que d'un carabe noir commun (mais nouveau pour moi). — N.B. La sterne a été tuée à l'étang de Maer en septembre de l'année dernière.

J'arrête là avec l'histoire naturelle, et à part ça je n'ai pas fait grand-chose d'autre, c'est pourquoi cette lettre doit être aussi peu intéressante que moi. Je suis resté deux jours à Maer, où j'ai laissé des ordres au sujet de tes oiseaux, et lundi je suis rentré dans mon doux foyer. Le foyer est sans aucun doute très doux, mais comme toutes les bonnes choses on a tendance à s'en lasser ; par conséquent j'ai décidé d'aller passer une semaine à Woodhouse. C'est pour moi un paradis, auquel je pense en permanence comme tout bon musulman ; sans compter que les houris aux yeux noirs n'existent pas uniquement dans l'imagination des mahométans, mais sont bien réelles, faites de chair et de sang. Avant, j'avais deux endroits, Maer et Woodhouse, où, telle une roue sur son pivot, je me rendais régulièrement. Maintenant, j'ai la chance d'en avoir un troisième, et j'espère n'avoir nul besoin de te dire que ce troisième est Osmaston : je dois te dire, quoique pour la dixième fois, et quoique tu qualifieras sans doute cela élégamment de sornettes, que je ne crois pas avoir déjà passé trois semaines plus agréables[21].

Sornettes, en effet : malgré l'accueil de William et de ses sœurs Emma et Julia, que Charles salue courtoisement, mais sans chaleur, c'est Woodhouse et ses « houris » — surtout la plus jeune — qui l'attirent plus que tout autre endroit sur terre, plus encore que Maer, pourtant son deuxième foyer. Et cette semaine passée chez les Owen semble avoir été un enchantement, avec d'incessantes chevauchées suivies d'interminables parties de billard. Dans une lettre à Charles datée du 26 octobre, Fanny se plaint de ne plus monter à cheval ni jouer au billard depuis son départ, parce qu'elle « ne trouve personne avec qui monter, avec qui jouer ». Et, toujours dans ce langage codé qu'elle affectionne, elle termine par une phrase à la fois prometteuse et mystérieuse : « Brûle ceci aussitôt après avoir compris ces idioties, souviens-toi que c'est une lettre à quatre bandes au lieu de trois, qui doit donc servir pour longtemps... » La lettre se termine, tout aussi allusivement, par la mention « Paradise Row », le « rang du paradis », surnom qu'elle donne à sa chambre, et précise « samedi soir, minuit et demi[22] ». Charles aurait-il fait partie de ces visiteurs nocturnes que M. Owen père s'efforce de surprendre en piégeant les escaliers par des amas de vaisselle ? Époque prévictorienne et discrétion de bonne famille obligent, le degré réel d'intimité entre

Charles et Fanny restera à jamais inconnu, mais le stade du simple flirt a peut-être été dépassé...

Quoi qu'il en soit, c'est avec trois semaines de retard que Charles fait sa rentrée à Cambridge, avec un niveau en mathématiques toujours aussi désastreux. Seul changement notable par rapport à l'année précédente, il loge maintenant au Christ's College. Et comme il a pris soin d'amener le nouveau fusil à deux coups offert par ses sœurs, il passe un temps considérable à s'entraîner à son maniement :

> À Cambridge, je m'exerçais régulièrement à épauler devant la glace pour améliorer ma position de tir. Une autre méthode, plus efficace, consistait à demander à un ami de tenir une bougie allumée, et à tirer à blanc, à bout portant. Si le coup était réussi, la petite bouffée d'air soufflait la bougie. L'explosion de l'amorce provoquait un fort claquement, et l'on me rapporta que le directeur des études en avait fait la remarque : « C'est curieux, M. Darwin semble passer des heures à faire claquer une cravache, car j'entends souvent un claquement en passant sous ses fenêtres[23]. »

On a vu des années universitaires commencer sous de meilleurs auspices... Pour tout dire, ce trimestre se retrouve bien vite placé sous le signe de la morosité : le cousin Fox, qui arrive au terme de ses deux premières années d'études, va devoir passer son Bachelor of Arts* au mois de janvier suivant. Lui a fait sa rentrée en temps et en heure et a déjà commencé à travailler d'arrache-pied pour préparer cet examen capital, d'autant qu'il s'était jusque-là montré plutôt dilettante. Dans ces conditions, finies

* Baccalauréat ès Arts (en abrégé B.A.), diplôme équivalent à l'ancienne licence des universités françaises.

les promenades naturalistes ou les discussions entomologiques, Fox, mesurant avec accablement l'ampleur du retard accumulé, devient au fil des jours de plus en plus sombre et renfermé. Il se voit dans l'obligation de passer les vacances de Noël à Cambridge, enfermé avec ses livres, tandis que Charles file à Shrewsbury, pressé de revoir sa famille... et impatient de retrouver Fanny à Woodhouse, où il passe le nouvel an et la première semaine de janvier 1829, les parties de chasse alternant, semble-t-il, avec de tendres tête-à-tête. Tout serait pour le mieux si, dans les jours qui suivent, Charles n'était pris d'une soudaine et violente inflammation des lèvres, identifiée par la suite comme une forme aiguë d'eczéma. Vengeance à retardement du scarabée bombardier, ou première manifestation de la maladie qui allait progressivement s'installer et le tourmenter jusqu'à la fin de ses jours ? Toujours est-il qu'il va devoir rester alité pendant plusieurs semaines à The Mount, traité de façon assez empirique par de petites doses d'arsenic*. Cet accès l'oblige à renoncer à un voyage à Édimbourg où il devait retrouver Coldstream, revenu de Paris, et, une fois de plus, à rater sa rentrée à Cambridge. Enfin rétabli dans la deuxième quinzaine de février — son état s'est amélioré pour son vingtième anniversaire —, il ne rentre pas directement au Christ's College, mais préfère faire étape à Londres pour passer quelques jours avec Erasmus, fraîchement

* Probablement sous forme de liqueur de Fowler, solution d'arsenic à 1 % découverte en 1786, utilisée notamment dans le traitement des maladies de peau, largement prescrite jusqu'au XXe siècle malgré de redoutables effets secondaires.

rentré de son Grand Tour*, qui l'a notamment mené à Munich, Vienne et Milan. Ensemble, ils vont visiter toutes les institutions du Londres scientifique, des sociétés savantes aux jardins botaniques et zoologiques. Et, grâce au révérend Frederick Hope, un pasteur du Shropshire avec qui il a échangé de nombreux spécimens de scarabées, et qui se trouve précisément à Londres à la même période, Charles rencontre la plupart des grands entomologistes britanniques, dont James Stephen, un amateur à la tête d'une collection exceptionnelle, qui a publié l'année précédente le premier volume de ses *Illustrations of British Insects***, devenu le livre de chevet de Charles. Cependant, l'ambiance n'est pas au beau fixe entre les deux frères : Charles, qui doute de plus en plus du bien-fondé de ses études de théologie, supporte mal les remarques d'Erasmus, qui attribue ce vague à l'âme à une simple lassitude, inévitable en cours de deuxième année d'études. De retour à Cambridge, sa morosité et son sentiment de solitude ne font qu'augmenter : Fox, qui a obtenu d'extrême justesse son B.A., a quitté l'université. Heureusement quelques-uns de ses condisciples semblent bien décidés à prendre la vie du bon côté, et à accueillir Charles parmi eux :

Ma passion pour la chasse au tir et à courre et, à défaut, pour les randonnées à cheval à travers la campagne, me

* Long voyage (jusqu'à un an) traditionnellement entrepris par les jeunes gens des grandes familles britanniques, destiné à parfaire leur éducation, en particulier artistique.

** *Illustrations of British Insects* comptera finalement douze volumes ; sa publication s'achèvera en 1846.

conduisit dans un groupe d'amateurs qui comprenait quelques jeunes gens dissipés et à l'esprit vulgaire. Nous dînions ensemble le soir, parfois d'ailleurs avec des hommes du meilleur aloi ; il nous arrivait de boire trop, puis de chanter joyeusement et de jouer aux cartes. Je sais que je devrais avoir honte des jours et des soirées ainsi perdus, mais comme certains de mes amis étaient très agréables, et que nous étions tous pleins d'énergie, je ne peux m'empêcher de repenser avec grand plaisir à ces moments[24].

Les « jeux de cartes » ne sont pas tout à fait innocents, puisqu'il s'agit de parties de Van John, une variante du black-jack : faut-il s'étonner que Charles, ce printemps-là, ait éprouvé quelques difficultés à régler ses factures ? De toute manière, en cette année 1829, l'ambiance est au relâchement, voire à la contestation ouverte du règlement et, surtout, de l'autorité jugée abusive des responsables de la discipline, les révérends Wale — successeur de Sedgwick — et Melville, son âme damnée. Début avril, une manifestation d'étudiants tourne à l'émeute, contraignant les deux hommes à fuir le Christ's College pour se réfugier au St. John's College, « sous les huées et les jets de navets, de crottin et de rats crevés[25] ». Une poignée de meneurs ou prétendus tels seront renvoyés de l'université ou condamnés à des amendes, mais Wale et Melville, ulcérés par la modération des sanctions, préfèrent démissionner, entérinant la victoire des étudiants.

Quelques semaines plus tard, deux étonnants personnages vont faire leur apparition dans ce fief de la religion anglicane : le militant radical Richard Carlile et le révérend (défroqué) Robert Taylor. Tous deux, bien qu'ayant cumulé les années de prison pour écrits séditieux et blasphème, parcourent le pays pour porter la bonne parole contestataire et anticléricale : si l'on en croit les affiches qu'ils apposent en ville, ils se proposent de prouver, au cours d'une série de conférences ouvertes à tous, « que Jésus-Christ, prétendument de Nazareth, n'a jamais existé ; que la religion chrétienne n'a pas les origines qu'elle prétend ; et qu'elle n'est en aucune manière bénéfique pour l'humanité ; mais qu'elle n'est rien d'autre qu'une résurgence des anciennes religions païennes... ». Les deux « missionnaires des incroyants* », comme ils se définissent, seront expulsés de la ville, mais l'affaire se terminera une fois de plus par des émeutes, minant un peu plus l'édifice vermoulu de l'autorité hégémonique des ecclésiastiques sur Cambridge.

Pour Charles, l'année universitaire va se terminer de manière aussi confuse qu'elle a commencé. Après une demi-brouille épistolaire avec William Fox — il l'accuse de refuser de répondre à ses lettres —, il apprend à Pâques que l'une de ses sœurs, Mary Ann, est décédée, et envoie à son cousin des condoléances pour le moins controuvées :

Mon cher Fox,

[...] Je partage très sincèrement et très profondément ta douleur et celle de ta famille. Mais, en même temps, pour autant que quelqu'un puisse, avec l'aide de ses bons principes et de sa religion, se sentir soutenu dans cette infortune, tu sais parfaitement, et j'en ai la certitude, vers où te tourner pour obtenir un tel réconfort. Et à côté des consolations si pures et si saintes que procure la Bible, j'ai tout autant la

* « *Infidel missionaries* » dans le texte original, cité par Adrian Desmond et James Moore, *Darwin*, Penguin Books, Londres, 2009.

certitude que la sympathie de tous tes amis doit apparaître inutile, bien qu'elle soit aussi sincère et du fond du cœur que j'espère que tu me crois capable d'éprouver.

Dans un tel moment de profonde détresse, je n'ajouterai rien, si ce n'est que je fais confiance à ton père et à Mme Fox pour supporter le coup aussi bien qu'on puisse l'espérer en de telles circonstances.

Je crains qu'un long moment ne se passe, mon cher Fox, avant que nous nous revoyions. Alors crois-moi, en toutes circonstances, ton très affectionné

Charles Darwin[26]

Renvoyer, au prix d'une syntaxe filandreuse, un futur pasteur à sa sainte Bible pour toute consolation n'est guère charitable, et les relations entre les deux amis en sortiront, pour un temps, assez refroidies. D'ailleurs, en réponse à une plutôt cordiale invitation de Fox à passer une partie de l'été à Osmaston, Charles va préférer répondre par une fin de non-recevoir, détaillant un emploi du temps surchargé (mais inventé pour la circonstance) jusqu'à septembre.

De toute évidence, en cette veille d'été 1829, Charles sait très bien, au fond de lui, ce qu'il ne veut pas, ou ne veut plus : devenir pasteur. William Fox lui tend, inconsciemment, un miroir de ce qui l'attend et qu'il refuse. Mais, après quatre années d'études universitaires fort peu orthodoxes, il n'a toujours aucune idée claire de ce qu'il veut. Au point que, depuis quelque temps, il en vient même à se désintéresser de ses chers scarabées — symptôme des plus préoccupants.

Le naturaliste sort du bois

L'été 1829 va se dérouler de manière tout aussi flottante que les mois précédents, au cours desquels Charles s'est senti réduit « à une sorte d'hibernation[1] ». Tout semblait pourtant bien commencer, mais le programme va vite se détraquer : « J'ai quitté cet endroit [Shrewsbury] il y a environ une quinzaine pour un voyage entomologique avec Mr. Hope* dans le nord du pays de Galles et notre première destination était Barmouth. Les deux premiers jours, j'allais très bien et j'ai capturé plusieurs beaux insectes, mais tout le reste de la semaine mes lèvres se sont mises à aller très mal et je n'étais moi-même pas bien, au point d'être incapable de quitter ma chambre, et le lundi je suis retourné avec chagrin et regrets à Shrewsbury[2]. » Cette nouvelle poussée inflammatoire est-elle liée au stress croissant qu'il éprouve depuis quelque temps ? En effet, il ressent de plus en plus douloureusement la présence d'une épée de Damoclès du nom de Little Go,

* Révérend Frederick William Hope (1797-1862), entomologiste, titulaire de la chaire de zoologie d'Oxford, cofondateur de plusieurs sociétés scientifiques.

un examen spécifique à Cambridge qui vient sanctionner la fin de deuxième année : « Je dois lire pour mon Little Go. Graham* m'a souri et s'est incliné avec une telle politesse, lorsqu'il m'a informé qu'il était l'un des six désignés pour rendre l'examen plus strict, et qu'ils étaient déterminés à en faire quelque chose de très différent de tous les examens précédents, que j'en déduis avec certitude que ce sera vraiment le diable pour s'en tirer quand on est oisif... ou entomologiste[3]. »

Ces divers soucis ne vont pas l'empêcher de multiplier les séjours à Woodhouse. Même si Fanny et lui n'ont guère échangé de courrier ces derniers mois, le plaisir de se revoir semble intact et réciproque. À la fin de l'été, après la rituelle ouverture de la chasse à Maer dans les derniers jours d'août, Charles passe quelques jours en compagnie de William Fox, leurs relations s'étant réchauffées sans être pour autant redevenues d'une totale cordialité. Ainsi, début octobre, Charles assiste au festival musical de Birmingham, en compagnie d'Erasmus et de ses cousins Wedgwood, où l'on représente des extraits d'opéras. Il envoie à Fox une lettre racontant à quel point les spectacles et les chanteurs l'ont émerveillé, plaçant la Malibran au-dessus de tous et de toutes, et terminant sa prose par cette phrase en apparence d'une parfaite courtoisie : « Tout cela était très agréable, et si tu avais été là, tout aurait été parfait » — mais il s'était bien gardé de l'inviter... Inconsciemment, les deux hommes sont en train de prendre leurs distances : Fox prépare son

* John Graham, professeur et examinateur au Christ's College.

entrée dans les ordres et s'éloigne peu à peu de la science, tandis que Charles suit le mouvement inverse.

Charles, en effet, doute de plus en plus : sa religiosité, qui n'a jamais été bien solide, chancelle. Les cérémonies l'ennuient, et il apprécie fort la façon dont le doyen du Christ's College les abrège : « Le doyen avait l'habitude de lire les versets des Psaumes sans attendre le moindrement les répons de l'assistance. Et s'il trouvait la Lecture trop longue, il se levait et enchaînait avec les Cantiques, interrompant le lecteur au bout d'une quinzaine de versets[4]. » Au cours de longues conversations avec John Herbert, il s'interroge : peut-on honnêtement entrer dans les ordres en l'absence de vocation et sans avoir la foi, ce qui, révèle-t-il, est son cas ?

D'autre part, il se demande pourquoi il serait obligé d'exercer une profession, alors qu'Erasmus, bien qu'ayant obtenu son diplôme de médecine, vient d'être jugé par son père inapte à exercer ce métier, trop fragile pour en supporter les fatigues. Ce grand gaillard, maigre au point d'avoir été surnommé « Bones » (« Tas d'os ») par ses camarades, va donc, sans avoir jamais travaillé, prendre sa retraite à vingt-cinq ans avec une généreuse pension allouée sur la fortune de la famille Darwin. Ce qui lui permet de s'installer à Londres et d'y mener une existence aussi oisive que confortable. Charles, qui apprécie par ailleurs cette possibilité de pied-à-terre londonien permanent — Erasmus s'est procuré un matelas gonflable pour le recevoir —, trouve qu'il y a là deux poids deux mesures, en sa défaveur.

Dans l'immédiat, il va laisser les questions métaphysiques de côté et s'appliquer à préparer son Little Go, ne s'autorisant plus que les soirées naturalistes du vendredi organisées par Henslow. En décembre, il passe les vacances de Noël à Londres avec un Erasmus épanoui dans son oisiveté et revoit, à l'occasion d'un dîner, sir James Mackintosh, qui apprécie toujours autant sa conversation. William Fox et Fanny Owen semblent tous deux bien lointains, et les échanges de lettres se sont taris.

Le premier trimestre de 1830 s'écoule dans la même ambiance studieuse. Seule surprise, une lettre de Fanny, plus allusive que jamais, rédigée le 27 janvier, où elle lui reproche de n'être pas venu la voir à Noël, de ne s'intéresser qu'aux insectes : « ... si j'avais trouvé un *Scrofulum Mortuorum*, cela t'inciterait peut-être à venir », ironise-t-elle — faut-il préciser que la « scrofule mortelle » n'existe pas ? En revanche, le double sens est bien là, comme toujours avec Fanny, et il faut plutôt comprendre : « Si je me retrouvais à l'article de la mort, viendrais-tu ? » — cette lectrice acharnée de romans gothiques ne craint pas la démesure. Toujours à mots couverts, elle lui fait comprendre que le « chasseur de scarabées » n'est plus le seul prétendant en lice. D'ailleurs, plus question de « cher Postillon », mais tout banalement de « cher Charles[5] »...

Il passe son Little Go le 24 mars 1830. Comme il le craignait, les examinateurs se montrent particulièrement tatillons, mais le succès est au rendez-vous. Après des mois de silence, il rédige en hâte une lettre d'autosatisfaction adressée à Fox :

J'ai réussi mon Little Go !!! Je suis trop excité pour me rabaisser à te demander de m'excuser de ne pas t'avoir écrit plus tôt. Mais je t'assure qu'avant de l'avoir passé, et dans les moments où je me sentais épuisé et à bout de nerfs, je voyais ta personne courroucée se dresser devant mes yeux pour se moquer de ma paresse. Mais je l'ai, je l'ai, je l'ai. Je pourrais recouvrir la page de ces mots délicieux. Je l'ai passé hier, et je viens juste d'apprendre l'heureuse nouvelle. Je ne saurai pas avant une semaine quel est mon classement. L'examen dans son ensemble se déroule de manière différente. Cela a un grand avantage — tout est terminé en un jour. Ils sont plutôt sévères, et posent un nombre sidérant de questions[6].

Enthousiasme qui peut paraître un peu naïf, mais c'est la première fois de son existence, à vingt et un ans, que Charles se trouve confronté à un examen digne de ce nom, ce qui en dit long sur le côté chaotique de sa formation. Le reste de la lettre est naturellement consacré aux scarabées, et à son intention de se rendre à Londres assister à un opéra — depuis Birmingham et malgré son peu d'oreille, il semble avoir pris goût au genre. Enfin, comme toujours depuis des mois, il assure Fox de son envie de le revoir, mais sans proposer de date.

Les vacances de Pâques et le dernier trimestre de l'année universitaire verront Charles, qui ne quittera pas Cambridge, plus assidu que jamais aux leçons naturalistes de Henslow. Avec le retour des beaux jours, celui-ci organise des séances d'herborisation qui rassemblent plusieurs dizaines d'étudiants, au cours desquelles Charles se distingue en repérant des espèces végétales jamais répertoriées auparavant. Son admiration pour Henslow grandit au fil des jours, au point qu'il envisage d'étudier la théologie avec lui l'année suivante — nouvelle volte-face concernant son envie ou non d'entrer dans les ordres. D'ailleurs, à cette époque, Charles n'en est pas à une contradiction près : il finit par convier Fox à Shrewsbury, mais presque à regret, et le reçoit dans des conditions fort peu conviviales : comme The Mount bourdonnait d'invités et que le docteur Darwin a été malade tous ces jours-là, Charles n'a guère eu le temps de se rendre disponible pour son cousin. Avec ses excuses rapides pour cet accueil bâclé, il lui raconte, dans une lettre envoyée de Barmouth le 25 août 1830, le séjour de trois semaines qu'il vient d'effectuer au pays de Galles : « Hope, les deux Eton (le père et le fils) et moi sommes arrivés un jeudi à Capel Curig. Le lundi, nous avons fait l'ascension du Snowdon et nous avons été dégoûtés parce que nous n'avons pris que 3 Cerculis, quelques Glabrati [carabes glabres] et rien d'autre. Hope et Eton sont partis le lendemain pour Barmouth, Eton père et moi sommes restés quelques jours de plus et avons fait quelques belles pêches à la truite. J'ai rejoint Hope et le jeune Eton ici le vendredi, mais ils sont repartis le lundi à Shrewsbury pour un match de cricket, et ici j'apprécie à l'extrême ma solitude : je suis complètement dégoûté de Hope, de son égotisme et de sa stupidité[7]. » En un an, le révérend Hope, l'homme que Charles considérait comme une référence, aux côtés duquel il avait soif d'apprendre l'entomologie, et dont il regrettait tant, l'année précédente, d'avoir été privé de l'enseignement par un problème de santé, est devenu l'incarnation de la stupidité... De fait, Hope n'est pas un naturaliste de terrain : très compétent tant qu'il s'agit de décrire et de classer, dans le calme de son cabinet, des insectes sagement épinglés, il se montre incapable de repérer et capturer les spécimens vivants cachés dans les herbes, les broussailles, les rocailles et les berges des cours d'eau. Formé à l'école du professeur Henslow, qui le considère, et de loin, comme son meilleur élève, Charles a désormais acquis des connaissances pratiques bien supérieures à celles de la plupart des naturalistes amateurs du temps, qui se satisfont d'un travail « en chambre ».

Fin août, Charles, sans surprise, rejoint Maer pour l'ouverture de la chasse à la perdrix — plutôt décevante : « Le premier jour j'en ai tué 10 paires, mais depuis je n'en ai pas tiré plus de trois par jour[8]. » De retour à Shrewsbury, il trouve une lettre de Fanny, datée du 8 septembre, la première depuis janvier. Plutôt une convocation qu'une lettre, d'ailleurs : « Cher Charles, Papa t'attendait plus ou moins cette semaine pour chasser ses perdrix mais je suppose que tu fais bonne chasse à Maer et n'es pas rentré aussi tôt que tu le prévoyais —. J'écris maintenant selon le désir de Papa, qui souhaite te dire qu'il est parti pour Londres ce soir, il ne sera pas absent plus de cinq ou six jours et espère te voir à son retour[9]. » Lorsque Charles, vaguement alarmé, arrive à Woodhouse, M. Owen le prend entre quatre yeux et l'informe que Fanny va se fiancer à un certain John Hill, un pasteur, frère d'un député, qu'elle a rencontré pendant ses vacances à Brighton. À bon entendeur… Il ne reste plus à Charles, la mort dans l'âme, qu'à chevaucher comme un fou vers Shrewsbury en remâchant sa déception et son chagrin. Depuis des mois, il sentait Fanny s'éloigner alors qu'il était cloîtré à Cambridge, précisément avec l'objectif, ironie du sort, de devenir lui-même pasteur… Début octobre, nouvelle surprise avec une autre lettre de Fanny, rédigée le 4 octobre, dans laquelle elle lui envoie son portrait en promettant « vraiment et réellement » de lui en offrir un autre plus réussi, dès qu'il reviendra « honorer de sa présence » Woodhouse. Elle achève sa missive par un « Cher Charles, toujours à toi, très sincèrement » plutôt inattendu au vu des circonstances… De fait, Fanny Owen n'épousera jamais John Hill.

Seule consolation pour Charles, faire sa rentrée à Cambridge et se lancer tête baissée dans les révisions en vue de son Bachelor of Arts, qu'il n'a plus que deux mois et demi pour préparer. De temps en temps, il s'accorde une pause dans son travail intensif, partant pour une randonnée pédestre ou équestre dans la campagne afin de dépenser son trop-plein d'énergie. Il n'a guère le temps de s'interroger sur sa vocation religieuse et les études qu'il va mener après l'examen, et il semble résolu — ou résigné ? — à devenir pasteur, quand un incident, en apparence mineur, va le refaire basculer dans le camp des anticléricaux, comme le raconte son ami John Herbert, en première ligne dans l'affaire :

Darwin m'avait demandé de faire avec lui une longue marche dans les marais, afin de collecter quelques spécimens qu'il désirait posséder. Après une interminable et fatigante journée de travail, nous avons dîné ensemble, tard dans la soirée, dans son appartement de Christ's College ; et aussitôt que notre dîner fut terminé nous nous sommes installés confortablement dans des fauteuils et nous nous sommes profondément endormis. Je fus le premier à me réveiller, vers trois heures du matin, et, ayant regardé ma montre et sachant que le règlement implacable de St. John's College obligeait les jeunes gens ayant le statut d'élève à être rentrés avant minuit, je me précipitai vers mon logement aussi vite que possible, très inquiet des conséquences mais espérant que le doyen voudrait bien accepter mes excuses comme suffisantes quand je lui aurais fait part de ce qui s'était réellement passé. Il se montra cependant inexorable, et refusa d'entendre mes explications, ou toute preuve que je pouvais lui apporter ; et bien que, pendant toute ma période étudiante, je ne sois jamais rentré en retard au College, ce jour-là, alors que je travaillais dur à mon B.A. et que j'avais cinq ou six élèves, il me condamna à rester consigné au College pour le reste du trimestre. L'indignation de Darwin ne connut plus de limites, et l'injustice stupide et la tyrannie du doyen soulevèrent non seulement un vent de révolte parmi mes amis, mais furent l'objet de vives protestations de la part de membres éminents de l'université[10].

Le respect pour l'institution universitaire et, partant, pour l'autorité de l'Église anglicane, qu'avait toujours professé Charles, étudiant plutôt soumis, vient sérieusement de vaciller. Et cela dans un contexte politique troublé, qui voit la suprématie de l'Église anglicane menacée aussi bien par le gouvernement ultraconservateur de Wellington que par son successeur libéral, Robert Peel, tandis que le pays est en proie à une vague d'agitation sociale : les ouvriers agricoles se révoltent contre les grands propriétaires terriens — au rang desquels les pasteurs de campagne —, incendiant les fermes et détruisant les machines agricoles, accusées de les réduire à la misère. Au point qu'au début du mois de décembre plusieurs centaines de possédants, dont une majorité de négociants et d'hommes d'Église, se réfugient à Cambridge, exigeant des renforts de police, inquiets pour leur sécurité. Finalement, ni Cambridge ni son université ne seront assiégés par les émeutiers. Curieusement, Charles ne fait aucune allusion à ces événements dans ses très rares lettres. Il se concentre sur son B.A., programmé pour la troisième semaine de janvier 1831, et pour lequel il sacrifie ses vacances de Noël :

Je travaillai avec quelque sérieux pour mon diplôme final de Bachelor of Arts et révisai un peu mes classiques, l'algèbre et Euclide, ce dernier me donnant toujours beaucoup de plaisir, comme au temps de l'école. Pour passer l'examen, il était également nécessaire de connaître le *Tableau des preuves évidentes du christianisme*, de Paley*, et ses *Principes de philosophie morale et politique*. J'y mis le plus grand soin, et je suis convaincu que j'aurais pu transcrire la totalité du *Tableau*, mais sans, bien sûr, le style si clair de Paley. La logique de ce livre, ainsi que de sa *Théologie naturelle*, me procura autant de plaisir que celle d'Euclide. L'étude attentive de ces ouvrages, sans rien essayer d'apprendre par cœur, fut la seule partie du cursus académique qui, comme je le sentais alors et comme je le sais encore, se révéla de quelque utilité pour l'éducation de mon esprit. Je ne me préoccupais pas à cette époque des prémisses de Paley ; m'y fiant d'emblée, j'étais charmé et convaincu par l'enchaînement parfait de son argumentation. En répondant bien aux questions d'examen sur Paley, en traitant bien Euclide, et en n'échouant pas misérablement sur les classiques, j'obtins une bonne place parmi les οι πολλοι [« les nombreux »], c'est-à-dire dans la foule de ceux qui

* William Paley (1743-1805), théologien, partisan du « dessein intelligent » : schématiquement, tout mécanisme complexe suppose un créateur, or la nature est un mécanisme complexe, donc il existe un créateur.

n'obtiennent pas les honneurs. Assez curieusement, je ne puis me rappeler ma place, et ma mémoire hésite entre le cinquième et le dixième ou douzième nom de la liste[11].

Au final, Charles se retrouve dixième sur cent soixante-dix-huit reçus. Après les angoisses de son Little Go, passé haut la main, ce résultat plus qu'honorable montre à quel point il a, comme toujours, manqué de confiance en ses capacités.

Paradoxalement, son travail en profondeur sur les ouvrages de Paley, entrepris dans le cadre de la préparation de son B.A., va ouvrir une brèche entre Henslow et lui. Pas tant sur les arguments théologiques de Paley que sur les aspects progressistes de sa pensée, qui heurtent le conservatisme de Henslow : Paley n'a-t-il pas avancé des idées aussi subversives — ce qui l'a empêché de devenir évêque — que l'abolition de l'esclavage, la permission donnée aux femmes de travailler pour s'émanciper de la domination masculine, l'instauration d'un impôt sur le revenu pour mieux répartir les richesses, l'autorisation pour les pauvres à voler en cas de nécessité absolue ? Mais tout cela n'est rien à côté de ce que Henslow ne peut lui pardonner : avoir osé remettre en question les Trente-Neuf Articles de Religion, cette pierre angulaire de l'Église anglicane, pour certains conservateurs britanniques aussi sacrée que la pierre noire de La Mecque. Charles se souvient d'un tout autre son de cloche, entendu auparavant à Édimbourg lors des séances de la Plinian Society, et bien plus en accord avec ses opinions profondes, marquées par la pensée anticonformiste de son grand-père Erasmus. Plutôt que de se lancer avec Henslow dans un débat périlleux, Charles préfère limiter leurs relations aux discussions naturalistes, bien plus consensuelles.

Ainsi, Henslow va présenter Charles à Sedgwick, qui l'accepte comme élève dans son cours de géologie. Autant Jameson, à Édimbourg, l'avait ennuyé, autant Sedgwick le passionne. Au point qu'en cette fin d'année universitaire Darwin n'a plus que trois centres d'intérêt : la géologie, les voyages lointains et… le Glutton Club.

La géologie, en effet, vient de supplanter dans son esprit les scarabées. À la première occasion, il se précipite à Londres pour faire l'achat d'un clinomètre chez George & John Cary, fabricant d'instruments scientifiques réputés : « Il coûte 25 shillings, construit en bois, mais le couvercle avec une plaque de cuivre graduée — Cary déconseille l'usage d'une tige comme plomb ; par conséquent j'ai mis un plomb boule à la place. » Dès les premiers jours de son retour à Shrewsbury, il va entasser les meubles de sa chambre selon les angles les plus bizarres pour s'entraîner à mesurer l'inclinaison des couches géologiques. Il prévoit, en effet, de consacrer l'essentiel de son été à faire des mesures sur le terrain au pays de Galles, se voyant déjà, « clinomètre et marteau en main », dans cette région des monts Cambrien qu'il affectionne, véritable paradis des géologues avec son alternance de roches volcaniques et de roches sédimentaires, travaillées par l'érosion glaciaire.

L'envie de voyages lointains a pris racine, dès ses jeunes années d'école à Shrewsbury, lorsqu'un camarade lui a prêté un livre dont il se souvient comme des *Merveilles du Monde** : « Ce livre fut le premier, je crois, à susciter en moi le désir de voyager dans des pays éloignés[12]. » Ce goût latent, relancé par les longues conversations avec l'ancien esclave guyanais John Edmonstone à Édimbourg, a resurgi au cours de ces derniers mois passés à Cambridge. Charles, qui a de nouveau le temps de lire, vient de découvrir un monument de la littérature de voyage qu'il va dévorer avec passion : le *Voyage aux régions équinoxiales du Nouveau Continent*, du naturaliste et explorateur Alexandre von Humboldt, en sept volumes et 3 754 pages. Il s'en souvient dans son *Autobiographie* : « Je recopiais de longs passages de Humboldt sur Tenerife, et [...] les lisais à voix haute à Henslow, Ramsay et Dawes (je crois). Car je leur avais déjà parlé des beautés de Tenerife, et certains des participants avaient exprimé le désir de s'y rendre ; mais je pense qu'ils n'étaient qu'à moitié sérieux ; je l'étais, moi, tout à fait, et obtins une introduction auprès d'un marchand de Londres pour me renseigner sur les navires. »

Bien loin de l'étude appliquée de la géologie et de l'organisation méthodique d'une expédition à Tenerife, le Glutton Club (« Club des Gloutons ») ramène plutôt à l'univers des excentriques anglais. Ce club réunit, autour de Charles qui en est le président, de son ami Herbert et du cousin de celui-ci, Whitley, tous trois originaires de Shrewsbury, une demi-douzaine d'autres convives. Au départ,

* Titre inexact ; il existe plusieurs ouvrages aux titres similaires dont le contenu peut correspondre.

selon les souvenirs de Herbert, il portait un interminable nom grec signifiant « amateurs de mets délicats », mais ses membres préféraient en réalité se retrouver dans des auberges de campagne pour des festins de nourritures rustiques, « côtelettes de mouton ou jambon aux haricots blancs ». Vite lassés de ces plats certes roboratifs mais trop traditionnels, les membres du club vont bientôt se lancer dans des expériences gastronomiques inédites, en cuisinant « des oiseaux et des animaux dont les saveurs sont restées jusqu'à présent inconnues du palais humain ». Ils tenteront ainsi le faucon, le butor et quelques autres mets incongrus, avant de renoncer après la dégustation (si l'on peut dire) d'un vieux hibou brun « dont le goût était au-delà de toute expression[13] ». Ils se replieront alors sur des repas plus conventionnels, largement arrosés de porto et prolongés par d'interminables parties de Van John. Le « Club des Gloutons » originel avait vécu, mais nul doute qu'à l'époque de sa splendeur ses membres n'auraient pas hésité à consommer un de ces petits mammifères carnivores des toundras précisément appelé glouton… Cet épisode pittoresque aura en tout cas permis à Charles de se familiariser avec les nourritures les plus imprévues, ce qui lui sera bientôt fort utile — mais il l'ignore encore.

Début avril 1831, il a la surprise d'une lettre de Fanny Owen qui, sous prétexte d'un besoin urgent de pinceaux et d'un flacon de glacis pour achever un portrait, lui demande de venir la voir au plus vite. Une fois encore, la lettre se termine par un ambigu « crois-moi, toujours à toi[14] ». Charles voudra bien jouer les commissionnaires, mais ne fera qu'un très bref aller-retour : Fanny aura bien ses fournitures, mais rien de plus.

À la fin du mois, il reçoit son diplôme de Bachelor of Arts au cours d'une grande cérémonie, en échange de la signature obligatoire des fameux Trente-Neuf Articles, ce qui ne le dérange pas, et de la somme non négligeable de 15 livres, ce qui l'agace franchement : « C'est de l'argent gaspillé », écrit-il à sa sœur Caroline le 28 avril.

Début mai, il reçoit un cadeau aussi précieux que discret, l'envoi et le mot qui l'accompagne étant anonymes : « Si M. Darwin veut bien accepter le microscope de Coddington* ci-joint, cela procurera une satisfaction toute particulière à quelqu'un qui s'est longtemps demandé ce qu'il fallait le plus admirer chez M. Darwin, ses talents ou sa sincérité, et qui espère que cet instrument pourra, dans une certaine mesure, faciliter les recherches qu'il a jusqu'ici si sympathiquement et si brillamment menées. » L'auteur de ce généreux présent — l'appareil a été fabriqué par le réputé Davy — n'est autre que son vieil ami Herbert, bientôt démasqué. Charles conservera et utilisera cet excellent microscope toute sa vie**.

En mai, toute la Grande-Bretagne est en effervescence : le 22 avril précédent, le roi Guillaume IV, pour tenter de mettre fin à la crise qui secoue le

* Microscope à lentille améliorée selon les principes établis par l'opticien Henry Coddington (1798-1845).

** Il est toujours exposé dans le laboratoire de Darwin, à Down House.

pays depuis des mois, a dissous le Parlement, et les nouvelles élections doivent se tenir sous quinzaine. Même l'université ne s'occupe plus que de politique, au point que l'on voit les pourtant conservateurs Sedgwick et Henslow soutenir ouvertement les candidats whigs (libéraux). Quelques jours plus tard, Charles peut écrire à Fox : « Cambridge a été dans un tel état d'agitation et d'excitation la semaine dernière que je n'ai rien pu faire d'autre que de discuter avec les uns et les autres dans toute la ville. Mais Dieu soit loué nous sommes à nouveau tranquilles, et j'ai eu du temps pour réfléchir à mes projets. Je suis vraiment très, très désolé de devoir te dire que je ne pourrais pas te rendre visite en ce moment. Je ne me sens vraiment aucun droit de parcourir autant de miles (et de dépenser autant d'argent) pour mon propre plaisir : le Gouverneur* m'a donné un billet à ordre de 200 livres pour régler mes dettes, et je dois faire des économies[15]. » Une fois de plus, tous les prétextes sont bons pour se tenir à distance de Fox qui, poursuivant sa formation de ministre du culte, vient de devenir vicaire d'Epperstone, un minuscule village du comté de Nottingham. Charles évoque, dans la même lettre, son projet de voyage aux Canaries (« Mes autres amis souhaitent très sincèrement que je sois déjà là-bas, tant je les importune avec mes discours à propos des paysages tropicaux etc., etc. ») et l'informe qu'il a commencé à apprendre l'espagnol. Quelques semaines plus tard, il écrit au même Fox :

* Surnom donné par Charles à son père... dans les périodes où ce dernier se montre un peu trop autoritaire à son gré.

« Le projet Canaries se porte magnifiquement bien. J'y travaille maintenant comme un tigre, tout comme à l'espagnol et à la géologie — je trouve celui-ci profondément idiot et celle-là tout à fait passionnante[16]. » Dans une autre lettre à son vieux camarade Whitley, il se plaint de « progresser très lentement en espagnol, le nombre de mots est tout à fait terrifiant et le nombre de sens pour chaque mot est encore plus décourageant[17] ». Curieusement, son jugement négatif sur l'espagnol ne l'empêche pas de commencer à truffer ses lettres d'expressions espagnoles plus ou moins bien maîtrisées, traitant ainsi affectueusement (et bizarrement) Fox de *grandissimo bribón*, « grandissime fripon ». La semaine suivante, dans une lettre à Henslow, dont il compte fermement sur la présence parmi les participants à l'expédition, il précise les conditions du voyage : « Traversée 20 livres : les bateaux font l'aller et retour de juin à février. Mais comme je n'ai pas pu voir le courtier maritime en personne, les deux questions les plus importantes restent sans réponse, à savoir si cela signifie juin inclusivement et avec quelle fréquence ils naviguent. Je saurai cela avant longtemps. J'espère que vous continuez à attiser votre ardeur pour les Canaries : je lis et je relis Humboldt, faites-vous de même ? Et je suis sûr que rien ne nous empêchera de voir le grand dragonnier* des Canaries[18]. » La lettre évoque également Marmaduke Ramsay, jeune enseignant à Cambridge, et grand ami de Charles malgré leurs

* *Dracaena draco*, plante arborescente des Canaries ressemblant à un palmier et pouvant atteindre 20 mètres de haut.

dix ans d'écart d'âge, qui compte parmi les candidats sérieux au voyage.

Charles, qui se retrouve bloqué à Shrewsbury faute de moyens financiers — c'est tout au moins ce qu'il affirme — se lance dans la réalisation d'une carte géologique du Shropshire qui lui donne plus de fil à retordre qu'il ne l'aurait pensé. C'est aussi une manière de tuer le temps en attendant, avec une impatience grandissante, de savoir si le professeur Sedgwick va effectuer l'expédition qu'il projetait pour examiner les formations géologiques de la vallée de la Severn et du pays de Galles — et surtout si lui, Charles, pourra l'accompagner. Finalement, grâce à l'entremise de Henslow, tout va s'arranger au-delà des espérances de Charles :

Le Pr. Sedgwick avait l'intention de visiter le nord du pays de Galles au début d'août, en vue de poursuivre ses fameuses recherches géologiques sur les roches les plus anciennes. Henslow lui demanda de me permettre de l'accompagner. C'est ainsi qu'il vint passer une nuit dans la maison de mon père.

Le bref entretien que j'eus avec lui ce soir-là me fit une très forte impression. Alors que j'examinais une vieille gravière près de Shrewsbury, un ouvrier m'avait dit y avoir trouvé une grande coquille usée de volute tropicale, comme on peut en voir ici sur les manteaux de cheminée ; je fus convaincu qu'il l'avait véritablement trouvée là, car il refusait de la vendre. Je racontai cela à Sedgwick, qui m'assura aussitôt (et sans doute à juste titre) que quelqu'un avait dû la jeter dans la gravière ; mais il ajouta ensuite que si la coquille provenait vraiment de là, ce serait une vraie calamité pour la géologie, car cela infirmerait tout ce que l'on savait sur les dépôts superficiels des comtés des Midlands. Ces lits de gravier remontaient en fait à la période glaciaire, et j'y trouvai plus tard des débris de coquilles arctiques. Mais je fus alors très étonné que Sedgwick ne se réjouisse pas d'un fait aussi merveilleux que la trouvaille, si près de la surface, d'une coquille tropicale au beau milieu de l'Angleterre. Rien jusque-là ne m'avait fait toucher du doigt, malgré mes nombreuses lectures scientifiques, que *la science consiste à regrouper des faits, afin de pouvoir en tirer des lois ou des conclusions générales**[19].

L'expédition géologique aux côtés d'Adam Sedgwick va se montrer doublement formatrice. Pour commencer, Charles va apprendre à travailler méthodiquement sur le terrain, mais aussi réaliser à quel point un observateur a tendance à ne voir que ce qu'il s'attend à voir :

Le matin suivant, nous partîmes pour Llangollen, Conway, Bangor et Capel Curig. Ce voyage fut d'une utilité certaine en ce qu'il m'apprit un peu comment établir la géologie d'une région. Sedgwick me demandait souvent de suivre une direction parallèle à la sienne et de noter la stratification sur la carte. Je ne doutais pas qu'il faisait cela pour mon bien, mais j'étais en fait trop ignorant pour lui être utile. Pendant cette excursion, je pus constater à quel point il est facile de passer à côté d'un phénomène, même très évident, si personne ne l'a encore observé. Nous passâmes plusieurs heures à Cwm Idwal**, examinant toutes les roches avec un soin extrême, car Sedgwick souhaitait ardemment y trouver des fossiles, mais nous ne vîmes ni l'un ni l'autre la trace des étonnantes structures glaciaires qui s'y trouvent, et n'avons même pas remarqué les rochers nettement rayés, les blocs perchés, ou les moraines terminales. Pourtant, ils sont si évidents [qu']une maison incendiée ne serait pas plus diserte sur son histoire que cette vallée. Si elle était encore occupée par un glacier, les phénomènes y seraient moins distincts qu'ils ne le sont maintenant[20].

* C'est nous qui soulignons.
** Vallée glaciaire du massif du Snowdon, réputée pour sa géologie et sa flore.

Si l'excursion géologique est un succès, l'expédition à Tenerife semble de plus en plus chimérique. Comme il l'écrit à Fox : « Le projet Canaries ne sera pas possible avant juin de l'année prochaine. Je suis désolé d'apprendre que les chances de participation de Henslow sont *très* minces. J'avais espéré tout le contraire[21]. » En fait, Henslow vient d'être père pour la première fois, et ses responsabilités nouvelles le détournent pour longtemps de toute idée de voyage. Ce ne sera hélas pas la seule défection : après avoir quitté Sedgwick à Capel Curig, Charles se rend à Barmouth pour retrouver ses amis du Glutton Club, et c'est par eux qu'il apprend la mauvaise nouvelle : Marmaduke Ramsay, le troisième homme des Canaries, vient de mourir subitement à trente-deux ans. Lui non plus ne verra jamais le grand dragonnier de Tenerife.

Charles, sonné et plus seul que jamais, n'a plus qu'une chose à faire : rentrer « à Shrewsbury et à Maer pour la chasse ; à l'époque, je n'aurais pour rien au monde raté l'ouverture de la chasse à la perdrix, fût-ce pour la géologie ou pour toute autre science[22] ». Mais cette année-là les perdrix n'auront rien à craindre : quand il regagne The Mount le lundi 29 août au soir, il découvre une épaisse enveloppe postée de Londres. Lorsqu'il s'en saisit pour la décacheter, il ignore que dans quelques secondes sa vie va basculer.

La grande évasion

Sur l'enveloppe, l'adresse est rédigée d'une écriture inconnue de Charles. À l'intérieur, deux lettres, la première de la main de Henslow, ce qui le surprend encore plus : c'est la toute première fois que son professeur lui écrit. Que signifie ce courrier au cœur de l'été ? Intrigué, il se plonge dans la lecture de la missive de Henslow :

Cambridge, 24 août 1831,

Mon cher Darwin,

Avant que je ne vous entretienne du motif immédiat de cette lettre, déplorons ensemble la perte de notre pauvre et inestimable ami Ramsay. Vous avez appris sans nul doute sa mort depuis longtemps.

Je ne m'appesantirai pas longuement sur ce pénible sujet, car j'espère vous voir prochainement, d'autant plus que je ne doute pas que vous n'acceptiez avec empressement l'offre qu'on vous fera vraisemblablement d'un voyage à la Terre-de-Feu avec retour par les Indes Orientales. Peacock m'a demandé — il lira cette lettre et vous l'enverra de Londres — de lui recommander un naturaliste qui accompagnerait le capitaine Fitz-Roy, chargé par le gouvernement de reconnaître les côtes sud de l'Amérique. J'ai déclaré que je vous considérais comme la personne la plus capable de mener à bien cette tâche. Ce n'est pas que je vous considère comme un naturaliste achevé, mais je sais que vous pouvez collectionner, observer, et noter ce qui est digne d'être enregistré en histoire naturelle. L'engagement est à la disposition de Peacock, et s'il ne réussit pas à trouver un homme désireux de remplir cette charge, l'occasion sera perdue. Le capitaine Fitz-Roy désire (à ce que je comprends) plutôt un compagnon qu'un collectionneur, et il n'engagera personne, si bon naturaliste soit-il, qui ne lui soit recommandé aussi comme étant un gentleman. J'ignore ce qui concerne les questions de salaire, etc. Le voyage doit durer deux années, et si vous prenez assez de livres, vous pourrez faire tout ce que vous voudrez. Vous aurez toutes les occasions à votre disposition. En résumé, je crois qu'il ne s'est jamais rencontré meilleure occasion pour un homme zélé et énergique ; le capitaine Fitz-Roy est un jeune homme. Je vous prie de venir immédiatement et de vous entendre avec Peacock (7, Suffolk Street, Pall Mall East, ou bien à l'University Club) : il vous communiquera les autres détails. Ne craignez pas de ne pouvoir remplir les conditions exigées, ne doutez pas de vous-même, car je vous affirme que vous répondez exactement à ce qu'on recherche. [...]

Votre affectionné ami,

J.-S. Henslow

L'expédition doit partir le 25 septembre (au plus tôt) ; il n'y a donc pas de temps à perdre[1].

Une lettre aussi étonnante exige d'être relue pour vérifier si l'on ne rêve pas : alors même que ses derniers espoirs de voyage aux Canaries viennent de s'envoler, Charles se voit proposer rien de moins qu'un tour du monde par le cap Horn, les Indes et le cap de Bonne-Espérance. Henslow se montre des plus affirmatifs sur ses capacités, insistant, ce qui prouve qu'il connaît bien son élève, en particulier son point faible : surtout « ne doutez pas de vous-même » ! Mais un tour du monde dans quelles conditions ? C'est ce que détaille la seconde lettre, de la même écriture que celle de l'enveloppe, qui se révèle être celle du mathématicien George Peacock, professeur à Cambridge, en excellents termes avec son collègue Henslow — tous deux ont fait campagne ensemble pour soutenir le candidat whig aux élections de mai :

G. Peacock à C. Darwin

Mon cher Monsieur,

J'ai reçu la lettre d'Henslow hier au soir, trop tardivement pour pouvoir vous l'envoyer par la poste, circonstance que je ne regrette pas, car elle m'a permis de voir le capitaine Beaufort (l'hydrographe) à l'Amirauté et de lui faire part de l'offre que je veux vous faire. Il l'approuve complètement, et vous pouvez vous considérer comme disposant absolument de la situation. J'espère que vous l'accepterez, car c'est une occasion qui ne doit pas être perdue, et je prévois avec intérêt le bénéfice que nos collections d'histoire naturelle retireront de vos labeurs. Voici les circonstances : le capitaine Fitz-Roy (neveu du duc de Grafton) part à la fin de septembre pour relever en premier lieu la côte sud de la Terre-de-Feu, puis pour visiter les îles de la mer du Sud et revenir en Angleterre en passant par l'archipel Indien. Le voyage n'a qu'un but scientifique ; le vaisseau attendra votre bon vouloir pour les recherches d'histoire naturelle. Le capitaine Fitz-Roy est un officier zélé, énergique, à manières charmantes et aimé de tous ses collègues. Il a accompagné le capitaine Beechy et a dépensé 1 500 livres pour amener et élever à sa charge trois Patagoniens. Il retient à ses frais un artiste au salaire de 200 livres par an pour l'accompagner. Vous pouvez donc être assuré d'avoir un aimable compagnon qui partagera entièrement vos vues. Le navire lève l'ancre à la fin de septembre et vous devez vous hâter de faire parvenir votre acceptation au capitaine Beaufort, hydrographe de l'Amirauté. J'ai correspondu plusieurs fois à ce sujet avec Henslow qui, de même que moi, est très anxieux de vous voir accepter. J'espère qu'aucun autre projet ne viendra contrarier celui-ci. L'Amirauté n'est pas disposée à donner une rétribution, bien que la nomination doive être chose officielle, et que vous deviez être pourvu de toutes les commodités. Si l'on demandait une rétribution, toutefois, je crois qu'elle serait accordée.

Croyez-moi, cher Monsieur,
Bien à vous,
George Peacock[2]

Charles apprend bientôt qu'initialement Peacock, sollicité par l'Amirauté, avait pris contact avec Henslow pour que celui-ci transmette l'offre à son beau-frère, le révérend Jenyns : « La première personne à qui le poste fut offert fut Leonard Jenyns, qui fut si près d'accepter qu'il avait fait sa malle. Mais, ayant deux cures, il n'a pas cru devoir les abandonner au grand regret de toute sa famille. Henslow n'a pas été éloigné de l'accepter, car Mme Henslow, très généreusement, sans qu'on le lui ait demandé, avait donné son consentement, mais elle en paraissait si malheureuse qu'Henslow trancha aussitôt la question[3]. » Griller la politesse à Jenyns n'est pas pour déplaire à Charles, au contraire : à la fin de l'année 1829, il avait invité Jenyns, qui commençait à se faire un nom dans le milieu des entomologistes, pour lui présenter ses collections, et lui avait généreusement offert une sélection de scarabées rares. Quelques semaines plus tard, il rend visite à Jenyns dans son presbytère de Swaffham Bulbeck et, par courtoisie confraternelle, lui fait de nouveau présent d'un joli lot d'insectes. En retour, Jenyns, célibataire austère et pingre, lui accorde à peine une demi-douzaine de spécimens, dont seulement deux de bonne qualité et les autres fort communs…

Reste cependant un obstacle de taille à franchir avant de songer à s'embarquer : obtenir l'autorisation paternelle, d'autant plus indispensable que, comme le souligne Peacock, « l'Amirauté n'est pas disposée à donner une rétribution ». Ce qui implique de disposer de quelques centaines de livres pour les frais d'équipement et de voyage pendant deux ans, durée prévisible de ce tour du monde océanographique. Diplomate, Charles envoie ses sœurs tenter de convaincre le Gouverneur, mais celui-ci, las des incessantes chimères poursuivies par son rejeton, refuse de desserrer une fois encore les cordons de la bourse. Comme l'écrira plus tard Charles, « mon père émit de fortes objections... », bel euphémisme ! Découragé, il écrit aussitôt à Henslow : « En ce qui me concerne personnellement, je saisirais certainement, je crois, avec beaucoup de plaisir l'occasion que vous m'offrez avec tant de bienveillance. Mais mon père, tout en ne refusant pas positivement son consentement, est à tel point d'avis que je ne dois pas accepter, que je serais malheureux si je ne me conformais à son désir[4]. » Pourtant, lorsque Charles écrit « tout en ne refusant pas positivement », ce n'est pas une clause de style : le docteur n'a pas définitivement fermé la porte, ajoutant « ces mots qui furent ma chance : "Si tu trouves un homme de bon sens qui te conseille d'y aller, j'y consentirais"[5]. »

Le lendemain, 31 août au matin, Charles, après avoir remâché sa déception toute la nuit, s'est réveillé avec sa petite idée sur l'identité de « l'homme de bon sens ». Il part aussitôt pour Maer, officiellement pour l'ouverture de la chasse le 1er septembre, en fait pour soumettre le problème à Oncle Jos : « Alors que je m'exerçais au tir, mon oncle me fit appeler, et proposa de me ramener à Shrewsbury pour parler à mon père. Mon oncle estimait sage d'accepter la proposition ; comme mon père avait toujours dit qu'il était l'homme le plus sensé du monde, il donna aussitôt son consentement de la manière la plus affable. » En réalité, la discussion a été un peu plus serrée et a donné lieu à un échange épistolaire solidement argumenté, à commencer par une première lettre envoyée par Charles à son père :

Maer, 31 août 1831,

Mon cher père,

Je crains de vous ennuyer beaucoup ; mais, après avoir réfléchi, j'espère que vous m'excuserez si je vous exprime encore une fois mon opinion sur l'offre du voyage. Ma raison, mon excuse, c'est la divergence des vues entretenues à ce sujet par tous les Wedgwood, par rapport aux vôtres et à celles de mes sœurs. J'ai donné à l'oncle Jos la liste, que je crois sincèrement complète et exacte, de vos objections, et il veut bien me donner son opinion. La liste et ses réponses se trouvent ci-incluses. Mais puis-je réclamer une faveur ? Ce serait un acte de grande bonté que de m'envoyer une réponse catégorique, oui ou non. Si c'est non, je serais bien ingrat de ne pas me soumettre implicitement à votre meilleur jugement, et à l'indulgence bienveillante que vous m'avez toujours témoignée pendant ma vie, et vous pouvez être sûr que je ne parlerai jamais du sujet.

Si votre réponse est oui, j'irai immédiatement voir Henslow, je le consulterai et je rentrerai à Shrewsbury. Le danger n'apparaît très grand ni aux Wedgwood ni à moi-même. La dépense ne peut être excessive, et je crois que mon temps ne sera pas de toute façon plus perdu que si je restais à la maison. Mais, je vous en prie, ne croyez pas que je tienne à tel point à partir envers et contre tous que j'hésiterais une seule minute si, après une courte période, vous deviez continuer à être malheureux à ce sujet. Je dois encore répéter que je ne puis croire que cette expédition m'enlèverait le goût d'une vie tranquille. J'espère que cette lettre ne vous donnera pas trop d'ennui. Je l'envoie par le courrier demain matin ; si votre décision est prise de suite, voulez-vous m'envoyer une réponse le lendemain par la même voie ? Si cette lettre ne vous trouve pas à la maison, j'espère que vous y répondrez aussitôt que cela vous sera possible. Je ne sais que vous dire de la bonté de l'oncle Jos ; je n'oublierai jamais combien il s'intéresse à moi.

Croyez-moi, mon cher père,
Votre fils affectionné,
Charles Darwin[6].

Cette lettre, d'une parfaite courtoisie mais d'une grande fermeté, est accompagnée de la fameuse liste des objections de Robert Darwin, subtilement rédigée de manière à permettre à Oncle Jos d'y répondre point par point :

1. Faire du tort dans l'avenir à ma carrière de clergyman.
2. Un projet inconsidéré.
3. Que la place a dû être offerte à beaucoup d'autres avant moi.
4. Que si elle n'a pas été acceptée, il doit y avoir des objections, soit au navire, soit à l'expédition.
5. Que je ne pourrais plus m'habituer, après, à une vie tranquille.
6. Que mon confort laissera à désirer.
7. Que vous [Dr Darwin] considérez cette décision comme un changement de profession.
8. Que ce sera une entreprise inutile[7].

Les réponses d'Oncle Jos sont celles d'un chef d'entreprise qui croit plus à la valeur de l'expérience qu'à celle des peaux d'âne universitaires — qui sait très bien, aussi, qu'il ne faut pas heurter son beau-frère de front, mais lui donner satisfaction sur des points mineurs pour mieux porter la contradiction sur l'essentiel :

Mon cher docteur,

Je ressens une lourde responsabilité à la pensée que vous désirez mon avis à propos de l'offre qui a été faite à Charles ; mais puisque vous avez voulu que Charles me consultât, je ne puis vous refuser le résultat de mes réflexions. Charles m'a soumis vos principales objections, et je suppose que ce qu'il y a de mieux est de répondre à chacune.

1. Je ne pense pas que l'acceptation ferait le moindre tort à la carrière de clergyman ; au contraire, l'offre est honorable, et l'étude de l'histoire naturelle, bien que ne rentrant pas dans le programme d'une carrière de clergyman, est pourtant appropriée à ce genre d'existence.

2. Je sais à peine comment je dois répondre à cette objection, mais il me semble que Charles aurait assez d'occupations définies pour l'emploi de son temps et qu'il pourrait acquérir ou fortifier ses habitudes d'application tout autant qu'il le pourrait faire s'il passait ces deux années à la maison.

3. Il me semble inadmissible que l'Amirauté envoie au loin un mauvais navire pour pareille expédition.

4. Pour les objections à l'expédition, elles diffèrent selon chaque individu, et si d'autres ont rejeté l'offre, cela n'a rien à faire avec le cas de Charles, si l'on venait à savoir qu'il y a eu des refus.

5. Vous êtes meilleur juge du caractère de Charles que je ne le suis. En comparant son existence pendant ces deux années avec celle qu'il aurait menée à terre, vous paraissez croire qu'il aura dans l'avenir, s'il accepte l'offre, de la peine à accepter une vie calme et tranquille. Cette objection est, sans nul doute, très importante, mais n'a-t-on pas reconnu que les marins reprennent vite le goût des habitudes simples et domestiques ?

6. Je ne puis avoir aucune opinion à ce sujet, si ce n'est que,

sa nomination étant faite par l'Amirauté, il devra avoir tout le confortable que le vaisseau pourra lui offrir.

7. Si je voyais Charles absorbé par des études professionnelles, je serais d'avis de ne les point interrompre ; mais tel n'est pas le cas. Ses occupations actuelles se rapprochent de celles qu'il aurait à adopter durant l'expédition.

8. En ce qui concerne sa profession, l'entreprise est inutile ; mais si nous le considérons, lui-même, comme un homme dont la curiosité est sans limites, l'opportunité qui lui est offerte de voir des hommes et des choses n'est le privilège que d'un petit nombre.

Dites-vous bien que je n'ai eu que fort peu de temps pour réfléchir, et que vous et Charles devez seuls décider.

Je suis, mon cher docteur,
Votre bien affectionné,
Josiah Wedgwood[8].

La présence d'Oncle Jos aux côtés de Charles, revenu plaider sa cause devant son père, va achever d'emporter la décision. Dès le lendemain, 2 septembre, il va pouvoir envoyer de Cambridge ce petit mot triomphal à Henslow : « Mon cher Monsieur, j'arrive à l'instant; vous devinez pourquoi. Mon père a changé d'avis. J'espère qu'on n'a pas disposé de la place. Je suis très fatigué et je vais me coucher. Je suppose que vous n'avez pas encore reçu ma seconde lettre. À quelle heure puis-je aller vous voir le matin ? Envoyez-moi une réponse verbale. Bonne nuit, à vous, C. Darwin[9]. »

Fin du feuilleton ? Loin s'en faut. Dans l'après-midi du 4 septembre, rien ne va plus : « Wood* reçut une lettre du capitaine Fitz-Roy, des plus

* Charles Alexander Wood (1810-1890), alors jeune officier de marine, ami de Charles Darwin et neveu du puissant lord Londonderry ; il avait écrit à FitzRoy, qu'il connaissait bien, pour lui recommander Darwin.

franches, des plus polies, mais radicalement opposée à mon départ. J'abandonnai donc le projet, Henslow aussi. » Le 5 septembre, malgré un moral en berne, Darwin se rend à Londres pour honorer malgré tout son rendez-vous à l'Amirauté avec Fitz-Roy, dans les bureaux du capitaine et futur amiral Francis Beaufort*, hydrographe officiel de la Marine. Beaufort est l'homme qui a formé FitzRoy à l'océanographie et lui a conseillé, pour cette nouvelle expédition à bord du *Beagle*, d'être accompagné d'un « jeune gentleman bien éduqué et de formation scientifique ». Là, après le coup de massue, le coup de théâtre : FitzRoy « avait promis, paraît-il, à un ami, qui est actuellement en service, de l'emmener, mais celui-ci ne peut accepter : il en avait reçu la nouvelle cinq minutes avant mon arrivée[10]. » « *Gloria in excelsis !* » s'exclame Charles dans une lettre à Henslow.

La suite de l'entretien porte sur l'organisation matérielle de l'expédition, et Charles en profite pour lancer un appel de fonds auprès de son père par l'intermédiaire de sa sœur Susan « Le navire ne lèvera pas l'ancre avant le 10 octobre. Il contient soixante hommes, cinq ou six officiers, etc., néanmoins c'est un petit vaisseau. Le voyage durera probablement deux ou trois ans. Je payerai la même somme pour la nourriture que le capitaine lui-même : 30 livres par an. Fitz-Roy dit que si je dépense 500 livres, y compris mon équipement, ce sera le maximum. » Au fil des lettres, l'addition ne

* Sir Francis Beaufort (1774-1857), père de la cartographie maritime et inventeur de l'échelle de Beaufort pour mesurer la force des vents.

cesse d'augmenter : le lendemain, il glisse que Fitz-Roy insiste beaucoup sur la nécessité d'être bien armé : « Il me recommande de faire l'achat d'une paire de pistolets comme les siens, du prix de 60 livres, et de ne jamais descendre à terre, où que ce soit, sans les charger et les emporter avec moi ; il ne sait que dire à propos d'une carabine : il dit que je ne puis pas apprécier ici le luxe de la viande fraîche[11]. » Trois jours plus tard, le 9 septembre, il ajoute qu'il lui faut aussi envisager l'achat d'instruments scientifiques indispensables — compas, télescope... —, de pièces de rechange pour son fusil... Au fil des entretiens et des réunions avec FitzRoy et Beaufort, le programme du voyage se précise : le vaisseau partira le 10 octobre, il s'arrêtera une semaine aux îles Madère, puis à Rio de Janeiro, le retour s'effectuera très probablement par les Indes, et le tour du monde prendra trois ans. En fait, le départ sera sans cesse retardé : lorsque Charles retrouve le *Beagle* à Plymouth le 25 octobre, soit quinze jours *après* la date initialement prévue pour l'appareillage, le navire est loin d'être prêt :

25 oct. Allé à bord du *Beagle* : je l'ai trouvé amarré au ponton de l'*Active* et en proie à l'affairement et à la confusion. Les hommes s'employaient surtout à peindre l'avant et à installer les cabines. La dernière fois que je l'avais vu, le 12 septembre, il était à l'Arsenal, n'avait ni mâts ni cloisons, et ressemblait plus à une épave qu'à un vaisseau chargé de faire le tour du monde.

26 oct. Journée froide et pluvieuse. Allé à bord. Trouvé les charpentiers occupés à installer les tiroirs dans la cabine de la dunette. Le coin qui m'est personnellement attribué a l'air si

petit que je ne puis m'empêcher de craindre de devoir renoncer à nombre de mes affaires[12].

Le 14 novembre, les travaux ne sont toujours pas achevés : « Allé à bord ; la peinture n'est pas encore complètement sèche, si bien que l'on ne peut rien faire. » La stabilité et surtout l'habitabilité ont été améliorées, afin de loger le plus confortablement possible environ soixante-quinze personnes, membres d'équipage et passagers, tout en conservant assez d'espace pour le travail d'océanographie. Ce réaménagement, mené sous l'autorité de FitzRoy, bénéficie de son expérience de la première expédition et sera une réussite. En cinq ans, comme l'indiquent les notes et carnets de Darwin, le *Beagle* ne connaîtra aucune avarie majeure malgré des conditions de navigation parfois extrêmes et personne à bord ne semblera trop souffrir de l'inévitable promiscuité.

Le 23 novembre, le *Beagle* largue enfin les amarres pour une journée d'essais en mer. Les jours suivants sont consacrés au rangement, cause de multiples soucis pour un Charles peu habitué à l'espace restreint d'une cabine et « affolé au sujet de la vieille question du manque de place » — heureusement, FitzRoy « possède l'art d'arranger si efficacement et si aimablement les choses, que les tiroirs eux-mêmes s'agrandissent lorsqu'il se montre ». Autre sujet de préoccupation, l'art du hamac : « J'eus ridiculement toutes les peines du monde à m'y introduire ; ma grande erreur de méthode était d'essayer d'y mettre les jambes en premier. Le hamac étant suspendu je n'arrivais de cette façon qu'à [le] pousser sans parvenir à y glisser mon corps. La bonne méthode consiste à s'asseoir exactement au centre du lit, puis à virevolter prestement : tête et pieds prennent leur place respective. Je suppose qu'il ne me faudra pas longtemps pour le trouver, comme les autres, très confortable. » Le 2 décembre, Charles a le plaisir de recevoir la visite d'Erasmus, qui ne le quitte que le 10 décembre au matin, jour de l'appareillage du *Beagle*. Date bien mal choisie : le soir, le baromètre chute brutalement, les vents tournent au sud-ouest, la mer se déchaîne, le navire tangue, Charles est « affreusement malade » et le capitaine décide de retourner à Plymouth pour attendre une météo plus favorable. Fixé au 15 décembre, l'appareillage est finalement reporté au 21 décembre, mais le voyage s'interrompt bien vite : à la suite d'une erreur de navigation, le *Beagle* s'échoue à marée basse sur un haut-fond à hauteur de l'île Drake* et doit attendre la marée montante pour se dégager.

Dès que le navire rejoint la haute mer, Charles est de nouveau malade. Son supplice ne dure pas : pendant la nuit, une fois encore confronté à un fort vent de sud-ouest, le navire fait demi-tour et regagne son mouillage en rade de Plymouth. Le jour de Noël, Charles se rend à terre : « Le matin, allé à l'Église, où le prédicateur s'est trouvé être un vieil ami de Cambridge, Hoare. » Il découvre aussi la manière très particulière qu'ont les marins de fêter la naissance du Christ : « Le jour de Noël revêt une grande importance pour les matelots : il a été

* Îlot rocheux en baie de Plymouth.

consacré en totalité aux réjouissances ; à présent il n'y en a pas un qui ne soit pas ivre sur le navire : King* est obligé de monter la garde, le dernier homme de veille est descendu en titubant, déclarant qu'il ne voulait plus être de service, suite à quoi, les pieds aux fers, il est en train de dessoûler à grande vitesse. Où qu'ils soient, ils exigent le jour de Noël pour eux et ils le consacrent exclusivement à la boisson, le seul plaisir qui ne s'émousse jamais et qu'un marin désire toujours impatiemment. » Le lendemain, 26 décembre, il note : « Belle journée, et excellente pour prendre le départ, mais nous n'avons pas pu saisir l'occasion du fait de l'état d'ébriété et de l'absence de presque tout l'équipage. Le navire a été toute la journée en proie à l'anarchie... »

Enfin, le 27 décembre, le vent d'est si longtemps désiré se décide à souffler : « Levé l'ancre à 11 heures et tiré des bordées avec difficulté pour quitter le port. » Charles note également que son déjeuner d'adieu « avait consisté en côtelettes de mouton accompagnées de champagne, ce qui, je l'espère, peut excuser le fait que je n'ai éprouvé absolument aucune émotion à quitter l'Angleterre ». Coïncidence ou conséquence intéressante, il ajoute : « Je n'ai pas eu le mal de mer ce soir-là[13]. »

Quelques semaines plus tôt, il avait écrit à FitzRoy : « Quel heureux jour pour moi que [celui de l'appareillage] ! ma seconde vie commencera, et ce sera un anniversaire de naissance pour le reste de ma vie[14]. » Ce jour-là, Charles se dépouille des

* Philip Gidley King, aspirant à bord du *Beagle*.

derniers lambeaux d'adolescence qui l'encombraient. Mais il ne sait pas encore qu'il a failli ne jamais vivre ce moment : « Plus tard, quand je devins très intime avec FitzRoy, j'appris que j'avais bien failli être éconduit à cause de la forme de mon nez ! Ardent disciple de Lavater*, il était convaincu qu'il pouvait juger du caractère d'un homme d'après ses caractéristiques extérieures. Aussi doutait-il que quiconque pourvu d'un nez tel que le mien pût posséder une énergie et une détermination suffisantes pour le voyage. Mais je crois qu'il fut par la suite bien heureux de constater que mon nez avait menti[15]. » À l'instar du nez de Cléopâtre qui faillit changer la face du monde, celui de Darwin a failli changer celle de la science.

* Gaspard Lavater (1741-1801), surtout connu pour son ouvrage sur la physiognomonie *L'Art de connaître les hommes par la physionomie*.

Exploration

1832-1836

Au rendez-vous de Neptune

Le 29 décembre, l'estomac de Charles fait connaissance avec la redoutable houle du golfe de Gascogne, l'obligeant à expérimenter les remèdes les plus variés pour tenter de juguler le mal de mer : « J'ai découvert que la seule chose que supportait mon estomac était des biscuits et des raisins secs ; mais mon épuisement augmentant, je m'en lassai vite ; le remède souverain est alors le sagou*, avec du vin et des épices, bu très chaud. Mais la seule chose sûre est de rester couché, et de préférence dans un hamac[1]. » En fait, les jours se suivent et se ressemblent : 30 décembre, « terriblement abattu et malade » ; 31 décembre, « très mal ce matin » ; 1er janvier 1832, « ce jour-là et les trois qui suivirent furent des jours de grandes et continuelles souffrances » ; 4 janvier, « j'étais si malade que je ne pus même pas me lever pour voir Madère ». Difficile, dans ces conditions, d'envisager de tenir le choc tout au long d'un voyage qui devait être au départ de deux ans, puis plus probablement de

* Fécule de pulpe de palmier, ingrédient de base de la cuisine indienne.

trois, et maintenant, s'il en croit les allusions de FitzRoy depuis quelques semaines, serait plutôt de quatre.

Le 6 janvier le voit ressuscité : au petit matin, le *Beagle* vient d'arriver en vue de Tenerife, la destination si longtemps rêvée. Charles n'est pas déçu en découvrant, depuis le navire, cette terre qu'il imaginait comme un paradis : « Tout présente une splendide apparence, tant les couleurs sont riches et douces. Le pic ou pain de sucre vient de se montrer au-dessus des nuages. Il s'élève dans le ciel, deux fois plus haut que je ne l'aurais imaginé. Un épais banc de nuages sépare complètement son sommet enneigé de sa base tourmentée. » Hélas, le paradis tant attendu et enfin à portée de main, ou plutôt de chaloupe, se révèle inaccessible : « Oh ! malheur, malheur ! Nous en étions à nous préparer à jeter l'ancre à un demi-mille de Santa Cruz lorsqu'une barque nous accosta, qui nous apportait notre arrêt de mort. Le consul avait déclaré qu'il nous fallait observer une stricte quarantaine de douze jours. » L'épidémie de choléra qui sévit en Angleterre depuis l'année précédente rend les navires anglais indésirables, à moins qu'il ne s'agisse d'un prétexte pour monnayer le débarquement de l'équipage. Quoi qu'il en soit, FitzRoy n'a pas l'intention de discuter : « Les choses furent vite réglées par l'ordre du capitaine de nous diriger, toutes voiles dehors, sur les îles du Cap-Vert[2]. »

Dix jours plus tard, le *Beagle* jette l'ancre dans la baie de Porto Praia, la capitale du Cap-Vert, dans le sud de l'île de Santiago. Darwin a mis à profit ces journées de traversée pour expérimenter un dispositif de son invention : « C'est un sac en étamine de quatre pieds de profondeur, fixé à un arceau en demi-cercle ; il est maintenu vertical grâce à des lignes qu'on laisse traîner derrière le navire. Ce soir, il a remonté une masse de petits animaux et demain j'espère une meilleure récolte. » Le naturaliste s'est remis au travail sur les organismes marins avec la même ardeur que celle déployée à Édimbourg au temps des recherches dans les flaques du Firth of Forth. Il observe, étudie, classe et réfléchit : « Beaucoup de ces créatures qui sont si bas dans l'échelle de la nature sont des plus ravissantes par leur forme et leurs riches couleurs. Qu'une telle quantité de beauté ait été apparemment créée pour aussi peu de raisons produit un sentiment d'étonnement. » De l'étonnement né de l'observation à l'envie de comprendre, il n'y a qu'un pas, qu'il n'est pas encore temps de franchir : pour l'instant, Charles se contente d'accumuler les observations et se préoccupe en priorité de la bonne conservation de ses spécimens, destinés à rejoindre les collections d'histoire naturelle britanniques. Avant son départ, pour compléter ses connaissances en taxidermie acquises auprès de John Edmonstone et les « trucs et astuces » enseignés par ses confrères zoologistes et entomologistes — Robert Grant, Henslow, les révérends Hope et Jenyns… —, il a pris quelques leçons complémentaires auprès des spécialistes londoniens de la naturalisation, dont Benjamin Leadbeater et William Yarrel, dont il a soigneusement noté les recettes à base de térébenthine, résines, cire, arsenic, chlorure de chaux, chlorure de mercure, potassium d'alun déshydraté…

« Gaz » Darwin est de retour ! Ce qui n'est pas du goût du lieutenant Wickham, chargé de la propreté et de l'entretien du navire, furieux de voir le naturaliste envahir le pont avec ses spécimens faisandés et ses préparations malodorantes, qu'il qualifie, avec son franc-parler d'Écossais, de « foutues saloperies répugnantes » en lui expliquant que « s'il était le patron, ça ferait longtemps que toutes ces satanées cochonneries auraient dégagé, et lui avec[3] ! » — ce qui n'empêche pas les deux hommes de devenir une paire d'amis, au point que Wickham donnera le nom de Port Darwin* à un port naturel d'Australie, en hommage à son compagnon de voyage.

En cet après-midi du 16 janvier 1832, l'archipel du Cap-Vert n'est peut-être pas la terre de tous les rêves qu'espérait aborder Charles, mais, faute de Canaries, ces îles d'apparence désolée, où « le feu volcanique des temps passés et la chaleur torride du soleil des Tropiques ont, en maints endroits, rendu le sol stérile et impropre à la végétation », feront l'affaire comme premier contact avec des territoires exotiques. Sans compter que ce « sol stérile » recèle quelques belles surprises, comme cette vallée profonde où, se souvient-il, « je vis pour la première fois la splendeur de la végétation tropicale : tamariniers, bananiers et palmiers

* C'est lors du troisième voyage océanographique du *Beagle* (1837-1843), sous le commandement de John Wickham, puis de lord Stokes après la démission de Wickham pour raisons de santé, que ce dernier donnera le nom de Port Darwin à une baie australienne où s'est développée l'actuelle ville de Darwin. Ce voyage sera consacré à la cartographie détaillée des côtes d'Australie.

s'épanouissaient à mes pieds ». De ce premier contact, il conclut : « J'ai vécu aujourd'hui une journée merveilleuse, c'est comme lorsqu'on rend la vue à un aveugle, il est confondu par ce qu'il voit et il ne peut le comprendre exactement. Voilà ce que j'éprouve, et puisse cela durer. » Cela va durer : pendant toute l'escale, qui se prolonge jusqu'au 8 janvier, Charles va d'émerveillement en émerveillement, multipliant les « riches récoltes » d'animaux marins, au point d'avoir « l'esprit assailli de la folle crainte » que personne en Angleterre ne prenne la peine d'examiner ses collections. Il découvre le célèbre baobab de l'île, vieux, dit-on, de plus de six mille ans, et « complètement couvert d'initiales et de dates, tout comme n'importe quel arbre des Jardins de Kensington ». Il revient, d'ailleurs, quelques jours plus tard en compagnie de Wickham et de FitzRoy, et, après une série de mesures et de savants calculs, en arrive à la conclusion que la hauteur de l'arbre est de 3,4 fois sa largeur. Avec deux autres officiers, l'aide-chirurgien Bynoe et le commissaire de bord Rowlett, il joue les touristes en se rendant à l'ancienne capitale de l'île, Cidade Velha*, puis à São Domingos, petite ville de l'intérieur où il découvre l'hospitalité et la gastronomie locales : « On nous avait recommandés à un Portugais très hospitalier, qui nous reçut avec une très grande gentillesse et nous régala d'un très copieux dîner composé de viande cuite avec différentes sortes d'épices et de fines herbes, et d'une tarte à

* Première ville coloniale construite par les Européens sous les tropiques, Cidade Velha est aujourd'hui inscrite sur la liste du patrimoine mondial de l'Unesco.

l'orange. Cet homme est un gros propriétaire de la colonie et vit, semble-t-il, très confortablement : sa maison est simple, mais il connaît peut-être la félicité de l'utopiste qui fait pousser tout ce dont il a besoin sur sa propre terre. »

Lorsque le *Beagle* regagne le large, Charles est repris par son mal de mer qui persiste à lui gâcher le voyage : « Voici trois jours que je suis dans un état d'inertie pénible, alors que des animaux me narguent, sans étiquette ni épitaphe scientifique. » Il supporte mal, aussi, la brièveté des jours et la tombée brutale de la nuit, vers six heures du soir : « Il est fort surprenant de voir le soleil se coucher avant son heure habituelle, autour de huit heures[4] » — étrange notation, la notion d'« heure habituelle » du coucher de soleil n'étant guère scientifique. Le 16 février, le *Beagle* fait brièvement escale devant le minuscule archipel de Saint-Pierre et Saint-Paul*. Là, l'équipage se livre à la pêche, capturant plusieurs requins depuis le navire et la chaloupe, et à la chasse aux oiseaux de mer tellement peu craintifs qu'on peut les tuer à coups de pierres — Charles en fait un massacre avec son marteau de géologue. Mais le véritable intérêt de l'endroit est de marquer l'approche de l'équateur :

Le soir commencèrent les cérémonies du passage de la ligne. L'officier de quart annonça un bateau devant nous. Le capitaine lança : « Des hommes sur le pont à réduire la toile ! » et nous mîmes en panne afin de converser avec M. Neptune. Le capitaine échangea des propos avec lui au moyen d'un

* Îlots inhabités à l'exception d'une station scientifique, à 950 km au nord-est du Brésil dont ils font partie.

porte-voix ; d'où il résulta qu'il nous rendrait visite le lendemain matin.

17 fév. Nous avons franchi l'équateur et j'ai subi une opération désagréable : on m'a rasé. Vers 9 heures ce matin, nous, pauvres « griffons* », au nombre de trente-deux, fûmes tous rassemblés sur le pont inférieur. Les écoutilles furent fermées ; aussi étions-nous dans le noir, écrasés de chaleur. Au bout d'un certain temps, quatre gardes de Neptune vinrent nous chercher et nous conduisirent un par un sur le pont. J'étais le premier et je ne m'en tirais pas trop mal. Néanmoins j'ai trouvé cette épreuve de l'eau assez désagréable. Avant de monter, le garde m'avait bandé les yeux et en chemin je fus accompagné par le bruit de tonnerre des seaux d'eau qui résonnaient tout autour. Puis on m'installa sur une planche qui pouvait facilement s'incliner pour s'enfoncer dans une grande cuve pleine d'eau. Alors on m'a badigeonné le visage et la bouche avec de la poix et de la peinture et on en a gratté une partie avec un morceau de cercle métallique rugueux. À un signal, j'ai été basculé cul par-dessus tête dans la cuve où deux hommes m'attendaient pour me faire boire la tasse. Enfin, plutôt soulagé, je m'échappai. [...] Le navire tout entier était une salle de douche, et de l'eau giclait de tous côtés : bien sûr tout le monde, même le capitaine, fut complètement trempé[5].

Si Charles n'apprécie que moyennement les pitreries du passage de la ligne, il a certainement pensé à la tête qu'aurait faite le morose révérend Jenyns dans les mêmes circonstances, comme il l'écrivait de façon prémonitoire, quelques semaines plus tôt, à Henslow : « Je crois que L. Jenyns a bien fait de ne pas accepter, à en juger par mes propres sentiments, car si j'avais quitté depuis quelques années le College, ou si j'avais été plus âgé, je n'aurais *jamais* pu le supporter. À l'exception du capitaine,

* Surnom de ceux qui passent la ligne pour la première fois.

les officiers, tous très jeunes, se comportent comme de parfaits gamins pour ce qui est de leurs manières ; dans le service, ils sont fort différents. Rappelez-moi à son bon souvenir, et dites-lui que si jamais il rêve la nuit de palmiers, il peut, le matin, se consoler en se disant que le voyage ne lui aurait pas convenu[6]. »

Après une brève escale dans l'archipel Fernando de Noronha, pendant laquelle il passe « une journée délicieuse » à se promener dans les bois de l'île principale sans négliger d'en étudier la géologie, intrigué par la nature volcanique de ses roches phonolitiques, Charles découvre bientôt le ciel austral, où la Croix du Sud, le Nuage de Magellan et la Grande Couronne ont remplacé les constellations familières de l'hémisphère Nord, et où, comme il le note le 26 février, « pour la première fois de ma vie, j'ai vu le soleil à midi du côté du nord ». Sous ces latitudes, l'Atlantique se montre incomparablement plus paisible que dans le golfe de Gascogne, et il commence à s'habituer à vivre dans l'espace restreint et la promiscuité d'un petit vaisseau comme le *Beagle*, où s'entassent plus de soixante-dix personnes* dans une coque de moins de trente mètres : « J'ai été surpris de constater combien la vie est agréable dans cette prison flottante[7]. »

Le 28 février 1832, la traversée de l'Atlantique s'achève : vers neuf heures du matin, la côte du Brésil est en vue. Le *Beagle* entre dans le magnifique

* Effectif variable au fil des escales : le 24 juillet, Darwin recense 76 personnes à bord.

havre naturel de la baie de Tous les Saints et jette l'ancre devant Salvador de Bahia. Le lendemain, 29 février, Charles se rend à terre, loin d'imaginer, en débarquant, la « vision des Mille et Une Nuits » qui l'attend :

Quelle délicieuse journée ! Mais le terme *délicieux* est bien trop faible pour exprimer les sentiments d'un naturaliste qui, pour la première fois, erre dans une forêt brésilienne. L'élégance des herbes, la nouveauté des plantes parasites, la beauté des fleurs, le vert éblouissant des feuillages, mais par-dessus tout la vigueur et l'éclat général de la végétation, me remplissent d'admiration. Un étrange mélange de bruit et de silence règne dans toutes les parties couvertes du bois. Les insectes font un tel bruit, qu'on peut les entendre du vaisseau qui a jeté l'ancre à plusieurs centaines de mètres de la côte ; cependant, à l'intérieur de la forêt, il semble régner un silence universel. Quiconque aime l'histoire naturelle éprouve en un jour comme celui-ci un plaisir, une joie plus intense qu'il ne peut espérer en éprouver à nouveau[8].

Charles ne se borne pas à rester bouche bée devant les beautés du paysage : il étudie les dépôts d'oxydes métalliques sur les rochers de l'estran, observe avec curiosité le diodon, le « poisson-hérisson », qui se gonfle d'eau ou d'air jusqu'à prendre une forme de sphère hérissée d'aiguilles, ce qui le fait flotter le dos en bas, et parvient, contrairement à ce qu'affirmait Cuvier, à nager dans cette position. Il remarque aussi que la peau de l'animal secrète une curieuse « matière fibreuse d'un rouge-carmin admirable » que l'on découvrira être une puissante neurotoxine. Le 5 mars, il note dans son *Journal* cette réflexion en forme d'aveu : « C'est pour moi une chose agréable et nouvelle de prendre conscience qu'étudier la nature, c'est faire mon devoir. » Après des années d'errance intellectuelle, Charles vient enfin de trouver sa vraie vocation.

Le 18 mars, après avoir cartographié la baie de Tous les Saints, le *Beagle* reprend la mer pour l'archipel des Abrolhos, vaste zone de récifs volcaniques dont il s'agit de sonder méthodiquement les fonds. Le 30 mars, il vogue vers Rio de Janeiro et, le 3 avril, il est en vue du célèbre Pain de Sucre. Le 5 avril, Charles déambule dans les rues de Rio, trouvant curieusement que le plan de la ville présente quelques similitudes avec celui d'Édimbourg, et se met en quête d'un logement qui servira de camp de base à ses expéditions dans l'intérieur des terres, tandis que le *Beagle* va rester à l'ancre dans la baie jusqu'au début de juillet. Bref, tout serait pour le mieux dans le meilleur des mondes s'il n'y avait pas, au courrier, les lettres datées de janvier qu'il vient de recevoir de ses sœurs Catherine et Caroline.

Alors qu'il lit avec amusement les potins de Maer et Shrewsbury — le cousin Hensleigh Wedgwood va épouser Fanny Mackintosh, la fille du grand historien et politicien, la cousine Charlotte Wedgwood est fiancée à Charles Langton, un sympathique pasteur —, soudain une flèche lui transperce le cœur : Fanny Owen vient de se marier. Catherine écrit : « Tu seras aussi stupéfait que Caroline l'a été quand Fanny l'a prise à part pour lui annoncer qu'elle venait de se fiancer à M. Biddulph ; il s'était déclaré quelques jours plus tôt, au cours d'une promenade à cheval secrète, et elle l'avait agréé », et, un peu plus loin : « Le mariage de Fanny devrait, je pense, avoir lieu en mars. » Ainsi, alors même qu'il se débattait contre le mal de mer du côté du cap Finisterre, Fanny s'est jetée dans les bras d'un homme qui a non seulement douteuse réputation — rejeton dissipé d'une vieille famille galloise, Robert Myddelton Biddulph passe pour un joueur et un débauché —, mais qui, jusque-là, flirtait ouvertement avec sa sœur Sarah. Charles se sent à la fois désespéré et trahi, d'autant que juste avant son départ Fanny lui avait envoyé une missive éplorée par laquelle elle lui assurait que « toutes les heures qu'ils avaient passées ensemble depuis l'époque où ils jouaient à la bonne et au postillon ne devaient jamais être oubliées — et si seulement elles pouvaient n'avoir jamais de fin !! ». Peu importe à Charles d'apprendre que M. Owen père ne voit pas ce mariage d'un bon œil, au point qu'il s'en est fallu de peu qu'il ne mette Biddulph à la porte, ou que Sarah soit furieuse et mortifiée d'avoir été plaquée. Il ne retient qu'une ultime phrase, qui achève de le crucifier — avec une cruauté inconsciente (?), Catherine ajoute : « Quand tu rentreras, tu retrouveras une femme mûre et mère de famille[9]. »

L'installation pour quelques semaines dans un « petit cottage » du quartier de Botafogo, au pied du Corcovado, apporte une diversion doublement bienvenue, aux mauvaises nouvelles du pays comme à la compagnie parfois pesante de FitzRoy, au caractère pour le moins complexe :

> FitzRoy avait un tempérament très malheureux. Cela ne s'exprimait pas seulement par la passion, mais aussi par de longues périodes de morosité envers ceux qui l'avaient

offensé. Son pire moment était le matin de bonne heure, quand son œil d'aigle détectait quelque chose qui n'allait pas sur le navire : il était alors sans pitié. Les jeunes officiers, lorsqu'ils prenaient la relève, le matin, demandaient « si l'on avait servi beaucoup de café brûlant ce matin », voulant par là demander quelle était l'humeur du capitaine. Parfois soupçonneux, il lui arrivait aussi d'être mélancolique au point de frôler la déraison. Il me semblait souvent manquer de jugement ou à tout le moins de bon sens. Bien qu'extrêmement gentil avec moi, il était très difficile à vivre dans l'intimité à laquelle nous contraignait notre table commune dans la même cabine. Nous eûmes plusieurs querelles car lorsqu'il était hors de lui il se montrait totalement déraisonnable. Par exemple, au début du voyage, à Bahia au Brésil, il fit l'éloge de l'esclavage, que j'exécrais. Il me dit qu'il venait de rendre visite à un grand propriétaire d'esclaves qui, ayant appelé plusieurs d'entre eux, leur avait demandé s'ils étaient heureux, et s'ils désiraient être libres ; à cette dernière question, tous avaient répondu « non ». Je lui demandais alors, peut-être avec une certaine ironie, s'il pensait que les réponses des esclaves, en présence de leur maître, valaient quelque chose. Cela le rendit furieux ; il s'exclama que, puisque je doutais de sa parole, nous ne pouvions plus vivre ensemble. Je pensai que je serais contraint de quitter le navire, mais dès que la nouvelle se répandit, ce qui fut rapide car le capitaine fit appeler le premier lieutenant pour soulager sa colère en me dénigrant, je fus profondément touché de recevoir de tous les officiers une invitation à partager leur table dans le carré. Mais quelques heures plus tard, FitzRoy manifesta sa magnanimité habituelle en m'envoyant un officier chargé de l'excuser et de me demander de bien vouloir cohabiter avec lui[10].

S'il est toujours émerveillé par les beautés de la végétation tropicale, Charles se concentre sur sa mission de naturaliste — excellent dérivatif aux peines de cœur. Il est attentif aux coquillages vivant dans les eaux alternativement saumâtres et douces de certaines lagunes côtières, aux orchidées, aux fourmilières géantes, testant le comportement des colonnes de fourmis en plaçant des obstacles sur leur route. Dans les forêts, « mine d'or pour le naturaliste », il est fasciné par les vols de lampyres « dont on peut percevoir à deux cents pas environ la lumière qu'elles projettent » et les scarabées phosphorescents*, étudiant les mécanismes de l'émission lumineuse. Plutôt désappointé par les coléoptères locaux, il se console en découvrant le comportement étonnant de certains papillons comme le Craqueur variable**, qui se tient la tête en bas et les ailes étendues, se sauve à toutes pattes au lieu de s'envoler quand il tente de le capturer et, s'étonne-t-il, « possède la faculté d'émettre des sons ». À cela s'ajoutent l'abondance des relevés géologiques et météorologiques, les multiples notes sur les arbres utilitaires, camphrier, poivrier, cannelier, giroflier, arbre à pain, jacquier ou manguier, sur l'importance économique, chiffres à l'appui, des plantations de café, d'ananas ou d'orangers, mais aussi sur les diverses ethnies, les us et coutumes, les personnages pittoresques qu'il rencontre... Il s'intéresse à tous et à tout, compilant remarques et informations dans son *Journal* sans mâcher ses mots : à ses yeux, les Brésiliens, « ignorants, peureux et indolents à l'extrême, hospitaliers et accommodants tant que cela ne les gêne pas, [...] ne possèdent qu'une petite portion des qualités qui donnent sa dignité à l'espèce humaine ». Mais sa

* Pyrophore à bec de feu (*Pyrophorus luminosus*).
** *Papilio* (ou *Hamadryas*) *feronia*.

détestation s'exerce surtout envers les prêtres et les moines, chez qui il voit « gravés sur leur visage une fourberie obstinée, la sensualité et l'orgueil ». Enfin, il ajoute cette remarque subversive à propos des esclaves : « Ce sont eux qui travaillent avec efficacité dans tous les secteurs essentiels. [...] Je ne puis m'empêcher de penser que ce sont eux qui dirigeront un jour le pays. »

L'escale va durer trois mois, et Charles peut écrire, au moment de reprendre la mer, « dans l'ensemble, je suis relativement satisfait de ce que j'ai accompli à Rio en matière d'histoire naturelle ». Pendant ce séjour, un incident l'a rempli d'aise : Robert McCormick, le chirurgien de bord, a été démis de ses fonctions, débarqué à Rio et remplacé par le sympathique Benjamin Bynoe. McCormick, qui cumulait les fonctions de chirurgien et de naturaliste, avait vu d'un très mauvais œil Darwin, simple passager surnuméraire, être d'emblée considéré comme le véritable naturaliste de l'expédition. De son côté, Charles considère McCormick comme « un âne ». Après une vive altercation avec FitzRoy et Wickham, où il s'est plaint d'avoir été empêché de se rendre à terre pour collecter des spécimens, McCormick a été officiellement déclaré « malade » et rapatrié par le H.M.S. *Tyne*, à la suite de quoi Charles écrit à sa sœur Catherine : « Ce n'est pas une perte[11]. »

Le 5 juillet au matin, le *Beagle* appareille pour Montevideo. La houle du large et son inévitable corollaire, le mal de mer, sont de retour, et Charles se plaint d'être à nouveau apathique, « les yeux injectés de bile ». Avec le retour d'un temps plus calme, il retrouve son énergie et recommence à s'intéresser au spectacle de la mer. Le 15 juillet, il note : « Ce matin, je fus très intéressé par l'observation d'un grand troupeau d'orques qui suivit le navire pendant quelque temps. Elles mesuraient environ 15 pieds de long et sautaient en général ensemble, fendant l'eau avec une grande violence dans des gerbes d'écume. Au loin, on voyait quelques baleines qui soufflaient. C'étaient toutes des baleines noires. » Le 18 juillet : « Un extraordinaire banc de marsouins, plusieurs centaines au moins, a coupé la route du navire. La mer tout entière en était par endroits labourée ; ils avançaient par bonds, leur corps totalement hors de l'eau, et comme des centaines d'entre eux fendaient l'eau de la sorte, ils offraient le plus extraordinaire des spectacles. » Il remarque aussi qu'ils n'ont aucun mal à passer et repasser devant la proue de navire, qui file pourtant neuf nœuds. Enfin, le 22 juillet, l'embouchure du río de La Plata leur réserve un accueil nocturne étincelant : « Je viens de monter sur le pont ; la nuit offre un spectacle extraordinaire ; l'obscurité du ciel est traversée d'éclairs très lumineux. Le sommet de nos mâts et l'extrémité des vergues les plus hautes brillaient sous l'effet du fluide électrique* qui courait de l'un à l'autre. On aurait presque pu dessiner le contour de la girouette comme si on l'avait enduite de phosphore. Pour compléter ces feux d'artifice naturels, la mer était si étincelante

* Annotation de Darwin : « feu de St Elme ».

qu'on aurait pu suivre les manchots à la trace grâce à la traînée lumineuse de leur sillage[12]. »

Les éclairs ont pour une fois précédé le tonnerre : quatre jours plus tard, le 26 juillet 1832, le *Beagle* est accueilli en baie de Montevideo par une frégate anglaise, le *Druid*, au cri de « Branle-bas de combat ! ». L'Uruguay, fraîchement indépendant, est en proie à l'une de ces incessantes révolutions qui agitent la région — pas moins de quatorze en douze mois à Buenos Aires, sur l'autre rive du río de La Plata. Un contingent anglais s'apprête à débarquer, et il n'est plus question de se rendre à terre pour herboriser, mais bel et bien de faire parler la poudre. Finalement, FitzRoy avait raison d'insister sur la nécessité d'être armé.

Le cap des tempêtes

Quelques heures plus tard, Charles en sait plus sur les raisons de ce déploiement guerrier : cent quarante hommes armés jusqu'aux dents ont été envoyés pour obliger le gouvernement « dirigé par des militaires usurpateurs » à restituer quatre cents chevaux indûment confisqués à un sujet britannique. Sinon, il n'est pas question d'intervenir dans les affaires intérieures du pays, d'autant que « les choses se passent aussi calmement que possible, les deux partis détestant la vue du sang, si bien que celui qui semble le plus fort l'emporte ». Le seul véritable danger serait de rester consigné à bord tant que la situation n'est pas stabilisée. Le 27 juillet 1832, Charles s'aventure jusqu'à l'île des Rats*, minuscule îlot à fleur d'eau de la baie de Montevideo, où il observe une faune inconnue : « Je découvris quelques animaux dont l'un était très curieux ; à première vue tout le monde aurait dit que c'était un serpent : mais deux pattes arrière ou plutôt des nageoires indiquent le passage par lequel

* *Isla de la Ratas*, ou *isla Libertad*.

la nature relie les lézards aux serpents[1]. » En réalité, il ne s'agit pas d'un « chaînon manquant », mais d'une espèce rare d'amphisbène, petit reptile fouisseur proche du lézard et ressemblant à un ver de terre, qui portera désormais le nom d'amphisbène de Darwin.

Le calme étant revenu, Charles va pouvoir aller à terre et gravir *el monte*, « la colline », qui donne son nom à la ville et qui est « de loin le lieu le plus élevé du pays » — à peine cent trente mètres d'altitude. Le panorama le laisse froid : « La vue que l'on a du sommet est l'une des moins intéressantes que j'ai jamais contemplées. » Même jugement sur la capitale de l'Uruguay : « L'endroit n'a pas grand-chose pour lui : la ville est de petites dimensions, ne possède aucune beauté architecturale et ses rues, irrégulières, sont d'une saleté repoussante. » Et l'immense embouchure du río de La Plata ne lui arrache pas plus de compliments : « Un fleuve d'une telle immensité et de si grandes dimensions est dépourvu d'intérêt et de noblesse. »

Si le paysage morne ne lui apporte que l'ennui, la situation politique ne cesse de se dégrader : FitzRoy ayant décidé de se rendre à Buenos Aires à la recherche d'anciennes cartes marines, le *Beagle* est accueilli à coups de canon par un bateau de guerre argentin, et l'on frôle l'incident diplomatique majeur, FitzRoy réclamant « des mesures efficaces pour empêcher que notre drapeau ne soit à nouveau insulté sans la moindre provocation ». De retour à Montevideo, les hostilités ont repris entre camps adverses, et les Britanniques, avec l'appui de renforts américains, s'emparent du siège du gouvernement. Charles, pris d'une ardeur guerrière, se joint à l'expédition : « C'était nouveau pour moi de parcourir les rues d'une ville avec des pistolets et des sabres d'abordage. » Une fois de plus, fausse alerte, l'affaire retombera comme un soufflé et, après une semaine d'escarmouches confuses — pas moins de cinq partis luttent pour la suprématie —, Charles peut enfin explorer rapidement l'intérieur du pays et récolter « quelques beaux serpents, des lézards et des coléoptères », ainsi que quelques scorpions dont l'agressivité le surprend : « Quand on les pressa sur le sol avec un bâton, ils le frappèrent de leur dard avec tant de force qu'on l'entendit distinctement[2]. »

Le 19 août, le *Beagle* fait route pour Bahía Blanca, où il trouve un bon mouillage abrité du mauvais temps. Avec une partie de l'équipage, Fitz-Roy et Darwin rejoignent la petite ville de La Colonie, où l'accueil des autorités est mitigé : les uns s'inquiètent de la présence d'un vaisseau de guerre anglais, peut-être prélude à une invasion, les autres se demandent s'il ne s'agirait pas plutôt de pirates habilement camouflés… Les habitants de La Colonie ont, eux, la hantise des Indiens, dont ils craignent les attaques fréquentes et sanglantes dans cette région isolée où règne la loi du talion : « Les Indiens torturent tous leurs prisonniers et les Espagnols tuent les leurs. » C'est dans ces conditions que Charles rencontre pour la première fois les gauchos argentins, qui le fascinent avec leur arme de chasse favorite, les bolas. Le 15 septembre, il part en expédition de chasse avec un petit groupe de gauchos, pour la plupart d'origine indienne, et découvre un mode de vie nouveau : « Ce que nous avons eu pour dîner aujourd'hui passerait pour très bizarre en Angleterre : boulettes d'autruche et tatous ; personne ne prendrait le premier plat pour du gibier à plume, mais plutôt pour du bœuf. Lorsque, contrairement à la mode des gauchos, les tatous sont cuits sans leur carapace, à la vue et au goût, on dirait des canards. Les deux plats étaient très bons[3]. » Même les membres du Glutton Club n'auraient jamais rêvé pareil festin...

Le 22 septembre, Charles découvre le site fossilifère de Punta Alta. Le lendemain, il dégage le crâne bien conservé d'un animal voisin du rhinocéros. Il y retourne régulièrement et, quelques jours plus tard, il a la chance de récolter une mâchoire de mégathérium, la première à rejoindre une collection britannique. Il prend, aussi, quelques risques inconsidérés : au cours d'une séance de fouilles, il capture « un grand serpent, dont je savais alors qu'il était venimeux ; mais j'ai découvert à présent que, par les qualités de son venin, il égale le serpent à sonnette. Il a une structure très curieuse et marque le passage entre le serpent venimeux commun et le serpent à sonnette ». Darwin a commis deux erreurs à son sujet. La première, de croire, comme pour l'amphisbène, à la découverte d'un « chaînon manquant » : ce cascabel austral n'est pas un intermédiaire, mais une espèce à part entière de crotale. La seconde, de provoquer l'animal : *Crotalus terrificus* injecte un puissant neurotoxique presque toujours mortel. La carrière de Charles aurait pu s'arrêter là, victime du devoir naturaliste...

Fin octobre, le *Beagle* est de retour dans le río de

La Plata. À Montevideo, Charles a le bonheur de recevoir par courrier le volume 2 des *Principles of Geology*, de Charles Lyell. Henslow lui avait, avant son départ, conseillé la lecture du premier volume qui venait de paraître, tout en le mettant en garde contre les théories de Lyell : celui-ci pense que la Terre a été façonnée lentement sur une très longue période de temps par des forces toujours existantes, s'opposant ainsi au catastrophisme soutenu par Cuvier, selon lequel la physionomie de la planète est le résultat d'une succession rapide d'événements brutaux, comme le Déluge. Dans ce deuxième volume, Lyell se livre à une étude critique de la théorie de la transformation des espèces selon Lamarck, ouvrant une sérieuse brèche dans l'idée d'un monde où tout ce qui existe a été voulu par un créateur. Il est piquant de constater que Darwin a découvert Lyell grâce à Henslow, et que le premier volume des *Principles* lui a été offert par FitzRoy, deux conservateurs qui se montreront plus que réticents devant la future théorie de l'évolution, en contradiction avec leurs convictions religieuses.

Charles va consacrer cette nouvelle escale, qui se prolonge pendant tout novembre, à explorer la région à cheval, renouant avec le plaisir des longues chevauchées, à procéder à des achats à Montevideo et surtout à Buenos Aires, dont il apprécie les « nombreuses boutiques tenues par des Anglais, qui regorgent de marchandises anglaises ». Il se rend avec plaisir au bal et au théâtre, même si son espagnol rudimentaire ne lui permet pas de comprendre, et se laisse aller à regarder les dames avec un intérêt qu'on ne lui connaissait pas : « Leur démarche est extrêmement gracieuse, et même si l'on est souvent déçu, on ne peut voir l'un de ces dos charmants sans s'écrier : "Comme elle doit être belle." » Ce qui ne l'empêche pas d'avoir, à l'occasion, une bouffée de mal du pays : pour la Toussaint, qui tombe là-bas en plein printemps, il note : « Journée calme et délicieuse. Je ne sais pourquoi des jours comme celui-ci portent à songer à l'Angleterre et à la maison. On dirait que la sérénité de l'air permet à la pensée de franchir plus aisément l'espace qui nous sépare[4]. »

Le 26 novembre 1832, le *Beagle* repart en direction du sud, destination la baie de Nassau, derrière le cap Horn. Le 16 décembre, des feux, allumés par des Indiens fuégiens, sont aperçus depuis le navire : la mythique Terre de Feu est enfin atteinte. Lorsque le bateau entre dans la baie du Bon-Succès pour un mouillage de quelques jours, les indigènes sont au rendez-vous : « Tandis que nous doublions l'entrée nord, un groupe de Fuégiens nous observait ; ils étaient perchés sur un pic sauvage surplombant la mer et entouré de bois. D'un bond ils se mirent debout à notre passage et agitant leurs manteaux de peaux, ils poussèrent un grand cri sonore, qu'ils prolongèrent longtemps. Ces gens suivirent le navire le long de la baie, et juste avant la nuit nous entendîmes à nouveau leur cri et bientôt nous vîmes leur feu à l'entrée du wigwam qu'ils avaient dressé pour la nuit. » Le surlendemain, 18 décembre, Fitz-Roy décide d'envoyer un canot à terre pour prendre contact avec les Fuégiens. Naturellement, Charles est à bord, et le choc culturel est total :

Dès que le canot fut à portée de voix, l'un des quatre hommes qui s'étaient avancés pour nous accueillir se mit à crier de façon extrêmement véhémente tout en nous montrant du doigt un bon endroit pour accoster. Les femmes et les enfants avaient tous disparu. Lorsque nous fûmes à terre, ils eurent tous l'air assez inquiets, mais continuèrent à parler et à faire des gestes avec une grande rapidité. Ce fut incontestablement le spectacle le plus curieux et le plus intéressant que j'aie jamais contemplé. Je n'aurais jamais cru que la différence entre le sauvage et l'homme civilisé soit aussi totale. Elle est plus grande qu'entre un animal sauvage et un animal domestique, dans la mesure où il y a chez l'homme une plus grande capacité d'adaptation. Le principal porte-parole était vieux et paraissait être le chef de la famille ; les trois autres étaient des hommes jeunes et puissants, d'une taille d'environ 6 pieds. [...] Le vieil homme portait une coiffure de plumes blanches d'où dépassaient de longs cheveux noirs qui encadraient son visage. Leur peau est couleur cuivre sombre. D'une oreille à l'autre, et englobant la lèvre supérieure, s'étendait une large bande de peinture rouge ; et au-dessus et en parallèle, il y en avait une blanche, si bien que les sourcils et les paupières étaient de cette couleur. Leur seul vêtement était une peau de guanaco*, avec le poil à l'extérieur. Elle était simplement jetée sur les épaules ; un bras et une jambe restaient découverts ; pour le moindre exercice, ils doivent être absolument nus. [...] Leur langue ne mérite pas d'être qualifiée de langage articulé. Selon le capitaine Cook, c'est comme quelqu'un qui se racle la gorge ; à quoi on pourrait ajouter quelqu'un de très enroué qui essaie de crier et un troisième qui encourage un cheval avec ce son très particulier produit avec le côté de la bouche. Imaginez ces sons et, mêlés à eux, quelques gutturales, et vous arriverez à la meilleure approximation de leur langue qu'un Européen puisse espérer obtenir.

* Espèce de lama sauvage vivant en haute montagne.

[...] Si leurs vêtements et leur apparence sont misérables, leur mode de vie l'est plus encore. Ils se nourrissent surtout de patelles et de moules, ainsi que de phoques et de quelques oiseaux ; il doit aussi leur arriver d'attraper de temps à autre un guanaco. Ils semblent ne rien posséder à part des arcs et des flèches, et des javelots. Ils résident en ce moment sous quelques buissons près d'une plateforme rocheuse, ce qui ne suffit aucunement à les protéger du vent et de la pluie ; or, en plein été comme maintenant, il pleut quotidiennement [...]. Les bois presque impénétrables descendent jusqu'à la laisse de marée haute, si bien que la terre habitable est littéralement réduite aux grosses pierres de la plage, c'est là qu'à marée basse, qu'il fasse nuit ou qu'il fasse jour, ces êtres à l'aspect misérable ramassent de quoi vivre. Je crois que si l'on passait le monde au crible on ne pourrait trouver un degré de l'homme inférieur à celui-ci. Comparés à eux, les habitants des Îles de la Mer du sud sont civilisés, et les Esquimaux, dans leurs huttes souterraines, peuvent goûter quelques-uns des conforts de la vie[5].

Ces notes, prises sur le vif, de la découverte d'une civilisation radicalement *étrangère*, ont parfois été interprétées comme la preuve d'une attitude condescendante, voire raciste, de Darwin envers les peuples primitifs. C'est d'autant plus un contresens que le *Beagle* ramenait dans leur pays natal trois indigènes fuégiens, deux hommes et une femme, amenés en Angleterre par FitzRoy lors de sa précédente expédition. En moins de deux ans, tous trois avaient assimilé la langue anglaise et le mode de vie britannique. Depuis le départ, Charles avait mesuré à quel point ces « primitifs » étaient capables d'évolution, « leur esprit étant similaire au nôtre[6] ». Plus tard, se remémorant ce temps fort du voyage, il précisera sa pensée : « La stupéfaction que je ressentis en voyant pour la première fois un groupe de

Fuégiens sur un rivage sauvage et accidenté demeure inoubliable, car aussitôt me vint à l'esprit cette réflexion : *tels étaient nos ancêtres**. »

Charles profite de l'escale à Bon-Succès pour explorer l'arrière-pays, d'accès fort malaisé : « Il n'y a pas de terrain plat et toutes les collines sont couvertes de bois si épais qu'ils en sont tout à fait impénétrables. » Naturellement, pas le moindre sentier, la seule manière de progresser consiste à suivre le cours des ruisseaux, ou, avec un peu de chance, à rejoindre une piste tracée par les guanacos. Il parvient ainsi au sommet d'un pic, « le plus haut du voisinage immédiat et les eaux coulaient de chaque côté vers des mers différentes[7] ». Après des heures d'efforts, il revient au rivage et note : « Tout compte fait la promenade me plut infiniment. »

L'expédition se poursuit et, le 21 décembre, le *Beagle* met à la voile en direction du cap Horn, abordé dans des conditions exceptionnelles : « Une mer et une atmosphère aussi calmes auraient surpris ceux qui pensent que c'est la région où les vents et les eaux sont en perpétuel conflit », et « le vent a fraîchi jusqu'à devenir un bon vent d'est, ce qui est une chance à peu près aussi rare que d'avoir un billet de loterie gagnant ». Le lendemain, « nous doublâmes à trois heures ce vieux cap Horn battu des vents. La soirée était calme et claire et nous offrait une belle vue sur les îles alentour ». Le cap ne manque tout de même pas de les saluer à sa manière, envoyant « un coup de vent qui nous frappa de plein fouet ». Le 24 décembre, alors que

* C'est nous qui soulignons.

le Horn est encore en vue, les cinquantièmes hurlants se déchaînent et le *Beagle* se réfugie dans l'anse Wigwam, un excellent abri où tout l'équipage s'apprête à passer Noël dans une ambiance nettement plus sobre qu'à Portsmouth l'année précédente. Les jours suivants, le mauvais temps bloque le navire dans l'anse et, malgré « le temps triste et froid », Darwin accompagne FitzRoy dans une exploration en canot des baies des environs, ce qui lui permet d'observer de près les manchots en plongée et l'étrange canard-vapeur*, « sorte de grosse oie, tout à fait incapable de voler, mais qui se sert de ses ailes pour avancer en battant l'eau ».

Le 31 décembre, comme le temps se présente plutôt bien, FitzRoy décide de reprendre la mer. Ce n'est pas vraiment une bonne idée : le réveillon va être très arrosé — à l'eau salée. Dès le 1er janvier 1833, le temps se gâte franchement, puis la tempête se déchaîne. Le 13 janvier, vingt-quatre jours après avoir passé le cap Horn et après d'épuisantes et périlleuses manœuvres, le *Beagle* n'a pu s'en éloigner que d'une vingtaine de milles**, mais s'en tire sans grands dégâts. Cependant, un énorme paquet de mer s'est engouffré dans les ponts, et une partie des collections de plantes et du matériel de Darwin est perdue, imbibée d'eau salée. Après cet épisode mouvementé, le navire remonte vers le nord pour rejoindre un mouillage sûr, à l'entrée du dédale des

* Brassemer cendré (*Tachyeres pteneres*), espèce purement côtière de la Terre de Feu.

** Le mille marin équivaut à 1 852 m (1 853,19 m au XIXe siècle). Pour mémoire : une vitesse de 1 nœud correspond à 1 mille marin à l'heure, soit 1,852 km/h ; mille marin et nœud restent les unités de référence pour la navigation y compris pour les pays utilisant le système métrique.

canaux de Patagonie. Le moment est venu de ramener les Fuégiens du bord dans leurs tribus d'origine.

Le 19 janvier, trois baleinières et une yole se dirigent vers la baie de Woollya, où le révérend Richard Matthews, passager à bord du *Beagle*, a choisi d'établir une mission avec, escompte-t-il, le soutien des trois Fuégiens européanisés. Le contact avec les indigènes est cette fois rugueux : visiblement, le matériel débarqué suscite bien des convoitises, et l'équipage a fort à faire pour les tenir à distance sans devoir ouvrir les hostilités — même les coups de feu tirés en l'air ne les effraient pas. Le 27 janvier, l'installation de la mission est achevée : trois cabanes ont été construites et deux jardins plantés de pommes de terre, carottes, navets, pois, haricots, laitues, poireaux, choux et oignons. Tout cela laisse Charles plus que perplexe. Il a été stupéfait devant le matériel donné à Matthews par la société missionnaire : « Le choix des objets témoignait de l'extravagance et de la négligence les plus coupables : verres à vin, beurriers, plateaux à thé, soupières, nécessaire de toilette en acajou, linge blanc fin, chapeau de castor et une variété infinie d'objets de ce genre, qui révélaient combien peu l'on s'était inquiété du pays auquel ils étaient destinés. Grâce aux moyens entièrement gaspillés pour de telles choses, on aurait pu acquérir une quantité énorme d'articles réellement utiles. » Il a aussi de sérieux doutes sur les capacités de Matthews : « C'est un caractère excentrique qui ne me paraît pas (ce qui est une chose étrange) posséder beaucoup d'énergie et je me représente très mal jusqu'à quel point il est qualifié pour une entreprise aussi ardue[8]. » Bien jugé : le 6 février, après une exploration méthodique des canaux, le *Beagle* revient dans le détroit de Ponsonby et un détachement se rend à la mission de Woollya, où rien ne va plus. Tout a été pillé et, un peu plus tôt, une bande hurlante, armée de pierres et de bâtons, s'en est prise à Matthews : « Ils firent comprendre par signes qu'ils allaient lui ôter ses vêtements et lui arracher tous les poils du visage et du corps. » Charles ajoute : « Je pense que notre retour se fit juste à temps pour lui sauver la vie. » Matthews retrouve son hamac sur le *Beagle*, résigné mais pas découragé : il récidivera en Nouvelle-Zélande — cette fois avec plus de succès.

Dans les jours qui suivent, une forme de routine s'installe : relevés des côtes, tempête, recherche d'un abri, retour du beau temps... Le 26 février, le *Beagle* met le cap sur les îles Falkland*, où il arrive le 1er mars, avec la surprise d'y voir flotter le drapeau britannique : l'Angleterre vient d'en prendre possession depuis janvier. Pour un naturaliste, l'endroit se montre décevant : seul un rocher « où abondaient les coquillages, tous de l'ère géologique la plus intéressante », retient l'attention de Charles.

Le 6 avril, le *Beagle* reprend la mer pour regagner le río de La Plata et Montevideo et, le 26 avril, Charles peut noter avec ironie : « Pendant notre absence, à part quelques révolutions, le cours des choses a été assez calme ! » Il ajoute, très sobrement : « Dans la soirée, reçu des lettres du pays,

* Plus connues en France sous le nom d'îles Malouines (*islas Malvinas* en espagnol).

datées des 12 septembre, 14 octobre, 12 novembre et 15 décembre [1832]. » Il n'en dit pas plus, alors que la lettre du 12 septembre, expédiée par sa sœur Caroline, lui apprend la mort brutale de sa cousine Fanny Wedgwood, emportée en quelques heures, le 20 août 1832, par une fièvre soudaine et inexpliquée, à l'âge de vingt-six ans. Même si la famille lui avait souvent glissé à l'oreille qu'elle ferait une parfaite épouse de pasteur, Charles semble n'avoir jamais été attiré par Fanny qui, malgré son charme et ses qualités — elle se montrait méthodique et ordonnée —, était petite, boulotte et peu jolie, mais cette disparition l'atteint de plein fouet. Moins dramatiques, les autres nouvelles ne sont guère plus réjouissantes : Erasmus entretient une liaison avec Fanny Mackintosh, l'épouse de leur cousin Hensleigh Wedgwood, au point que certains se demandent, à Londres, avec lequel des deux elle est mariée, et la famille craint que le scandale ne finisse par s'étaler dans les journaux ; le mariage de Fanny Owen bat déjà de l'aile : la jeune épouse s'ennuie à périr, déteste sa belle-mère et a pris sa belle-sœur en grippe, tandis que son mari fait à Caroline Darwin « l'effet d'un bel égoïste même si elle n'en a pas la preuve ». Charles ne répondra jamais directement à ces lettres, préférant raconter à ses sœurs les anecdotes qui émaillent son voyage ou les avertir des dépenses qu'il est amené à faire — à charge pour elles d'en informer le Gouverneur.

De retour à Montevideo, Charles réfléchit à la suite de son voyage : le *Beagle*, avec l'aide de goélettes auxiliaires affrétées pour la circonstance, s'apprête à compléter ses campagnes de relevés hydrographiques en effectuant pendant plusieurs mois des allers-retours entre le río de La Plata et la Terre de Feu, ce qui est d'un intérêt médiocre pour un naturaliste. Le moment est peut-être venu, comme à Rio de Janeiro, d'explorer l'intérieur des terres, puis de rejoindre le *Beagle* lors de ses escales. Aussitôt dit, aussitôt fait : le 29 avril, il trouve à se loger à Maldonado, près de Montevideo, « chez une vieille dame bien connue, du nom de Doña Francisca ». Le logement est spacieux, mais malcommode : « Les pièces sont très hautes et très vastes ; elles n'ont que de toutes petites fenêtres et sont presque vides de meubles. Elles sont toutes au rez-de-chaussée et en enfilade. Qu'il pût exister ce qu'un Anglais nomme confort n'a jamais traversé l'esprit du constructeur. » De quoi regretter sa cabine du *Beagle*, exiguë mais rationnelle.

L'explorateur et le dictateur

Si Maldonado n'est qu'une bourgade endormie — « Je n'ai jamais vu un endroit à l'air aussi calme, aussi désert », note Charles —, l'endroit est un paradis pour les cavaliers : « Tout le monde, y compris les mendiants dit-on, va à cheval. [...] Preuve que les chevaux sont extrêmement communs, pour le prix d'une selle, on peut acheter trois bonnes bêtes. » Dès le lendemain de son installation, le 30 avril 1833, il parcourt à cheval les environs de la ville, puis, après avoir consacré deux ou trois jours à faire quelques transactions « dans un espagnol épouvantablement mauvais », il consacre la journée du 4 mai, sous prétexte de géologie, à une longue promenade équestre « jusqu'à l'extrémité d'un grand lac d'eau douce appelé Laguna del Potrero. L'objet de mon déplacement était de voir un marbre blanc à partir duquel on fabrique la chaux. La journée était magnifique et il était agréable de chevaucher par monts et par vaux sur du gazon en compagnie d'innombrables troupeaux de bovins, de moutons et de chevaux. »

Le 9 mai, accompagné de deux guides, il part

pour une excursion d'une dizaine de jours en direction du village de Las Minas. Faisant étape tantôt dans les *pulquerías**, tantôt chez l'habitant dans les *estancias*, il fait sensation avec sa boussole de poche : « Que je puisse, moi, parfait étranger, indiquer la route [...] pour se rendre à tel ou tel endroit où je n'ai jamais été, voilà qui excite l'admiration la plus intense[1]. » Encore plus fort : « Je portais avec moi quelques allumettes chimiques que j'allumais avec mes dents. L'étonnement ne connaissait plus de bornes à la vue d'un homme qui produisait du feu avec ses dents, aussi avait-on l'habitude de réunir toute la famille pour assister à ce spectacle. » De Las Minas, village assoupi autour de son église, Charles repart pour Maldonado par un autre itinéraire qui lui permet de multiplier les observations géologiques, naturalistes et ethnologiques : ainsi, ayant fait plus ample connaissance avec les gauchos, il note que « leur politesse est excessive : ils veulent toujours vous faire goûter les alcools qu'ils boivent, mais tandis qu'ils vous saluent cérémonieusement d'un signe de tête, on les sent prêts à vous couper la gorge en même temps, si l'occasion s'en présentait[2]. »

Du 20 mai au 29 juin 1833, Darwin, revenu à Maldonado, consacre tout son temps à compléter sa collection d'oiseaux et d'animaux : « Pendant mon séjour à Maldonado, ma collection s'enrichit de plusieurs quadrupèdes, de quatre-vingts espèces d'oiseaux et de nombreux reptiles, y compris neuf

* À cette époque, les *pulquerías* argentines sont des lieux d'échange pour les autochtones, à la fois débits de boissons, magasins et auberges.

espèces de serpents. » Dans ce travail considérable, il se fait efficacement aider par le mousse du *Beagle*, Syms Covington, qu'il va officiellement engager comme serviteur, assistant et secrétaire à partir du mois de juillet. Soigneusement naturalisés et mis en caisse, tous ces spécimens embarquent sur le paquebot qui fait la liaison entre Montevideo, Buenos Aires et l'Angleterre, à l'attention du professeur Henslow qui réceptionne l'ensemble des collections envoyées par Darwin tout au long de son voyage.

Reparti le 29 juin avec Charles à son bord, le *Beagle* atteint l'embouchure du río Negro le 3 août. Si le pays est misérable, la région présente une richesse géologique exceptionnelle. Charles commence par rayonner autour de la ville de Carmen de Patagones, alors point de contact (ou de friction, selon les périodes) entre Européens et Indiens araucaniens, et visite les salines naturelles, s'intéressant aux rares animaux — quelques espèces de vers et de crustacés — qui sont parvenus à s'adapter et à prospérer dans ce milieu hostile. Le 11 août, il part à cheval en direction du nord pour le río Colorado*, puis Bahía Blanca où il doit retrouver le *Beagle* à la fin du mois : « J'ai pour compagnon de route M. Harris, un Anglais résidant à Patagones, un guide et cinq gauchos qui se rendent à l'armée pour affaires. [...] Le pays entier ne mérite guère que le nom de désert [...]. Partout le paysage offre le même aspect stérile ; un sol sec, pierreux, supportant à peine quelques touffes d'herbes flétries et

* Grand fleuve du sud de l'Argentine, à ne pas confondre avec son homonyme nord-américain.

çà et là quelques buissons épineux[3]. » Mais cette immensité vide n'est pas sans charme : « Le silence de mort qui règne sur la plaine, les chiens montant la garde, les gauchos prenant leurs dispositions pour la nuit autour du feu, tout, dans cette première nuit, a laissé dans mon esprit une impression qui ne s'effacera jamais[4]. » Arrivé dans la vallée du Colorado, le petit groupe rejoint le campement du général Rosas, établi près du fleuve. Le général est un personnage hors du commun : ce richissime propriétaire terrien (son domaine s'étend sur plus de 1 700 kilomètres carrés et il possède 300 000 têtes de bétail), d'origine aristocratique, ne se plaît que parmi les gauchos. Il est à la tête d'une armée privée qui, dans la région, est la seule capable de s'opposer aux raids des indigènes — mais, comme remarque Charles, « je pense que jamais on n'a rassemblé armée ressemblant plus à une bande de brigands ». Arrogant, despotique, imprévisible et, pour tout dire, dangereux, Rosas reçoit néanmoins Charles avec une certaine cordialité et surtout — certainement par intérêt politique, car il se voit bientôt dictateur de l'Argentine* — lui accorde un passeport et une permission pour se servir des chevaux de poste du gouvernement, deux documents fort utiles pour la suite de son voyage dans un pays en proie à des troubles incessants. Le 18 août, sans incidents majeurs, si ce n'est quelques fausses alertes aux attaques d'Indiens, Charles atteint Bahía

* Juan Manuel de Rosas (1793-1877) dirigera effectivement l'Argentine avec les pleins pouvoirs de 1835 à 1852. Sa dictature brutale et sanguinaire s'effondrera après une guerre désastreuse avec le Brésil. Il finira ses jours en exil à Southampton, bien que la Grande-Bretagne l'ait durement combattu tout au long de son règne.

Blanca, mais le *Beagle* n'est pas au rendez-vous ; il lui faudra patienter jusqu'au 24 août. Entretemps, il se rend à Punta Alta, où il avait trouvé quelques fossiles de mégathérium l'année précédente, pour reprendre ses fouilles : « Ce point est, en effet, une véritable catacombe de monstres appartenant à des races éteintes. » Il découvre les restes d'une douzaine de mammifères terrestres d'espèces différentes toutes disparues, dont la carapace osseuse intacte d'un grand animal ressemblant à un tatou, et plusieurs dizaines d'espèces de coquillages marins, pour la plupart toujours existantes. Ce qui lui permet de vérifier l'assertion de Lyell selon laquelle « la longévité des espèces de mammifères est en somme inférieure à celle des espèces de mollusques ».

Après avoir confié sa récolte d'ossements à l'équipage du *Beagle*, il reprend son voyage terrestre vers le nord, direction Buenos Aires cette fois. Toujours grâce au général Rosas, il dispose d'un guide officiel et de l'appui des postes militaires qu'il va trouver en chemin. Après un voyage sans histoires, mais émaillé d'horrifiques récits de massacres commis par les Indiens sur les Blancs, et réciproquement, Darwin arrive le 20 septembre à Buenos Aires où il passe une semaine à régler ses affaires avant de repartir, le 27 septembre, pour Santa Fe de la Vera Cruz, où on lui a signalé des ossements dans les falaises qui bordent le río Paraná. Ses recherches se montrent fructueuses, mais décevantes : il y a bien là plusieurs squelettes de mastodontes, mais si friables qu'ils tombent en poussière dès qu'il tente de les dégager. En arrivant à Santa

Fe, il trouve « une petite ville tranquille, propre, et où règne le bon ordre. [...] Le gouverneur Lopez a une occupation favorite : donner la chasse aux Indiens. Il y a quelque temps, il en a massacré quarante-huit et a vendu leurs enfants comme esclaves à raison de trois à quatre livres sterling par tête[5]. » Cloué au lit par un violent mal de tête et soigné par « une bonne vieille femme », Charles découvre les singuliers remèdes des habitants, « fort étranges mais trop dégoûtants pour qu'on puisse en parler. Un des moins sales consiste à couper en deux de jeunes chiens pour en attacher les morceaux de chaque côté d'un membre brisé »... L'endroit n'est d'ailleurs pas très sympathique : les gens ont la réputation justifiée d'être aussi voleurs que des viscaches, ces gros rongeurs de la pampa qui s'emparent de tous les objets qu'ils peuvent trouver pour les placer à l'entrée de leurs terriers, et il se voit adroitement dépouillé de son pistolet ; les raids d'Indiens ne sont pas rares : « Il y avait sur la route quelques maisons abandonnées après avoir été pillées. Nous vîmes aussi un spectacle que mon guide contempla avec beaucoup de satisfaction : le squelette d'un Indien suspendu à un arbre avec la peau desséchée qui pendait de ses os. » Enfin, si les berges du Paraná resplendissent « de fleurs magnifiques autour desquelles voletaient des colibris », les mêmes fourrés offrent un abri sûr aux jaguars, qui n'hésitent pas à s'attaquer à l'homme.

De Santa Fe, Charles traverse le fleuve pour rejoindre Paraná, capitale de l'État d'Entre Ríos. Fatigué, il décide de rejoindre Buenos Aires au plus vite en prenant place à bord d'une *balandra*,

« barque à un mât, d'environ 100 tonneaux », qui navigue en suivant le courant. Comme le bateau ne part qu'avec cinq jours de retard, il en profite pour approfondir l'étude des strates géologiques des falaises. Le mauvais temps retarde encore la navigation et, le 20 octobre, « très impatient de rejoindre Buenos Aires », il décide de quitter le bateau et d'accomplir le reste du trajet tantôt à cheval, tantôt en pirogue. À peine arrivé dans les faubourgs de la ville, « je m'aperçois, à ma grande surprise, dès que j'ai débarqué, que l'on me considère dans une certaine mesure comme un prisonnier. Une violente révolution a éclaté et l'embargo est mis sur tous les ports. [...] Après une longue conversation avec le commandant, j'obtiens la permission de me rendre auprès du général Rolor, qui commande une division des rebelles. [...] Je vais le lendemain matin à son camp ; général, officier et soldats, tous me parurent, et étaient réellement, je crois, d'abominables coquins. » Finalement, en se réclamant du général Rosas — qui n'est pas étranger à cette rébellion —, il parvient à entrer dans la ville, puis, « après quinze jours de véritable détention à Buenos Aires[6] », à embarquer pour Montevideo, côté uruguayen, où le *Beagle* se tient prudemment à l'écart des troubles qui agitent l'Argentine.

Comme le navire ne doit pas appareiller avant début décembre, le temps d'exploiter toutes les données cartographiques recueillies, Charles met ce délai à profit pour effectuer une dernière reconnaissance dans l'arrière-pays de Montevideo, en remontant l'Uruguay jusqu'au village de Mercedes, avant de revenir par un itinéraire plus direct. Malgré les inondations qui compliquent les déplacements, il parvient, au bout de trois jours de voyage, à Colonia del Sacramento, la plus vieille ville du pays. Après avoir fait étape dans une *estancia*, puis « chez un Américain du Nord qui exploite un four à chaux sur l'arroyo de Las Vivoras », il se retrouve dans une plaine couverte de chardons géants, « qui dépassent souvent en hauteur la tête du cavalier ». Quittant rapidement ce secteur inhospitalier, il rejoint une région plus conforme à ses attentes. Le 25 novembre, il découvre et parvient à extraire quelques fragments de mégathérium. Le lendemain, apprenant l'existence de « quelques ossements gigantesques dans une ferme voisine », il s'y rend et « achète pour 18 pence une tête de Toxodon* ». Au fil de ses voyages, il a mesuré l'abondance des restes fossiles mis à nu par l'érosion des cours d'eau et en conclut que « la superficie entière des pampas constitue une immense sépulture pour ces quadrupèdes gigantesques éteints ».

* Genre éteint de grand mammifère herbivore du sud de l'Amérique latine.

Une vie de Patagon

De retour à Montevideo le 28 novembre 1833, Charles regagne le *Beagle* le 5 décembre. Deux jours plus tard, le navire prend la mer : « Un bon vent nous a fait sortir du fleuve, et le soir nous étions dans des eaux claires, pour ne jamais, je l'espère, pénétrer de nouveau dans les eaux boueuses du Plata[1]. » Il sera exaucé et ne les reverra plus. Pendant la traversée, Charles reprend l'habitude de mettre à l'eau son filet de traîne pour capturer des animaux marins. Il a la surprise de récupérer ainsi « un nombre considérable » de scarabées vivants, « nageant en pleine mer, à 17 milles de la côte la plus proche ». Une quinzaine plus tard, le bateau arrive à Puerto Deseado, en Patagonie, où l'équipage va passer la fin de l'année.

Noël est fêté à terre de manière sobre et sportive — « le capitaine a distribué des prix à ceux qui couraient, sautaient et luttaient le mieux » — et le premier de l'an 1834 est marqué par la découverte d'une tombe indienne, fouillée sans résultats. Puis le *Beagle* reprend sa progression vers le sud et le détroit de Magellan. À chaque escale, Darwin ne manque jamais de se rendre à terre pour étudier la géologie locale et parfaire ses observations. Il remarque ainsi :

> Les coquillages tertiaires éteints de Puerto San Julían et des rives du Santa Cruz n'ont pu vivre, s'il faut en croire le professeur E. Forbes*, que dans une profondeur d'eau variant de 40 à 250 pieds ; or, ils sont recouverts d'un dépôt marin qui varie entre 800 et 1 000 pieds d'épaisseur. D'où il résulte que le lit de la mer sur lequel vivaient autrefois ces coquillages a dû s'affaisser de plusieurs centaines de pieds pour que le dépôt supérieur ait pu se former. Quelles immenses révolutions géologiques on peut lire sur cette côte si simple de la Patagonie !

Tout ce qu'il voit va dans le sens des théories de Lyell : aucune catastrophe, aucun Déluge n'aurait pu entraîner des mouvements aussi considérables des couches géologiques. Seule l'action du temps sur de très longues durées peut expliquer leur ampleur.

Le 29 janvier, le *Beagle* jette l'ancre dans la baie de San Gregorio. Les Indiens patagons sont de nouveau au rendez-vous. Malgré leur air sauvage et leurs peintures de guerre, « ces Indiens sont en rapport constant avec les chasseurs de phoques, si bien qu'ils sont à demi civilisés. Ils parlent bien l'espagnol et un peu l'anglais ». L'accueil est cordial au point que le capitaine FitzRoy invite trois d'entre eux à prendre le thé à bord, où ils se conduisent « tout à fait comme des hommes bien élevés »

* Edward Forbes (1815-1854), naturaliste et biologiste marin ; ces lignes, rédigées en 1845, tiennent compte des publications de Forbes, postérieures au voyage de Darwin.

sachant utiliser fourchette, couteau et cuillère et montrant un goût prononcé pour le sucre — l'infortuné révérend Matthews a-t-il bien voulu prendre le thé avec eux ? Après une journée consacrée au troc — peaux de guanacos et plumes d'autruches contre tabac, dont les Indiens sont friands —, le *Beagle* va mouiller dans un havre bien abrité. Près de là, « quelques Patagoniens ont allumé trois grands feux ; les Fuégiens ont fait de même sur la rive sud, plus éloignée. Nous ne sommes pas enchantés de voir ces signes de leur présence proche[2] ». Le 2 février, le vaisseau jette l'ancre dans un lieu de sinistre mémoire : Port Famine. Malgré un vent violent et un froid perçant, Charles entame à quatre heures du matin l'ascension du mont Tarn, haut de 800 mètres, pour avoir une vue des environs et compléter ses connaissances géologiques : « J'eus la chance de trouver quelques coquillages dans les rochers près du sommet », probablement les ammonites « trouvées dans l'ardoise près de Port Famine[3] », qu'il mentionne dans une lettre à Henslow. S'est-il également rendu sur la tombe de Pringle Stokes, à qui il doit indirectement sa présence en ce bout du monde ? Il n'y fait aucune allusion dans ses écrits.

Pendant tout le mois de février 1834, l'équipage du *Beagle* multiplie les relevés océanographiques dans le détroit de Magellan et les canaux de Patagonie, avant de revenir le 10 mars aux îles Falkland, où des gauchos mutinés viennent de massacrer une partie des Britanniques. Tandis que FitzRoy et le gouverneur Smith, qui a survécu, discutent du sort des prisonniers, Charles se passionne pour les minuscules corallines accrochées aux racines du varech, dont on ignore encore si elles appartiennent au règne animal ou végétal*. Début avril, le navire repart pour la Patagonie et l'embouchure du fleuve Santa Cruz, où FitzRoy a décidé d'échouer le navire pour inspecter la coque et le caréner. Pendant ces travaux, trois baleinières vont explorer le cours du Santa Cruz, non sans difficulté : le fleuve, parfaitement navigable, est en revanche animé d'un courant impétueux qui oblige les équipages à haler les embarcations depuis la rive, comme des bêtes de somme. Charles note que « le pays est partout le même et affreusement inintéressant », soulignant la monotonie et la rareté des espèces animales et végétales : « La malédiction de la stérilité pèse sur cette terre. Les eaux elles-mêmes, qui courent sur le lit de galets, ne contiennent pas le moindre poisson. » Les 25 et 26 avril, le paysage change enfin : le fleuve traverse un épais champ de lave, et le géologue en lui se réjouit. L'équipage est d'un tout autre avis : le Santa Cruz devient de plus en plus torrentiel, et les arêtes vives des blocs de lave percent les coques à plusieurs reprises. Le 5 mai, alors que la cordillère des Andes est en vue, constatant que les vivres diminuent — tous sont à demi-ration de biscuits — et que les signes de présence des Indiens se multiplient, le capitaine donne le signal du retour après dix-huit jours d'efforts épuisants. En trois jours seulement, grâce au courant, les baleinières rejoignent le *Beagle* « repeint de frais, ses mâts en place,

* En fait des algues, donc des végétaux ; la question sera tranchée en 1837 par le zoologiste germano-chilien Rodolfo Amando Philippi (1808-1904).

aussi pimpant qu'une frégate ». Si « presque tout le monde est mécontent de cette expédition : beaucoup de dur labeur, beaucoup de temps perdu sans avoir vu ni obtenu grand-chose », Darwin s'estime très satisfait, ayant pu observer de près « une si remarquable section de la grande formation moderne qu'est la Patagonie ».

Le 12 mai, le vaisseau a repris la mer afin de regagner l'entrée du détroit de Magellan. L'hiver austral sévit dans toute sa rigueur, et Charles remarque : « C'est assez éprouvant de travailler sur un navire où ne flambe aucun feu, et où le pont supérieur couvert de neige fondante est, pour ainsi dire, la porte d'entrée de votre habitation[4]. » Une nouvelle escale à Port Famine, le 1er juin 1834, présente l'endroit sous un jour encore plus sinistre : « Jamais je n'ai vu paysage plus triste et plus sombre. » Pour noircir encore le tableau, les Fuégiens se montrent particulièrement agressifs. Il faudra tirer au canon, puis à balles réelles au-dessus de leurs têtes, pour les tenir à distance.

Depuis quelques semaines, le *Beagle* semble suivre une route assez erratique et n'avoir d'autre but que de vouloir compléter à tout prix quelques détails de cartographie, cabotant entre les baies et les canaux de Patagonie sans jamais tenter de passer le cap Horn. Ainsi, le 12 mai, Charles note : « Nous avons pris la mer à la recherche d'un rocher (L'Aigle) qui se dresserait, dit-on, entre les Falkland et l'entrée du détroit de Magellan ; après une chasse infructueuse, nous avons jeté l'ancre le 16 au large du cap des Vierges. » Le 21 mai : « Ces jours derniers, nous avons louvoyé à l'entrée du détroit pour faire des sondages et rechercher les hauts-fonds (nous en découvrîmes un qui était un danger). » Bien piètre résultat après une dizaine de jours de navigation à haut risque en pleine tempête… Après une semaine démoralisante à Port Famine, le navire lève l'ancre le 8 juin au matin pour s'éloigner enfin de la Patagonie, mettant résolument cap à l'ouest, en direction de l'océan Pacifique. Il coupe au plus court, embouquant le canal Magdalena, « qui n'a été découvert que récemment et qui est très peu emprunté par des navires », puis l'étroit canal Cockburn, trop profond pour pouvoir y mouiller et où il faudra tirer des bords sans relâche entre des rochers menaçants pendant quatorze heures, par nuit noire. Au matin du 10 juin, le *Beagle* rejoint la pleine mer en passant entre « les Furies occidentales et orientales* ». Charles écrit que, « un peu plus au nord, le capitaine appela la mer la "Voie lactée" en raison du nombre de brisants. Il suffirait à un terrien de voir une côte comme celle-là pour rêver de mort, de danger et de naufrage pendant une semaine. »

Le *Beagle* navigue maintenant en eau libre, après avoir très largement contourné par le nord, via les canaux de Patagonie, le redoutable cap Horn, et Charles revit : pour lui, cette entrée dans le Pacifique est comme une libération. Mais très vite, rien ne va plus : le 27 juin, le commissaire de bord, George Rowlett, meurt de maladie ; « le lendemain, on lut le service funèbre sur le gaillard d'arrière et

* *Isla Furia* (Chili).

son corps fut mis à la mer. C'est un bruit d'une solennité terrifiante que celui des eaux qui se referment dans de grandes éclaboussures sur le corps d'un vieux camarade de bord. » Le soir même, le *Beagle* fait escale dans l'île de Chiloé avant de repartir trois semaines plus tard pour Valparaíso où l'aventure manque de tourner court : seule l'intervention énergique du second, Wickham, va empêcher le naufrage du capitaine et de l'expédition, comme Charles le révèle, dans son style chaotique habituel, à sa sœur Catherine :

Nous avons eu d'étranges péripéties à bord, qui heureusement se sont bien terminées pour tous. Le capitaine FitzRoy, pendant les deux derniers mois, a *énormément* travaillé, tout en étant ennuyé par de continuelles interruptions venant des officiers d'autres vaisseaux ; la vente de la goélette et ses conséquences furent très ennuyeuses*. La froideur avec laquelle l'Amirauté l'a traité (parce qu'il est tory**, je crois) et mille autres raisons ont altéré sa santé et l'ont fait beaucoup maigrir. La conséquence en a été un grand abattement et la perte de toute décision, de toute résolution... Malgré ce que Bynoe [le chirurgien] a dit, déclarant que cet état était dû à la fatigue consécutive à un tel travail et à son état physique, il ne s'est pas laissé convaincre et s'est fait porter malade : Wickham a été chargé du commandement. Wickham, d'après les instructions, ne pouvait qu'achever de reconnaître la partie sud, et était obligé de retourner immédiatement en Angleterre. Le chagrin à bord du *Beagle* à propos de la décision du capitaine était général et profond. Un des motifs de son ennui

* En Argentine, FitzRoy avait financé l'affrètement de deux goélettes, la *Paz* et la *Liebre*, afin de l'assister dans ses relevés hydrographiques ; en 1833, il achète, toujours à ses frais, une troisième goélette, l'*Adventure*. Alors que FitzRoy considérait que ces dépenses entraient dans le cadre de sa mission, l'Amirauté refusa de le rembourser. Arrivé à Valparaíso, il fut donc contraint de vendre à perte l'*Adventure*.

** FitzRoy revendiquait son appartenance au parti tory (conservateur), tandis que les whigs (libéraux) étaient alors au gouvernement.

était le sentiment de l'impossibilité dans laquelle il se trouvait de suivre ses instructions dans leur totalité.

Il ne lui vint jamais à l'idée que ses instructions mêmes lui ordonnent de relever la côte ouest *dans la mesure où il en a le temps* et de procéder ensuite à travers le Pacifique.

Wickham (abandonnant avec désintéressement sa promotion) soutint vivement cette manière de voir, disant que s'il prenait le commandement, rien ne le ferait retourner à la Terre de Feu, et il demanda au capitaine quel bien pourrait résulter de sa démission. Pourquoi ne pas faire ce qui était le plus utile, pour revenir ensuite, ainsi que cela avait été prescrit, par le Pacifique ? À la fin le capitaine céda, à la joie de chacun, et sa démission fut retirée.

Hourrah ! hourrah ! Il est décidé que le *Beagle* n'ira pas plus loin que le cap Tres Montes (à environ 200 milles au sud de Chiloé), et que de ce point à Valparaíso le travail ne durera pas plus de cinq mois.

Nous examinerons l'archipel des Chonos, entièrement inconnu, et la curieuse mer intérieure située derrière Chiloé. Pour moi, ce programme est parfait. Le cap Tres Montes est le point le plus méridional où l'intérêt géologique soit encore considérable ; l'examen en sera intéressant, car les couches modernes se terminent là. Le capitaine parle de traverser ensuite le Pacifique ; mais je crois que nous lui persuaderons de finir la côte du Pérou ; le climat est délicieux, le pays affreusement stérile, mais très intéressant à étudier pour un géologue. Pour la première fois depuis mon départ de l'Angleterre, la perspective du retour se dresse clairement devant moi et sans trop se noyer dans le lointain. La traversée du Pacifique, puis de Sydney en Angleterre, ne demandera pas beaucoup de temps.

Dès que le capitaine eut donné sa démission, j'étais déterminé à quitter le *Beagle*, mais c'était tout à fait ridicule, et en cinq minutes un renversement s'opéra dans mon esprit.

Pendant longtemps j'ai regretté et j'ai été affligé de la longueur interminable du voyage (pourtant je n'aurais jamais consenti à l'interrompre) ; mais dès l'instant où j'ai cru que tout était terminé, je ne pouvais m'habituer à l'idée du retour. Impossible d'abandonner les spéculations géologiques que j'avais édifiées pendant ces deux années. Durant toute une nuit, j'essayai de penser au plaisir que j'éprouverais en revoyant Shrewsbury ; mais les plaines arides du Pérou gagnèrent la partie. J'avais formé le dessein suivant (je crois que vous vous moquerez de moi et que, si je l'avais mis à exécution, mon père m'aurait fait décerner un mandat d'arrêt) : je devais visiter les Cordillères du Chili pendant cet été ; l'hiver, je serais allé de port en port sur la côte du Pérou jusqu'à Lima, pour me retrouver l'année prochaine à pareille époque à Valparaíso ; j'aurais traversé les Cordillères pour Buenos Aires, où je me serais embarqué pour rentrer en Angleterre. N'aurait-ce pas été une belle excursion ? et en seize mois j'aurais été réuni à vous. Il eût été pitoyable d'avoir enduré la Terre de Feu et de n'avoir pas vu le Pacifique[5]...

Même s'il avait réalisé cet ambitieux programme en solitaire, Darwin n'aurait accompli qu'un demi-tour du monde, peut-être suffisant pour établir son autorité future de géologue, mais qui l'aurait privé d'observations décisives pour élaborer ses théories sur le vivant. Sans l'entêtement de Wickham et son refus obstiné de faire demi-tour, le cheminement de la pensée scientifique aurait été différent.

Sur le dos du dragon

L'idée de Charles — traverser la cordillère des Andes, le « dos du dragon », véritable épine dorsale du continent sud-américain — n'est pas une simple chimère de géologue : dès qu'il débarque à Valparaíso, le 2 août 1834, il s'installe chez un ancien camarade de classe de Shrewsbury, Richard Corfield, établi comme négociant au Chili. Depuis cette base arrière, il organise une série d'expéditions afin de réaliser ce projet qui lui tient à cœur. Pendant plus d'un an, jusqu'au 7 septembre 1835, il va se consacrer à l'exploration des versants chilien et argentin des montagnes ou, pour s'exprimer autrement, des versants Pacifique et Atlantique, afin d'en observer les différences géologiques, climatiques, botaniques et faunistiques. Sans oublier d'étudier l'activité volcanique qui a modelé la région, sujet qui le passionne et dont il vivra en direct quelques épisodes marquants.

Le 14 août, il quitte Valparaíso pour une première expédition géologique, selon un itinéraire en boucle passant par Santiago du Chili, puis les contreforts des Andes, avant de rejoindre la côte

Pacifique pour la longer jusqu'à son point de départ. Après l'ascension de la montagne de la Campana, il atteint la crête la plus élevée, à près de 2 000 mètres :

> Nous avons passé la journée sur le sommet et jamais je n'ai connu de bonheur aussi total. Le Chili et ses limites, les Andes et le Pacifique, apparaissaient comme sur une carte. Le plaisir procuré par le paysage, superbe en lui-même, était rehaussé par les multiples réflexions provoquées par la simple contemplation de la chaîne principale, des plus petites qui lui sont parallèles et de la large vallée de Quillota qui les coupe en deux en ligne droite. Qui peut éviter d'admirer la puissance extraordinaire qui a soulevé ces montagnes, et plus encore les périodes innombrables qui ont dû être nécessaires pour fendre toutes ces masses rocheuses, les déplacer et les niveler[1] ?

Ces dernières lignes auraient pu être écrites par Lyell, tant elles sont dans le droit fil des théories du géologue.

Autres curiosités géologiques découvertes par Darwin lors de ce premier contact avec les cordillères, les mines de cuivre et d'or, exploitées de manière fort primitive : dans certaines, en l'absence de tout système de pompage, « ce sont des hommes qui évacuent l'eau en la remontant du puits sur leur dos dans des peaux ! ». En chemin, il fait étape aux sources chaudes de Cauquenes, réputées pour leurs vertus médicinales, où il prélève des échantillons d'eau et de gaz qu'il fera parvenir à Henslow. Seule ombre au tableau, il tombe malade et doit demander une voiture pour rentrer à Valparaíso où il gardera le lit pendant un mois. Heureusement pour lui, « très obligeamment, le capitaine FitzRoy retarda le départ du navire jusqu'au 10 novembre, date à laquelle je fus tout à fait rétabli ». FitzRoy tient surtout un prétexte pour prolonger son propre repos, après la période de dépression qu'il vient de traverser...

Fin novembre, sous un beau soleil printanier, le *Beagle* arrive dans le port de San Carlos, la ville principale de l'île de Chiloé, où il avait déjà fait escale quelques mois plus tôt. Bientôt, des torrents de pluie s'abattent sur l'île dont, selon le mot de Charles, « seul un animal amphibie pourrait supporter le climat ». L'endroit a tout de même un intérêt tout particulier pour un géologue : l'île offre un point de vue remarquable sur trois volcans en activité de la Cordillère, dont le volcan d'Osorno et le majestueux Corcovado.

Le 19 janvier 1835, alors que le *Beagle* effectue des relevés des côtes, rectifiant des erreurs importantes — l'on avait précédemment attribué à Chiloé trente milles de trop en longueur —, le volcan d'Osorno entre en éruption : « À minuit, la sentinelle remarqua quelque chose qui ressemblait à une grande étoile qui grossit peu à peu jusqu'à trois heures [...]. C'était un spectacle magnifique. À l'aide d'une longue-vue, on pouvait voir, au milieu d'une grande lumière rouge aveuglante, des objets sombres qui jaillissaient vers le ciel puis retombaient d'une manière ininterrompue. Il y avait assez de lumière pour projeter sur l'eau un long reflet brillant. »

Le 4 février, le *Beagle* quitte Chiloé pour Valdivia, sur la côte chilienne, qu'il atteint le 8. Charles parcourt la région en compagnie d'un guide local parlant couramment la langue indienne. Le

20 février, « journée exceptionnelle dans les annales de Valdivia en raison du tremblement de terre le plus grave dont se souviennent les habitants les plus âgés. [...] J'étais à terre, allongé dans la forêt pour me reposer, quand il survint soudainement et dura deux minutes (mais il me parut beaucoup plus long). [...] Un tremblement de terre comme celui-ci détruit instantanément les associations les plus anciennes ; le monde, symbole même de toute solidité, bouge sous nos pieds comme une croûte sur un fluide ; en une seule seconde vient à l'esprit une idée bizarre d'insécurité, que des heures de réflexion ne feraient jamais naître[2]. » L'image forte de la « croûte sur un fluide » traduit une intuition fulgurante très en avance sur son temps : l'idée de « tectonique des plaques », selon laquelle la croûte terrestre flotte littéralement sur un magma en fusion, ne sera exprimée qu'en 1912 à travers la théorie de la dérive des continents, puis confirmée seulement dans les années 1960. Bel exemple de la méthode observationnelle chère à Darwin, qui privilégie le constat des faits tels qu'ils se produisent au lieu d'essayer de les faire cadrer avec une théorie préexistante.

Le 4 mars, le *Beagle* entre dans Tahualcano, le port de Concepción. Stupéfait, Charles découvre les ravages provoqués par le tremblement de terre du 20 février : à Concepción, pas une maison n'est restée debout, la cathédrale n'est plus qu'un amas de gravats*, et les ruines de Tahualcano ont été

* Capitale régionale et 2e ville du Chili, Concepción avait déjà été détruite par un séisme et un tsunami en 1751.

emportées par un raz-de-marée : « À deux cents yards de la plage et en pleine ville gît une belle goélette, témoin très étrange de la puissance de la vague. » Plus de dix jours après le séisme, la ville est encore secouée par de fréquentes et vives répliques. FitzRoy, qui s'est rendu sur l'île Santa Maria, à trente milles de distance, signale à Charles que « des bancs de moules en putréfaction adhérant encore au rocher » s'y trouvent maintenant « à dix pieds au-dessus de l'élévation des plus grandes marées », alors que les habitants « avaient auparavant l'habitude de plonger à la marée basse pour se procurer ces coquillages ». Il en déduit que les coquillages marins qui abondent dans certaines plaines autour de Valparaíso à des altitudes de 1 300 pieds ont été amenés à cette hauteur par « de petits soulèvements successifs, tels que celui qui a accompagné ou qui a causé le tremblement de terre de cette année ».

Profitant d'un bref aller-retour du *Beagle* à Valparaíso, Charles s'installe à nouveau chez son ami Corfield le 12 mars 1835. Il s'empresse d'organiser le voyage dont il rêve depuis longtemps : passer du Chili à l'Argentine par les cols de la Cordillère, afin d'observer, côté argentin, la zone de transition entre la montagne et la pampa — ce qu'il n'avait pu faire l'année précédente lors de la remontée du río Santa Cruz, interrompue alors qu'il avait l'impression de toucher au but. Pressé par le temps — l'automne vient de commencer et les premières chutes de neige ne vont pas tarder —, il part pour Mendoza, en Argentine, dès le 18 mars, en compagnie de son guide Mariano González, qui l'avait accompagné lors de sa première expédition à la vallée de Quillota, d'un muletier, de dix mules et d'une jument. Devant les signes avant-coureurs indiscutables de l'hiver et la difficulté du trajet — près de quatre cent cinquante kilomètres par des pistes impossibles —, le convoi presse l'allure « plus qu'il ne seyait à la géologie » lors de la longue ascension vers le col de Piuquenes, à 4 030 mètres d'altitude, dans un air raréfié qui oblige les mules à s'arrêter pour souffler tous les cinquante mètres. Darwin repère, sur la plus haute crête, des coquillages fossiles, découverte qui l'enthousiasme au point d'oublier les désagréments de la *puna*, le mal des montagnes. Le 23 mars, le versant argentin est atteint : « La descente est beaucoup plus courte et donc plus raide que celle de l'autre côté, c'est-à-dire que les cordillères s'élèvent plus abruptement des plaines que de la région alpestre du Chili. » Bien vite, il constate que les plantes, les buissons épineux, les oiseaux et les insectes sont les mêmes qu'en Patagonie et se rend à l'évidence : il n'y a pas de zone de transition. Il note : « J'ai toujours considéré comme regrettable que nous ayons été inévitablement forcés de renoncer à remonter le fleuve Santa Cruz avant d'atteindre les montagnes. J'avais toujours le secret espoir de me trouver face à de grands changements dans la physionomie du pays ; j'ai maintenant la certitude que cela aurait simplement été comme de parcourir les plaines de Patagonie. » La chevauchée vers la ville de Mendoza, atteinte le 28 mars, lui confirme qu'il n'y a qu'« un seul type de paysage depuis le détroit de Magellan jusqu'à une certaine distance au nord de Bahía Blanca », soit sur plus de deux mille kilomètres, et qu'il en va de même pour la faune et la flore, partout identiques. Cependant, lors d'une étape près du village de Luján, il fait fâcheusement connaissance avec deux fléaux jusque-là évités, les criquets, presque aussi nombreux et voraces qu'en Orient, et la *vinchuca**, « l'énorme punaise noire de la pampa » : « Il est absolument répugnant de sentir ces insectes mous, sans ailes, d'environ un pouce de long, qui se promènent sur vous ; avant de sucer, elles sont toutes maigres, mais après elles sont rondes et gorgées de sang. » Plus grave, elles peuvent transmettre une trypanosomiase chronique, la maladie de Chagas, qui s'attaque au cœur et au tube digestif.

De Mendoza, Charles repart vers le nord par Villavicencio puis la chaîne d'Uspallata, dont il remarque : « En chemin, peu avant d'atteindre le plateau, on a une vue tout à fait extraordinaire : il y a des roches sédimentaires toutes blanches, rouges, violettes et vertes, et des laves noires ; ces strates sont interrompues par des collines de porphyre de toutes les nuances de brun et de lilas très vif. Tout cela faisait de ces montagnes les premières que je voyais qui littéralement ressemblaient à une coupe géologique colorée. »

Après un passage au pied du massif de l'Aconcaga et le franchissement du col de La Cumbre** à plus de 3 800 mètres d'altitude, Charles rejoint Santiago du Chili le 9 avril, puis revient à Valparaíso le 15. Il note que, pendant toute cette période,

* *Triatoma infestans*, insecte piqueur hématophage d'Amérique tropicale de la famille des punaises ; ses larves sont, en effet, dépourvues d'ailes.

** Également nommé col d'Uspallata et col Bermejo.

« [il] n'[a] pas été très bien et [...] n'[a] rien vu et rien admiré » — première conséquence des piqûres de *vinchucas* ? Le 23, il se rend à bord du *Beagle*, qui vient d'arriver au port avant de repartir pour Copiapó, vers le nord. Il est convenu que Charles l'y rejoindra par la voie terrestre — un voyage de presque huit cents kilomètres, qu'il entame le 27 avril, toujours en compagnie de Mariano González, dont il semble fort satisfait des services.

Longeant le pied des Andes, il atteint des zones de plus en plus arides et remarque : « Il y a quelque chose d'assez curieux dans la manière dont la végétation *sait* quelle quantité de pluie attendre. » Au passage, il s'attarde dans la région minière de Los Hornos, particulièrement riche en filons de cuivre, d'or et de mercure. Près de Coquimbo, il visite les mines d'Arqueros, notant que le minerai d'argent « se trouve toujours avec des sulfates blancs de baryte ». Plus loin, il part à la recherche de « haricots fossilisés » qu'on lui a signalés près du confluent de deux torrents, et qui ne sont que de « petits cailloux de quartz blanc ». Avant d'arriver à Copiapó le 12 juin, il fait un crochet par les vastitudes du désert d'Atacama, l'endroit le plus aride de la planète : « Nous avons chevauché tout le jour à travers des étendues sans intérêt ; je suis las de répéter encore les adjectifs nu et stérile. Mais dans l'usage courant ces mots impliquent une comparaison. Je les ai toujours appliqués aux plaines de Patagonie, où l'on trouve pourtant des buissons épineux et quelques herbes sèches piquantes : comparée à ce qu'on voit ici, c'est une végétation luxuriante. » Fin juin, une nouvelle incursion dans les cordillères l'amène jusqu'aux salines de Maricunga, à 3 800 mètres d'altitude, où le vent violent fait régner un froid glacial, dont il souffre « au point de ne pas pouvoir dormir ».

De retour à Copiapó le 4 juillet, il loge chez un compatriote, M. Bingley, exportateur de cuivre et gérant d'une hacienda, puis se rend sur la côte, au port de Caldera où l'attend le *Beagle*. Le 6, le navire prend la mer vers le nord, franchit le tropique du Capricorne le 10 et fait escale à Iquique deux jours plus tard. La ville, misérable, ne vit que grâce à une exploitation de salpêtre, que Darwin s'empresse de visiter, traversant pour s'y rendre « un désert total, absolu », la route étant « jonchée des os et de la peau des mules et des baudets morts ». Indifférent à ce décor macabre, mais naturaliste dans l'âme, il observe avec intérêt une espèce « de lichen jaune extrêmement petit, poussant sur les ossements des mules ». Sur place, il découvre que « la mine consiste en une couche fort dure, ayant 2 ou 3 pieds d'épaisseur ; l'azotate s'y trouve mélangé à une grande quantité de sel commun. [...] Il est évident, d'après la configuration du terrain, que ce devait être autrefois un lac ou, plus probablement, un bras de mer ; la présence de sels d'iode dans la couche saline tendrait à confirmer cette dernière supposition. Cette plaine se trouve à 3 300 pieds au-dessus du niveau de l'océan Pacifique. » Ajoutées à ses observations précédentes, ces constatations le confirment dans l'hypothèse d'une lente émergence des fonds marins comme origine des plaines d'altitude.

Le 19 juillet, le *Beagle* mouille à Callao, au Pérou, « petit port de mer, sale, mal construit, des plus misérables », dont les habitants donnent à Charles « l'impression d'une bande d'ivrognes dépravés ». Et de conter la mésaventure survenue à des Européens : « Il y a peu de temps de cela, M. Wilson le consul général, lord E. Clinton et un Français furent attaqués lors d'une sortie à cheval par un groupe de soldats, des voleurs qui les dévalisèrent si complètement qu'ils revinrent tout nus, mis à part leur caleçon. Les voleurs étaient animés d'un ardent patriotisme : ils agitaient le drapeau péruvien aux cris alternés de "*Viva la Patria !*", "Donne-moi ta veste !", "*Libertad, libertad !*", "Quitte ton pantalon !". » Malgré ces mises en garde, il se rend tout de même à Lima, qu'il juge « dans un triste état de décrépitude », mais dont il garde deux souvenirs éblouis : un fruit nouveau pour lui, le chirimoya*, dont le goût « tout à fait délicieux » défie selon lui toute tentative de description ; et les dames de la ville, célèbres pour leur beauté et leur sens très particulier de l'élégance : « La robe souple et ajustée moule le corps et oblige les dames à marcher à petits pas, ce qu'elles font très élégamment, révélant des bas de soie très blancs et de très jolis pieds. Elles portent un voile de soie noire, qui est fixé à la taille dans le dos, ramené autour de la tête et retenu par les mains devant le visage, ne laissant qu'un seul œil découvert. Mais alors cet œil unique est si noir et si brillant, et

* Ou chérimolier, variété d'annone, dont le goût change selon la maturité aussi fortement que celui d'une banane.

possède de tels pouvoirs de mobilité et d'expression, que son effet est très puissant. » Et d'ajouter, visiblement sous le charme : « Elles valent certainement plus la peine qu'on les regarde que toutes les églises et tous les bâtiments de Lima. » Le naturaliste aurait-il découvert une espèce nouvelle, digne d'intérêt au plus haut point ?

Tout comme une bonne partie de l'Amérique latine à la même époque, le Pérou est en proie à des désordres récurrents — le président ne tardera pas à être renversé et fusillé. Par conséquent, toute excursion au-delà des limites des villes est interdite, et Charles ne peut guère randonner que dans l'île aride de San Lorenzo, où il remarque néanmoins quelques cryptogames* intéressants. Avec quelques négociants de la capitale, il participe à une chasse au cerf et visite en chemin les ruines d'un ancien village indien, ce qui lui donne « une haute idée de la civilisation et du nombre de l'ancienne population ».

Après sept semaines d'inaction, Charles note avec plaisir, le 7 septembre, que le *Beagle* vient enfin d'appareiller, destination les Galápagos. Le 15, il atteint cet archipel d'une quarantaine d'îles volcaniques proche de l'équateur, à mille kilomètres au large des côtes sud-américaines. Le 17 au matin, Charles débarque sur l'île Chatham**, et sa première impression est tout à fait négative : « Rien de moins attrayant que l'aspect de cette île. Une

* Organisme végétal dont les organes reproducteurs sont dissimulés ou peu visibles.

** Ou île San Cristóbal, aujourd'hui siège de la capitale provinciale, Puerto Baquerizo Moreno.

coulée de lave basaltique noire, à la surface extrêmement rugueuse, traversée çà et là par d'immenses fissures, est partout recouverte d'arbrisseaux rabougris, brûlés par le soleil et qui semblent à peine pouvoir vivre. La surface, écailleuse à force d'être sèche, surchauffée par les rayons d'un soleil ardent, rend l'air lourd, étouffant, comme celui qu'on pourrait respirer dans un four[3]. » Remarquant que même les plantes semblent avoir une odeur désagréable, il rappelle que « le pays fut comparé à ce que nous pourrions imaginer que sont les parties cultivées des régions infernales ». Bientôt, il rencontrera les « diablotins des ténèbres » qui hantent cet autre monde, sans savoir que, grâce à eux et quelques autres animaux tout aussi étranges et parfois uniques, il va être le premier à effectuer des observations dont il ne réalisera que plus tard la portée.

Retour par les antipodes

« Le lac est tout à fait circulaire et bordé de plantes grasses d'un vert vif ; les flancs du cratère sont abrupts et boisés, si bien que l'ensemble a un aspect plutôt joli. Il y a quelques années de cela, dans ce lieu tranquille, l'équipage d'un phoquier assassina son capitaine. Nous vîmes son crâne dans les buissons » : dans un décor et une ambiance dignes d'une histoire de pirates, les Galápagos offrent à Charles un terrain de chasse extraordinaire. Le spectacle évoque la jeunesse de la terre : les îles constellées de cratères volcaniques — « Je n'hésite pas à affirmer qu'il y a deux mille cratères au moins dans l'archipel entier » —, dont certains très actifs*, sont presque exclusivement peuplées de reptiles terrestres et marins : lézards, serpents, tortues géantes, et des centaines de milliers d'iguanes. Peu d'oiseaux, encore moins d'insectes, un seul mammifère indigène (une souris), mais partout les hideux « diablotins des ténèbres » aux écailles noires et rouges, dont les troupes compactes montent

* La dernière éruption du volcan de La Cumbre (environ 1 500 m d'altitude), sur l'île de Fernandina, s'est produite en 2009.

la garde sur les rochers en bord de mer. Son impression générale est que « le géologue, en considérant ce qui se passe dans l'archipel des Galápagos, se trouvera probablement malgré lui reporté à l'époque secondaire, alors que des lézards, les uns herbivores, les autres carnivores, [...] habitaient en quantité innombrable la terre et la mer ».

Sur le moment, Charles se livre à quelques facéties sous prétexte d'observation scientifique : il s'amuse à voyager à dos de tortue (« si l'on frappe alors sur la partie postérieure de leur écaille, la tortue se relève et s'éloigne ; mais il est très difficile de se tenir debout sur elle quand elle marche »), jette à l'eau de force les iguanes marins (« j'en jetai un plusieurs fois de suite, aussi loin que je le pus, dans un étang profond qu'avait laissé la mer en se retirant ; il revint invariablement en ligne droite à l'endroit où je me tenais ») et observe à sa manière la technique de l'iguane terrestre pour creuser son terrier : « J'en ai examiné un pendant longtemps, jusqu'à ce que la moitié de son corps ait disparu dans le trou ; je m'approchai alors de lui et le tirai par la queue. Il sembla fort étonné de ce procédé et sortit du trou pour voir ce qu'il y avait ; il me regarda alors bien en face comme s'il voulait me dire : pourquoi diable me tirez-vous la queue ? »

Vers la fin du mois d'octobre, alors que le *Beagle*, après avoir cartographié l'archipel, fait voile vers Tahiti, Charles estime avoir recensé de manière quasi exhaustive la faune et la flore des Galápagos :

J'ai collecté assidûment tous les animaux, insectes, reptiles et plantes de cette île. En les comparant plus tard, il sera très intéressant de découvrir à quel district ou « centre de création » il faut rattacher les êtres organisés de cet archipel[1].

Cette idée, pour la première fois clairement exprimée, de plusieurs « centres de création », montre à quel point Charles, à travers la multiplication des observations depuis son départ d'Angleterre, s'éloigne de la théorie d'une création unique voulue par la « Providence ».

En trois semaines à peine, poussé par les vents alizés, le *Beagle* parcourt les trois mille deux cents milles qui le séparent de Tahiti, atteint le 15 novembre. En apercevant l'archipel des Tuamotu, sa première vision est plutôt défavorable, jugeant que les îles « ont un aspect très inintéressant : une longue plage d'un blanc éclatant est couronnée par la ligne basse et brillante de la végétation ». Tahiti, vu du large, ne le séduit guère plus : « Son aspect n'était pas très engageant ; la végétation luxuriante de ses parties basses était impossible à distinguer et le centre montrait, entre les nuages qui défilaient, les pics les plus sauvages et les plus escarpés que l'on pût imaginer. » Une fois à terre, son opinion change du tout au tout : les Tahitiens sont « joyeux, rieurs, prêts à nous recevoir », « l'hospitalité est ici universelle ». La richesse et la générosité de la végétation le stupéfient : « Même les taillis sont des arbres fruitiers. »

Le 17 novembre, Charles remarque qu'il n'y a pas de 16 novembre dans le livre de bord : « En nous avançant de plus en plus vers l'est, nous avons gagné un jour. » Le lendemain, il part explorer les montagnes de l'île en compagnie de deux guides.

Entre cascades et ravins, le petit groupe escalade des parois à pic et progresse sur d'étroites corniches au-dessus du précipice « qui devait avoir de 500 à 600 pieds de profondeur au moins ; si les fougères et les lys n'avaient pas en partie dissimulé cet abîme, j'aurais eu le vertige et rien n'aurait pu me décider à franchir ce dangereux passage ». Ce soir-là, il parvient, ce dont il est très fier, à allumer du feu à la manière tahitienne, en frottant un bâtonnet de bois d'hibiscus dans la rainure d'une autre pièce de bois jusqu'à inflammation, et découvre la cuisine à l'étouffée sur pierres chaudes. Au menu du dîner, bœuf, poisson, bananes vertes et mûres, le tout relevé d'arum sauvage et préparé en petits paquets enveloppés de feuilles de bananier.

À l'issue de son séjour dans l'île, Charles va rédiger un hommage appuyé et très anglocentrique au travail des missionnaires, rappelant que « l'introduction du christianisme a aboli les sacrifices humains et le pouvoir d'un clergé idolâtre », évoquant la fin des guerres tribales sanglantes, des infanticides rituels, la réduction significative de « la malhonnêteté, l'intempérance et la licence des mœurs ». Condamnant les anciennes pratiques cannibales, il ajoute : « C'est de la basse ingratitude de la part d'un voyageur que d'oublier ces choses ; au moment du naufrage sur quelque côte inconnue, il priera avec la plus grande ferveur pour que la leçon du missionnaire soit parvenue aussi loin... »

Après que le capitaine FitzRoy est parvenu à régler quelques délicates questions diplomatiques avec la souveraine de Tahiti, la reine Pōmare IV, à la suite du pillage d'un navire anglais deux ans auparavant, le *Beagle* quitte l'île le 26 novembre au soir, « par une petite brise de terre », pour sa prochaine étape, la Nouvelle-Zélande, où il ne restera qu'une dizaine de jours, du 21 au 30 décembre. D'emblée, Charles n'a aucune sympathie pour ce pays dont les côtes, vues de loin, lui rappellent la Terre de Feu ou Chiloé, ce qui n'est pas un compliment. À terre, il découvre que « le pays est tout à fait impraticable », les indigènes des gens sans aveu qui ont « dans l'œil une lueur qui ne peut qu'indiquer la ruse et la férocité » et semble dire « nous vous tuerons et vous mangerons tous » et, de plus, « leur personne et leurs maisons sont très sales et émettent une odeur horrible ». Les habitants du principal port de l'île, Kororareka*, ne trouvent pas plus grâce à ses yeux : « En plus d'une population indigène considérable, il y a de nombreux résidents anglais. Ceux-ci sont du genre le plus vil, et parmi eux, il y a de nombreux forçats en fuite échappés de la Nouvelle-Galles du Sud. Il y a de nombreux débits d'alcool et la population entière s'adonne à la boisson et à toute sorte de vices. » Mais ne voit-il pas la région à travers le prisme déformant du mal du pays, de plus en plus vif maintenant que le *Beagle* a entamé son retour ? Mal du pays qui lui fait écrire dans son *Journal* : « À Paihia, il était très agréable de voir sur les terrasses devant les maisons tant de fleurs anglaises : il y avait des roses de toute sorte, du chèvrefeuille, du jasmin, des giroflées et des haies entières d'églantiers odorants. » À l'exception des immenses pins

* Aujourd'hui Russell.

kauris, qui peuvent vivre jusqu'à deux mille ans, et des fougères arborescentes, la flore, la faune et la géologie du pays n'ont guère retenu son attention.

Après avoir confié le révérend Matthews aux bons soins de son frère Joseph, missionnaire à Kaitaia, le *Beagle* traverse la mer de Tasman pour rejoindre l'Australie et jette l'ancre le 12 janvier 1836 dans la baie de Sydney. Charles est d'emblée conquis par la métropole australienne : « C'est un témoignage absolument magnifique de la puissance de la nation britannique ; ici, dans un pays moins prometteur, des décennies ont accompli mille fois plus que des siècles en Amérique du Sud. Mon premier sentiment a été de me féliciter d'être né anglais. » Une longue excursion dans l'intérieur, jusqu'à la ville de Bathurst, va tempérer son enthousiasme : si les spectaculaires formations géologiques des Blues Mountains l'intriguent — ont-elles été creusées par l'érosion ou modelées par une mer disparue ? —, la société australienne le laisse perplexe : « La communauté tout entière se divise en partis pleins de rancœur sur presque tous les sujets. [...] Une grande jalousie règne entre les enfants des riches forçats libérés et les colons libres, les premiers ayant tendance à considérer les honnêtes gens comme des intrus. Tous les habitants, riches et pauvres, sont résolus à s'enrichir. Les ordres supérieurs de la société sont intéressés avant tout par la laine et l'élevage des moutons. Que la littérature soit au plus bas, les librairies vides en sont le témoignage marquant. » Sinon, de monotones forêts d'eucalyptus, peu d'oiseaux, peu de kangourous, mais heureusement quelques ornithorynques : « Le soir au crépuscule je partis flâner le long d'un chapelet d'étangs, qui dans ce pays sec représente le cours d'une rivière, et j'eus la bonne fortune de voir plusieurs spécimens du fameux *Platypus*, ou *Ornythorhyncus paradoxycus*. Ils plongeaient et jouaient à la surface de l'eau ; mais ne laissaient voir que très peu de leur corps, si bien que l'on aurait pu les prendre pour des rats d'eau. M. Browne en tira un ; c'est certainement un animal des plus extraordinaires. » À cette époque, la notion d'espèce protégée n'existait pas...

Atteinte le 5 février, la verdoyante Tasmanie ne le séduit guère. Tandis que le vaisseau mouille dans la baie des Tempêtes — « le temps justifiait ce nom épouvantable » —, Charles visite Hobart et juge l'ancienne colonie pénitentiaire « très inférieure à Sydney ». Le séjour se prolongeant avec le mauvais temps, il gravit le mont Wellington dominant la ville, puis accomplit deux excursions à cheval en compagnie d'un certain Frankland, géomètre en chef, « dans le but d'étudier la conformation géologique de l'île ». Il remarque la présence de « couches contenant beaucoup de fossiles appartenant à la période dévonienne ou carbonifère » et « la preuve d'un petit soulèvement du sol à une date récente ». D'autre part, apprenant que l'île a été « débarrassée de toute population indigène », les derniers aborigènes ayant été déportés dans une île en 1835, il hésite entre approuver ce qu'il appelle « une mesure cruelle », mais qui a ramené la paix après « une terrible succession de vols, d'incendies et de meurtres », et dénoncer la responsabilité des colons : « J'avoue que tous ces maux et toutes leurs conséquences ont été probablement causés par l'infâme conduite de quelques-uns de nos compatriotes. » Paradoxalement, il conclut de ce bref séjour en Tasmanie : « Si j'étais contraint d'émigrer, je choisirais certainement cet endroit : le climat et le paysage suffiraient presque à emporter ma décision. En outre, cette colonie est bien gouvernée : dans cette population de bagnards, il n'y a certainement pas *plus* de délits — et peut-être y en a-t-il *moins* — qu'en Angleterre*. »

Du 17 février au 6 mars, le *Beagle* traverse un large secteur de l'océan Indien pour rejoindre la baie de King George Sound, superbe port naturel en eau profonde, à la pointe sud-ouest de l'Australie. Il n'y a là qu'une modeste colonie « composée de 30 à 40 petites maisons blanchies à la chaux éparpillées sur une pente et le long d'une plage blanche ». L'avenir de la colonie le laisse perplexe**, avec un sol partout sablonneux et stérile et des habitants qui semblent vivre de l'air du temps : « Ils ne prennent même pas la peine de pêcher le poisson qui abonde dans la baie. En vérité, je ne comprends pas ce qu'ils font ni ce que sont leurs intentions. » Bref, les huit jours qu'il passe là sont « les plus désagréables de tout notre voyage », et il n'en retient que deux faits saillants : une excursion en compagnie de FitzRoy au cap Bald Head, pour examiner une curiosité géologique*** ressemblant à une forêt pétrifiée que l'érosion a dégagée de roches

* C'est Darwin qui souligne.

** La colonie deviendra la ville portuaire d'Albany.

*** Le site de Bald Head est aujourd'hui inclus dans le parc national de Torndirrup ; aucune formation de ce type n'est signalée dans ce parc.

plus tendres, et un *corroboree*, soirée de danses traditionnelles aborigènes. Le cérémonial lui paraît parfaitement barbare, mais il en retient que « tout le monde semblait de fort bonne humeur[2] ».

Le 14 mars, le *Beagle* s'éloigne définitivement de l'Australie, qui tout compte fait n'inspire à Charles que ces lignes sans concession : « Adieu Australie ! […] vous êtes trop grande et trop ambitieuse pour qu'on puisse vous aimer, mais vous n'êtes pas encore assez puissante pour qu'on vous respecte. Je vous quitte donc sans chagrin et sans regrets[3]. »

Le 1er avril, l'archipel des îles Cocos (Keeling) est en vue. Autant les Tuamotu avaient laissé Charles indifférent, autant les Cocos retiennent son attention. Entretemps, à Tahiti, il a commencé à réfléchir au processus géologique très particulier qui préside à la formation des lagons. Ainsi, le 4 avril, il note : « Toute la journée, je me suis occupé à étudier la structure et l'origine très intéressantes et pourtant simples de ces îles. La mer étant exceptionnellement plate, je m'avançai dans l'eau jusqu'aux monticules de corail vivant sur lesquels se brise la houle venue du large. » Il les étudie même de si près qu'il découvre à ses dépens la faculté urticante de certains « coraux de feu » : « Je ressentis une douleur immédiate ; cette douleur augmenta […] après quelques secondes, continua assez vive pendant quelques minutes et était encore perceptible une demi-heure après. La douleur était aussi vive que celle que l'on ressent quand on a été piqué par une ortie […] ; sur la peau du bras apparurent de petits boutons rouges qui semblaient devoir se transformer en pustules, ce qui n'arriva pas. »

Pendant une dizaine de jours, il s'intéresse à la faune et à la flore très particulières des îles, relevant que la majorité des plantes proviennent de graines apportées par l'océan depuis Java et Sumatra ; il est fasciné par la spécialisation des pinces du crabe des cocotiers, capable d'ouvrir une noix de coco avec ses grosses pinces, puis d'en extraire la chair avec ses pinces fines. Mais, surtout, il commence à élaborer sa théorie de la formation des atolls coralliens, qu'il développera dans un ouvrage qui fera date, *The Structure and Distribution of Coral Reefs* (*Les Récifs de corail, leur structure et leur distribution*), publié en 1842. À la date du 12 avril 1836, il note dans son *Journal* :

Le capitaine FitzRoy a jeté une sonde de 7 200 pieds de long à une distance d'à peine plus d'un mile du rivage sans en atteindre le fond. Il nous faut donc considérer cette île comme le sommet d'une haute montagne. Ce qui est tout à fait incertain, c'est jusqu'à quelle profondeur et sur quelle épaisseur s'étend l'œuvre de l'animal corail. Si l'on tient pour véridique l'opinion suivant laquelle les polypes qui fabriquent de la roche continuent à bâtir en hauteur à mesure que les fondations de l'île, dues à l'action volcanique, s'affaissent par degrés échelonnés, alors probablement le calcaire corallien doit être d'une grande épaisseur. On voit dans le Pacifique certaines îles, comme Tahiti et Moorea, qui sont entourées d'un récif de corail séparé du rivage par des chenaux et des bassins d'eau calme. [...] Si donc on imagine qu'une telle île s'affaisse de quelques pieds, après de longs intervalles successifs, d'une manière semblable au continent de l'Amérique du Sud, mais avec un mouvement opposé*, le corail continuerait

* Comprendre : un mouvement d'enfoncement, à l'inverse du soulèvement constaté par Darwin en Amérique du Sud, mais d'ampleur comparable (quelques décimètres à chaque séisme).

à se développer vers le haut depuis les fondations du récif encerclant. Au fil du temps, la terre qui est au centre s'enfoncerait au-dessous du niveau de la mer et disparaîtrait, mais le corail aurait achevé sa muraille circulaire. Ne devrions-nous pas alors avoir une île-lagon ? Dans cette perspective, il nous faut considérer une île-lagon comme un monument élevé par des myriades de minuscules architectes, pour indiquer l'endroit où se trouvait une terre aujourd'hui engloutie dans les profondeurs de l'océan[4].

Les constatations effectuées en Amérique du Sud avaient confirmé le bien-fondé des théories de Lyell en mettant en évidence l'importance du facteur temps. Avec la formation des récifs coralliens, Charles va plus loin en montrant qu'un animal miniature, en l'occurrence le polype, est capable, là aussi avec l'aide du temps, de fabriquer des roches en quantités telles qu'il parvient à modifier la géologie, et la géographie, de certains lieux de la planète. La nature dans son état actuel est le fruit d'une série de longues évolutions : « Nous pouvons donc, comme un géologue qui aurait vécu dix mille ans, en ayant soin de tenir note des changements qui se seraient effectués pendant sa vie, apprendre à connaître le grand système en vertu duquel la surface du globe s'est si profondément modifiée, et la terre et les eaux [ont] changé si souvent de place. » Faut-il ajouter que ce passage constitue une réfutation directe de la Genèse selon la Bible prise à la lettre ? Ces lignes sont d'autant plus révélatrices de l'évolution de la pensée de Darwin qu'elles étaient absentes de la première édition du *Voyage d'un naturaliste* en 1839, mais figurent dans l'édition de 1845.

Lors de l'escale à l'île Maurice, du 29 avril au 9 mai, Charles retrouve l'empreinte de la culture européenne, surpris du goût des habitants pour le théâtre et l'opéra et « de voir de grandes librairies bien garnies : la musique et la lecture indiquent que nous nous rapprochons de l'ancien monde de la civilisation ». Touche d'originalité : il parcourt une partie de l'île à dos d'éléphant, l'animal, le seul de l'île, appartenant au capitaine Lloyd, hydrographe général, et remarque que « c'est la démarche parfaitement silencieuse qui m'a surpris le plus. Toute la promenade sur le dos d'un animal aussi magnifique fut passionnante ».

La prochaine étape sera le cap de Bonne-Espérance. Après être passé en vue de la pointe sud de Madagascar, le *Beagle* mouille le 31 mai au soir devant Simonstown, au sud-ouest du Cap. Comme à son habitude, Charles visite la ville puis excursionne dans l'arrière-pays, qu'il trouve d'une lassante monotonie. En revanche, il est bien accueilli par la communauté scientifique de la ville, rencontrant le docteur Andrew Smith, de retour « d'une expédition extrêmement intéressante au-delà du tropique* », sir Thomas Mac Lear, astronome royal, directeur de l'observatoire du Cap, le lieutenant-colonel Bell, secrétaire colonial, adjoint — et beau-frère — du gouverneur. Surtout, il a le privilège d'être reçu à plusieurs reprises par l'astronome sir John Herschel, installé en Afrique du Sud pour étudier les étoiles et les constellations du ciel austral.

* Il venait d'accomplir une longue mission d'exploration en Afrique centrale.

Quelques mois avant son départ, Charles avait dévoré son ouvrage *A Preliminary Discourse on the Study of Natural Philosophy**, tout juste publié. Il éprouve « une grande curiosité de voir le grand homme » et notera après leur rencontre : « Ce dernier événement fut le plus mémorable dont, pendant une longue période, j'eus la bonne fortune de me réjouir. » Hélas, s'il s'étend longuement, dans une lettre à Henslow, sur le bon accueil et les talents de jardinier de l'astronome, rien n'est dit du contenu de leurs conversations. Dommage : Charles écrira plus tard que Herschel « ne disait pas grand-chose, mais chaque mot valait d'être écouté ».

Après l'Afrique du Sud, le *Beagle* franchit « le tropique du Capricorne pour la sixième et dernière fois » le 29 juin et, le 8 juillet, arrive en vue de Sainte-Hélène, qui « surgit de l'océan comme une énorme forteresse » de lave noire. Charles se procure un logement « à un jet de pierre de la tombe de Napoléon », ce qui ne l'enchante guère : la flore et la faune retiennent bien plus son attention que l'empereur déchu. Dans cette île depuis longtemps occupée par les Anglais, il recense quatre cent vingt-quatre espèces de plantes importées contre seulement cinquante-deux espèces indigènes, remarque que la majorité des oiseaux ont été introduits par l'homme — faisans et perdrix abondent — et estime que la disparition des forêts, anéanties par des chèvres et les cochons qu'on a

* Ouvrage publié au tout début de 1831 ; titre français : *Discours sur l'étude de la philosophie naturelle* (traduit en 1834).

laissés se multiplier, a provoqué du même coup l'extinction de nombreuses espèces d'insectes et de coquillages terrestres.

Une escale à Ascension, île « d'une laideur nue », lui donne l'occasion d'étudier de près une zone volcanique non recouverte de végétation, permettant de bien distinguer les différentes couches annulaires de ponce, de cendres et de grès volcaniques, par endroits criblées de bombes volcaniques. Enfin, le 23 juillet, le *Beagle* appareille de nouveau, mais, une fois au large, prend la direction ouest-sud-ouest, « à la surprise et à la grande déception de ceux qui, à bord, souhaitaient ardemment rejoindre l'Angleterre ». FitzRoy a décidé une ultime escale au Brésil, à Salvador de Bahia, là même où, quatre ans plus tôt, Charles avait foulé pour la première fois le sol sud-américain. Il retrouve « cette immense serre sauvage » avec cette fois une certaine nostalgie :

> Durant ma dernière promenade, je ne cessai de m'arrêter pour contempler toutes ces beautés et essayer de fixer à jamais dans mon esprit des impressions qui, je le savais à l'époque, allaient nécessairement perdre tôt ou tard leur éclat. La forme des orangers, des cocotiers, des palmiers, des manguiers, des bananiers restera nette et distincte ; mais les milliers de splendeurs qui les unissent tous pour faire un paysage parfait disparaîtront fatalement ; pourtant tel un conte entendu dans son enfance, elles laisseront une image pleine de silhouettes indistinctes, mais d'une très grande beauté[5].

Une brève escale à Pernambouc ne parvient pas à ranimer sa curiosité : la ville est « répugnante, les rues étroites, sales et mal pavées ; les maisons sont très hautes et lugubres ». Il remonte les canaux de la mangrove pour visiter la vieille ville d'Olinda, de l'autre côté des marais, et trouve la promenade sinistre : « De chaque côté du canal par lequel nous nous rendîmes à Olinda et en revînmes, des palétuviers jaillissent des rives de boue grasse comme une forêt miniature. Le vert éclatant de ces buissons me rappelle toujours l'herbe touffue des cimetières : ils se nourrissent tous deux d'exhalaisons putrides ; la seconde fait penser à la mort passée, les premiers, trop souvent, à la mort à venir. »

Le 17 août 1836, le *Beagle* prend pour de bon la route de l'Angleterre, et Charles retrouve son mal de mer, tout aussi éprouvant qu'à l'aller. Le compte à rebours commence : 21 août, passage de l'équateur ; début septembre, escale à Praia, au Cap-Vert ; 9 septembre, « franchi le tropique du Cancer » ; 20 septembre, petite variante, le *Beagle* fait escale aux Açores pour quelques ultimes observations et récupérer du courrier ; 24 septembre, route directe vers l'Angleterre ; 2 octobre, arrivée à Falmouth et, dans son *Journal*, cette remarque imprévue : « Je confesse ma surprise et ma honte, lorsque j'aperçus les rivages de l'Angleterre, de n'avoir pas éprouvé plus d'enthousiasme que s'il s'était agi d'une misérable colonie portugaise. » Le soir même, Charles prend la route de Shrewsbury par la malle-poste, après une absence de quatre ans, neuf mois et cinq jours.

Réflexion

1837-1859

Devenir quelqu'un

Éreinté par deux jours de voyage cahotant, Charles, arrivé à Shrewsbury le 4 octobre à la nuit, regagne The Mount et monte directement dans sa chambre sans avertir personne. Autant dire que son arrivée surprise le lendemain matin à la table du petit déjeuner, devant ses sœurs et son père ébahis et ravis, est des plus remarquées. La joie est telle, y compris parmi le personnel, que deux ou trois domestiques vont copieusement s'enivrer en l'honneur du retour de « Master Charles »...

En apparence, rien n'a changé pendant ces cinq ans : ses sœurs Caroline, Susan et Catherine, toujours célibataires, n'ont pas quitté la maison familiale, son père lui apparaît à peine vieilli, mais beaucoup plus chaleureux à son égard. Le Gouverneur, en effet, a maintenant une tout autre image de ce fils qui n'était « bon qu'à attraper des rats » — pourtant, c'est bien à la capture de rats et autres animaux plus ou moins répugnants que Charles s'est adonné pendant cinq ans... Mais, alors qu'il s'attendait à voir son fils rentrer au pays à la première escale — ses accords avec l'Amirauté lui donnaient la possibilité de débarquer quand bon lui semblait —, il a dû se rendre à l'évidence : Charles a tenu le coup physiquement et psychiquement, il a travaillé sans relâche au point d'évincer le naturaliste officiel du bord, McCormick. Mieux : au fil des comptes rendus et des envois de spécimens, il a commencé à se faire un nom dans la communauté scientifique britannique. Par moments, le docteur a même frissonné à la lecture du *Journal de voyage* que Charles a régulièrement envoyé par cahiers, prenant conscience des réels dangers encourus par son fils. Charles se souviendra, dans son *Autobiographie*, de cette évolution de l'attitude paternelle et du début de sa propre notoriété :

Vers la fin de notre voyage, à l'île d'Ascension, je reçus une lettre* dans laquelle mes sœurs me disaient que Sedgwick avait rendu visite à mon père pour lui dire que je méritais de prendre place parmi les hommes de science importants. Je ne pouvais savoir, à l'époque, comment il avait eu vent de mes activités, mais j'entendis raconter (plus tard, je crois) qu'Henslow avait lu certaines de mes lettres devant la Philosophical Society de Cambridge, et en avait fait circuler un petit tirage. Ma collection d'os fossiles, que j'avais envoyée à Henslow, fit un certain bruit chez les paléontologistes. Après avoir lu cette lettre, j'escaladai en bondissant les montages de l'Ascension, en faisant résonner les roches volcaniques sous mon marteau de géologue !

Charles est comme souvent trop modeste, en édulcorant les propos du professeur Sedgwick qui

* Lettre de Susan à Charles, expédiée le 22 novembre 1835 ; en fait, la plupart des lettres de ses sœurs, depuis 1832, font allusion aux très nombreuses visites de Sedgwick à Shrewsbury — au point que Catherine glisse malicieusement que le professeur vient en réalité pour courtiser Susan...

avait textuellement, et prophétiquement, écrit dans une lettre transmise au docteur :

> Il accomplit un travail admirable en Amérique du Sud et nous a déjà envoyé une collection au-delà de tout éloge. C'était pour lui la meilleure chose au monde à faire que de partir en voyage d'exploration. S'il y avait en effet quelque risque de le voir devenir un oisif, sa personnalité s'est maintenant affirmée, et si Dieu lui prête vie, il se fera un grand nom parmi les naturalistes d'Europe*.

Cette bonne humeur paternelle va se concrétiser de la plus heureuse manière : de même qu'il avait fait une rente à Erasmus pour lui éviter de travailler, le docteur décide de faire une rente à Charles pour l'aider à travailler sans soucis matériels : en pension et en dividendes d'actions, il va disposer d'un revenu annuel d'environ 400 livres, de quoi vivre très confortablement en célibataire**.

Le premier geste de Charles, au matin de son arrivée, le 5 octobre 1836, est d'écrire à Oncle Jos, dont il n'a pas oublié l'appui décisif, en l'assurant de venir au plus vite à Maer, après s'être rapidement rendu à Londres puis à Plymouth afin de récupérer ses bagages sur le *Beagle*, qui doit y être désarmé. Le même jour, sa sœur Caroline écrit à leur cousine Elizabeth Wedgwood : « Charles est de retour ! Il a à peine changé en cinq ans et il est toujours le même [...]. Il va bien, mais il a beaucoup

* Lettre de Sedgwick au professeur Butler, directeur de l'école de Shrewsbury, qui l'a fait lire au docteur Darwin. Passage cité dans la lettre de Susan Darwin à Charles Darwin, 22 novembre 1835 (DCP).

** 400 livres représentent alors le budget type annuel d'un couple avec un enfant et trois domestiques, occupant une maison de dix pièces principales avec jardin dans un quartier résidentiel du centre de Londres...

maigri[1]. » Ce n'est pas qu'une impression : en bon médecin, son père s'empresse de le peser, Charles ne fait plus que soixante-six kilos pour un mètre soixante-dix-neuf*.

Les premières semaines d'octobre se passent dans un tourbillon où Charles a tout à la fois l'envie de revoir sa famille et ses amis, la nécessité de remettre de l'ordre dans son équipement personnel — il lui faut récupérer d'urgence tout ce qu'il a laissé à bord du *Beagle* —, le désir de vérifier si les multiples caisses d'échantillons expédiées à Henslow pendant ces cinq ans sont arrivées au complet et en bon état, et la préoccupation du devenir de ses collections : à qui les confier ? Par qui les faire étudier ?

Le 6 octobre, après l'euphorie des premières heures, Charles s'empresse de rédiger deux lettres urgentes, la première à FitzRoy pour le remercier et l'assurer de sa très sincère amitié — il sait à quel point le bouillant capitaine pourrait prendre la mouche s'il le laissait trop longtemps sans nouvelles — tout en espérant en retour des précisions sur le désarmement du *Beagle ;* la seconde à Henslow pour lui faire part de ses incertitudes : « J'ai besoin de votre avis sur une foule de points ; je suis dans le brouillard, et je ne sais ni que faire, ni à qui m'adresser. Mon plus grand embarras a trait aux échantillons de géologie. Qui aura la charité de m'aider pour étudier leur nature minéralogique ? Voulez-vous avoir la bonté de m'écrire un mot par retour du courrier pour me dire si vous êtes à Cambridge en ce moment[2] ? »

* Courant décembre, selon les mesures paternelles, il avait repris 9 kg.

Une quinzaine plus tard, FitzRoy avertit son « cher Philosophe » — c'est le surnom que l'équipage du *Beagle* a fini par donner à Darwin, après celui, moins glorieux, d'« attrapeur de mouches »... — que le navire ne sera pas désarmé à Plymouth comme prévu initialement, mais aux chantiers navals de Woolwich, en aval de Londres ; lui-même s'est rendu à Londres pour vérifier l'avancement des travaux de reproduction des cartes marines tracées lors du voyage. À sa grande satisfaction, il s'est vu complimenté par le bureau d'hydrographie de l'Amirauté pour la précision et la qualité de son travail*. Autre raison pour le capitaine d'être de charmante humeur : il révèle à Charles le secret qu'il est parvenu à taire pendant cinq ans : il s'était fiancé avant le départ du *Beagle* avec une certaine Mary O'Brien**, il va enfin pouvoir se marier ! Faisant part de la nouvelle à sa sœur Caroline[3], Charles laisse entendre à demi-mot sa stupéfaction devant la capacité de dissimulation de son compagnon de voyage.

Le 24 octobre, Charles, dans une lettre à son vieux camarade Whitley, fait part de ses projets immédiats : « Pour l'instant, je suis à Londres en attendant que le *Beagle* arrive à Woolwich pour être désarmé. Après avoir fait tous mes bagages, je reviendrai à Shrewsbury pour y séjourner plus longuement que la dernière fois, puis je retournerai à

* Par la suite (1848), un rapport de l'amiral Beaufort à la Chambre des communes fera l'éloge officiel des compétences de FitzRoy.

** Mary Henrietta O'Brien (1812-1852), fille du major général Edward James O'Brien, première épouse de Robert FitzRoy ; il se remariera en 1854 avec Maria Isabella Smith.

Cambridge, où je pense que je vais m'installer pour quelques mois. Ensuite, je m'installerai à Londres. » Et d'ajouter : « Seul le Ciel sait quand je pourrai venir te voir à Durham. Pour l'instant, je suis absolument incapable de dire comment je vais bien pouvoir entamer le classement des spécimens et des observations collectés pendant cinq longues années. Je ne sais qu'une chose : je vais devoir travailler bien plus dur que ce que mes pauvres épaules ont jamais supporté[4]. » La moisson dépasse, en effet, toutes les espérances — et les capacités de travail d'un homme seul : environ 4 000 échantillons géologiques, 2 000 spécimens d'oiseaux, plus de 900 pages d'herbier sans compter les mousses, les lichens et les champignons, quelque 500 espèces de poissons, 1 500 spécimens de reptiles et d'amphibiens, des centaines de mammifères, une foule de crustacés et de petits organismes marins, des caisses d'ossements fossiles appartenant à une vingtaine d'espèces de grands mammifères disparus, des milliers de pages de notes à relire, classer, exploiter*... Charles a en tête plusieurs projets de livres qu'il a l'intention de publier dès que possible. Dès janvier 1832, à l'occasion de l'escale du *Beagle* au Cap-Vert, devant la structure géologique de l'île volcanique de São Tiago, « très remarquable mais simple », « il me vint alors à l'esprit que je pourrais peut-être écrire un livre sur la géologie des divers pays que je visiterais, et cela me fit frémir de plaisir[5] ». Et, plus tard au cours du voyage, « FitzRoy

* Le premier catalogue de Darwin recense 1529 espèces conservées dans l'alcool et 3907 spécimens naturalisés.

me demanda de lui lire quelques passages de mon *Journal.* Il déclara qu'il valait la peine d'être publié : un second livre en perspective[6] ! »

Après quelques incertitudes, le *Beagle* arrive enfin à Woolwich le 28 octobre et, dès le lendemain, Darwin récupère tous les échantillons et les spécimens restés à bord. Le 1er novembre, il écrit à Henslow : « Vous aurez probablement déjà reçu, avant que cette lettre vous parvienne, une caisse de plantes des Galápagos, qui contient aussi une lettre plus longue. La caisse part demain matin par le Fly Coach*. Quatre caisses seront aussi expédiées par les Transports Marsh aujourd'hui, elles arriveront à Cambridge jeudi matin. Les deux plus grandes et plus lourdes contiennent des échantillons géologiques ; si c'était possible, il serait mieux de les laisser à l'entrepôt ; dans ce cas je vous prie de voir si elles sont rangées de manière à ne pouvoir être déplacées, et bien au sec. La plus petite caisse contient des flacons d'alcool, la caisse carrée des dépouilles d'oiseaux et des insectes. Il vaut peut-être mieux que ces deux-là soient emportées et placées dans un endroit sûr. » Cette fois, l'intégralité de sa récolte est enfin rassemblée à Cambridge : en cinq ans, aucun envoi ne s'est perdu ! En revanche, les premiers contacts de Darwin avec les scientifiques se montrent décevants :

Je n'ai guère fait de progrès avec les grands hommes. Ainsi que je vous l'ai déjà dit, ils sont tous débordés par leur propre travail. M. Lyell, avec beaucoup d'amabilité, est entré dans tous mes plans presque sans que je le lui eusse demandé.

* Service de messageries rapides utilisant les malles-poste.

Malgré cela, il me dit toujours la même histoire : il me faudra tout faire par moi-même. M. Owen m'a paru désireux de disséquer quelques-uns de mes animaux conservés dans l'alcool. À l'exception de ces deux savants, j'en ai à peine rencontré d'autres ayant envie de posséder quelques-uns de mes échantillons. Je dois en excepter le docteur Grant, qui veut bien examiner quelques Coralliaires. Je vois qu'il est déraisonnable d'espérer une minute qu'un savant quelconque entreprendra l'étude du groupe complet. Il est évident que le nombre des collectionneurs dépasse à tel point celui des véritables naturalistes, que ces derniers n'ont pas de temps disponible.

Je constate même que les collections ne tiennent pas à recevoir des échantillons non décrits. Le Zoological Museum est presque plein, et plus d'un millier d'échantillons ne sont pas montrés.

Je crois que le British Museum les accepterait, mais tout ce que j'entends dire de cet établissement est loin de m'inspirer grand respect pour son état actuel. Votre plan n'est pas seulement le meilleur, c'est le seul praticable, qui consiste à venir à Cambridge, à arranger et grouper les diverses familles, et attendre le moment où les savants qui travaillent dans les différentes branches auront besoin d'échantillons.

Mais il me semble que pour ce faire il me sera nécessaire de résider à Londres. Autant que je le puis voir, ce qu'il y aura de mieux sera de passer quelques mois à Cambridge, et lorsque je saurai, grâce à votre aide, sur quel terrain je marche, j'émigrerai pour Londres, je pourrai y compléter ma géologie et pousser la zoologie. Je vous assure que je suis affligé de constater que plusieurs raisons m'obligeront à vivre quelque temps dans cette malpropre et odieuse ville. Même pour la géologie, beaucoup d'assistance et des communications me seront nécessaires, par exemple pour les fossiles, car aucun, à l'exception des fragments de mégathérium, n'a été examiné, et sans ma présence je devine qu'ils ne le seraient jamais*[7]...

L'analyse de Darwin est exacte : les grands noms de la science sont débordés, les rares musées d'his-

* Il s'agit de la lettre contenue dans la caisse de plantes des Galápagos.

toire naturelle incapables de répertorier et de présenter correctement leurs collections. Le monde savant, aussi, a considérablement évolué en son absence : il est maintenant agité par une querelle des anciens et des modernes, avec l'arrivée d'une nouvelle génération de scientifiques qui s'élève contre la mainmise des amateurs fortunés et du clergé sur la recherche. Les « modernes » veulent imposer, en particulier au British Museum, une réforme radicale « à la française », s'inspirant de l'organisation du Muséum d'histoire naturelle de Paris, institution fonctionnant sur le budget de la nation, et dirigée par des professeurs salariés, sélectionnés pour leurs compétences et non leurs allégeances politiques ou religieuses. Ce à quoi s'opposent vigoureusement les conservateurs britanniques, pour qui tout ce qui vient de France sent le soufre de la Révolution... Charles se retrouve pris entre deux feux : d'un côté, le docteur Robert Grant, l'homme avec qui il a mené ses premières recherches de biologie marine à Édimbourg, fait partie des radicaux les plus enragés ; Lyell, qu'il admire inconditionnellement, a choisi d'abandonner sa profession d'homme de loi pour se consacrer à temps plein à la géologie, se rangeant lui aussi dans le camp progressiste. À l'opposé, les révérends Sedgwick ou Henslow, à qui il doit tout ou presque, à commencer par sa présence sur le *Beagle*, ne peuvent, aussi éclairés soient-ils, que soutenir les conservateurs cléricaux. Charles fera vite son choix : il fuira Grant l'exalté, fréquentera Lyell le modéré et conservera son amitié à Sedgwick et Henslow.

Très vite, Darwin est convié aux réunions des principales sociétés savantes londoniennes, et, dès le 1er novembre 1836, lors d'un dîner à la Linnean Society (Société linnéenne), il fait la connaissance du zoologiste Thomas Bell, spécialiste d'herpétologie, qui, « à ma grande surprise, a montré un réel intérêt pour mes crustacés et mes reptiles et semble vouloir y travailler[8] ». Le même soir, il apprend que William John Broderip, amateur passionné de conchyliologie*, serait intéressé par ses coquillages sud-américains : le paysage s'éclaircit. Quant à sa nécessaire présence vigilante pour stimuler les chercheurs, il a mille fois raison : par la suite, il confiera des centaines de lames minces de fossiles végétaux rarissimes à son ami botaniste Joseph Dalton Hooker pour examen au microscope ; égarées pendant cent soixante-cinq ans, elles ne seront retrouvées et étudiées qu'en 2012...

Ses précieuses collections en lieu sûr, son carnet d'adresses de scientifiques londoniens bien rempli, Charles peut enfin tenir sa promesse et se rendre à Maer le 12 novembre pour rendre visite à Oncle Jos. D'avance, il se fait une joie de retrouver tous les lieux familiers de son adolescence, de se promener autour de l'étang... La réalité sera différente : même si la réunion de famille tant attendue est extrêmement agréable, il trouve Oncle Jos très changé et bien vieilli — il souffre d'une maladie de Parkinson —, tandis que Tante Bessie, désormais invalide, n'est plus que l'ombre d'elle-même ; tous

* Étude des mollusques à coquille.

deux ont été ravagés par la mort de Fanny quatre ans plus tôt. Il repart le 16 novembre pour Shrewsbury où il séjourne une quinzaine de jours, alternant les visites à ses proches et à ses amis — les Owen à Woodhouse, sa sœur aînée Marianne, son beau-frère Henry Parker et ses cinq neveux et nièce à Overton, son voisin le naturaliste Thomas Campbell Eyton à Eyton upon the Weald Moors... — et les recherches géologiques, à la demande d'un collègue de Sedgwick, Roderick Murchison.

À Maer comme à Shrewsbury, Overton et Woodhouse, il passionne ses interlocuteurs avec ses récits de voyages et ses découvertes : « Un animal, dont j'ai retrouvé presque tous les os, est un très proche parent des fourmiliers*, mais de la taille extraordinaire d'un petit cheval. Il y a une autre tête, aussi grande que celle d'un rhinocéros, qui, autant que l'on puisse l'affirmer, est celle d'un rongeur**. Imaginez un rat ou un lièvre d'une telle taille ! Les chats devaient être énormes à cette époque[9] ! »

De retour à Londres, il décide de faire don de la totalité de ses ossements fossiles au musée du Royal College of Surgeons (Collège royal de chirurgie d'Angleterre), à condition qu'en soient réalisées plusieurs séries de moulages. Cela va donner lieu à des négociations serrées pour savoir qui va financer les moulages et qui va en bénéficier. Dans une lettre au paléontologue Richard Owen, conservateur du musée, il donne à regret son accord pour qu'une série soit confiée au British Museum : « Je

* *Scelidotherium leptocephalum.*
** *Toxodon platensis.*

suis résolu à me décider pour le British Museum de préférence à celui de Paris*, car j'ai voyagé à bord d'un navire de Sa Majesté, et les collections publiques de ce pays ont des droits sur moi. Si les collections avaient été réunies exclusivement à mes frais, par exemple à bord d'un navire marchand, alors je n'hésiterais pas à faire un choix différent. Je suis tout à fait d'accord avec vous pour estimer que le British Museum devrait les restituer dès que possible. Je suppose que vous ne pouvez pas prendre le risque de proposer la réalisation d'une autre série pour Paris. Leur valeur serait infiniment plus grande pour cette collection qu'au British Museum. Je devrais me résoudre à faire don de ma série à Paris ; mais j'avoue que je serais chagriné de perdre mes trophées. Je me sentirais comme un chevalier qui a perdu ses armoiries[10]. » À la fin du mois de décembre 1836, l'assemblée des conservateurs du Royal College of Surgeons accepte l'« offre généreuse » de Charles, en échange de la réalisation de moulages destinés au British Museum, à la Geological Society et aux universités de Cambridge et d'Oxford, plus une série pour lui-même (ses « trophées »), et les originaux rejoignent les collections du musée**.

De son côté, Lyell s'intéresse de plus en plus à Darwin. Une lettre en date du 26 décembre montre à quel point les deux hommes sont devenus proches, moins de trois mois après le retour du *Beagle* :

* Le Muséum d'histoire naturelle.

** Une partie sera détruite par les bombardements de la Seconde Guerre mondiale, le reste est aujourd'hui conservé au British Museum, section d'Histoire naturelle.

Cher Monsieur,

J'ai lu votre article* avec le plus grand plaisir et j'aimerais éclaircir avec vous certains passages qui méritent une explication, et modifier un ou deux mots, mais ce serait impossible par courrier. J'ai pris des notes à ce sujet, et j'espère que vous me rendrez visite avant la lecture de cet article. Pourriez-vous venir à mon domicile lundi 2 janvier ? Venez vers cinq heures et demie pour dîner avec nous, ou si vous préférez venez à cinq heures et nous parlerons de l'article avant le dîner.

[...] L'idée que les pampas s'élèvent au rythme d'un pouce par siècle, tandis que la côte occidentale et les Andes s'élèvent de plusieurs pieds de manière irrégulière, a longtemps été l'un de mes sujets de réflexion. Quel magnifique champ de recherche vous avez là pour écrire !

[...] N'acceptez aucun poste scientifique officiel, si vous pouvez l'éviter, et ne dites à personne que je vous ai donné ce conseil, car tous s'élèveraient contre moi en m'accusant de prôner des principes antipatriotiques. Je me suis battu contre la calamité d'être président aussi longtemps que j'ai pu.

[...] Enfin, travaillez comme je le fais, exclusivement pour vous-même et pour la science pendant un maximum d'années, et n'acceptez pas prématurément les honneurs, ou les pesanteurs, des dignités officielles. Il y a des gens que l'on peut employer avec profit dans de telles fonctions, parce qu'ils ne feraient rien d'autre s'ils n'étaient pas utilisés ainsi.

Quel que soit le moment où vous veniez, vous devez absolument être là mercredi, et si vous voulez dîner à mon club, faites-le. Il n'y a pas de place disponible pour le moment, mais vous êtes au premier rang de tous ceux qui frappent à la porte pour y être admis**[11].

* *Observations of Proofs of Recent Elevation on the Coast of Chili* (« Observation des preuves de l'élévation récente de la côte du Chili ») ; Charles avait envoyé son projet d'article à Lyell, la version finale sera lue en séance de la Geological Society le 4 janvier 1837.

** Lyell faisait partie de l'Athenæum Club, qui accueillait en particulier l'élite scientifique, littéraire et artistique, et la liste d'attente était particulièrement longue ; Darwin en deviendra membre dès le 21 juin 1838, à vingt-neuf ans.

En cette fin d'année 1836, Charles fait appel à l'hospitalité d'Erasmus à chacun de ses séjours à Londres. Après le scandale provoqué par sa grande intimité avec Fanny Mackintosh, l'épouse de son cousin Hensleigh Wedgwood — la famille avait alors allumé un contre-feu, faisant courir le bruit qu'il était en réalité promis à Emma Wedgwood —, Erasmus s'est entiché d'une certaine Harriet Martineau, une brillante et redoutable intellectuelle féministe ; en fait c'est plutôt Harriet qui s'est entichée d'Erasmus. Elle s'intéresse à l'économie et à la sociologie et fait l'éloge dans les journaux des théories développées par Ricardo (partisan du capitalisme libéral et du libre-échange), Bentham (fondateur de l'utilitarisme moral, ou « principe du plus grand bonheur du plus grand nombre d'individus »), et surtout Malthus, dont elle se veut l'ardente propagandiste. Le révérend Thomas Malthus (1766-1834) avait développé une réflexion pessimiste à partir de l'idée que la population croît de façon exponentielle alors que les ressources naturelles sont limitées, ce qui ne peut que conduire à des déséquilibres catastrophiques : épidémies, guerres, famines… Pour les éviter, il prône la restriction volontaire de la natalité par la continence — conseil resté proverbial —, mais aussi le libéralisme économique, et s'élève contre les aides sociales en raison de leurs « effets pervers » : adoucir le sort des pauvres revient à les encourager à se reproduire, or leur multiplication ferait peser une charge intolérable sur la fraction productive de la population. Malthus va encore plus loin en déniant à l'individu un quelconque droit à l'existence : « Un homme qui est né dans un monde déjà occupé, s'il ne peut obtenir de ses parents la subsistance et si la société n'a pas besoin de son travail, n'a aucun droit de réclamer la moindre nourriture et, en réalité, il est de trop. Au grand banquet de la nature, il n'y a point de couvert disponible pour lui ; elle lui ordonne de s'en aller, et elle ne tardera pas elle-même à mettre son ordre à exécution[12]. » Telles sont les opinions que Harriet Martineau défend avec véhémence, et qu'Erasmus reprend, plus ou moins mollement, à son compte. La rencontre Erasmus-Martineau n'a rien d'un hasard : sir James Mackintosh, le beau-père de Hensleigh Wedgwood, était un condisciple de Malthus. Ces liens sont à l'origine d'un intermède cocasse lors du voyage du *Beagle* : Charles ayant reçu, par l'intermédiaire de ses sœurs, un lot de brochures de propagande pro-malthusienne rédigées par Harriet, les avait distribuées à l'équipage lors d'une escale prolongée à Port Famine. Prêts à tout pour tromper leur ennui, matelots et officiers les avaient dévorées comme des romans. Et découvert, éberlués, une apologie de la continence comme moyen d'échapper à la surpopulation, alors qu'ils se trouvaient dans un quasi-désert à peine peuplé d'une poignée de Fuégiens…

Le moins qu'on puisse dire est que Charles éprouve peu de sympathie pour cette envahissante personne, comme il l'écrit à sa sœur Caroline le 9 novembre 1836 : « Erasmus revient juste de raccompagner Miss Martineau. Notre unique protection contre une aussi admirable belle-sœur, c'est qu'elle le surmène. Il commence à se rendre compte (pour reprendre sa propre expression) qu'il ne sera jamais beaucoup plus que son "nègre". Imagine le pauvre Erasmus être le nègre d'une dame aussi énergique et qui ne cesse de philosopher. Qu'il aurait l'air pâle et abattu ! Elle a déjà commencé à le réprimander pour son oisiveté. Elle va, l'un de ces jours, lui expliquer sa conception du mariage. L'égalité absolue des droits fait partie de sa doctrine. Je doute beaucoup que ce soit aussi l'égalité dans la pratique. Prions pour notre pauvre "nègre". » Et, lorsqu'il rencontre la dame, même s'il la trouve intellectuellement brillante, sa mauvaise opinion ne change pas, bien au contraire : « J'ai été stupéfait de découvrir à quel point elle est laide. [...] Erasmus la défend en soutenant qu'il ne faut pas la regarder comme une femme[13]. » En revanche, Harriet semble regarder Charles comme un homme, le trouvant « simple, avec un côté enfantin, prévenant, efficace »...

Le temps des honneurs

L'année 1837 débute par une intronisation de fait : le jeudi 4 janvier au soir, Charles donne lecture devant la Geological Society de son article « Observation des preuves de l'élévation récente de la côte du Chili ». Même si, grâce à Lyell, il est membre de la société depuis quelques semaines, l'émotion est grande de prendre la parole devant une telle assemblée d'experts — et quelques familiers : son frère Erasmus, son cousin Hensleigh Wedgwood... —, surtout lorsqu'il s'agit de présenter une théorie qui s'oppose à la pensée dominante du « catastrophisme » cher à Cuvier et à un autre géologue français alors en pleine gloire, Alcide d'Orbigny, lui aussi revenu depuis peu d'un long voyage en Amérique du Sud. Les conclusions de Charles ont, en effet, de quoi surprendre : non seulement il affirme que l'Amérique du Sud s'élève graduellement depuis des temps incommensurables, mais que simultanément le plancher océanique s'effondre et, plus audacieux encore, que les animaux qui vivent sur ce continent en élévation sont contraints, d'une manière ou d'une autre, de s'adapter à ces changements lents. Sur ce dernier point, il se montre en désaccord avec son mentor, Lyell, qui affirme que les espèces animales sont incapables d'adaptation, mais disparaissent pour être remplacées par de nouvelles espèces. D'emblée, Charles s'affirme comme quelqu'un qui pense par lui-même. Le risque était grand, mais l'article est très bien accueilli par la quasi-totalité des géologues présents.

Ce 4 janvier, jour décidément faste, va infléchir de manière décisive sa pensée, mais il l'ignore encore. Il vient de confier pour étude à la Zoological Society plus de quatre-vingts spécimens de mammifères et quatre cent cinquante d'oiseaux, tous collectés au cours du voyage du *Beagle*. Parmi eux, les étranges « pinsons des Galápagos », qui focalisent l'attention de l'ornithologue John Gould : là où Charles voyait un assortiment de pinsons, de merles, de roitelets et de gros-becs, Gould repère très vite qu'il s'agit en fait d'une douzaine d'espèces distinctes de pinsons. Étonnamment, l'information est aussitôt reprise par la presse, et Catherine Darwin peut écrire à son frère, le 15 janvier, qu'elle a lu dans le *Morning Herald* du jeudi précédent un compte rendu à propos des spécimens « qui sont sur les tables de la Zoological Society. M. Gould décrit aussi les onze espèces des Galápagos, toutes nouvelles. Sarah Williams a découpé l'article, et me l'a donné pour le faire lire à Papa. » Et d'ajouter : « Papa veut savoir quelle récompense la Zoological t'a accordée : ils devraient au moins te nommer membre honoraire[1]. » La fierté paternelle sera comblée au-delà de ses espérances : Charles est bientôt reçu membre à part entière de la Société zoologique — dont il était déjà membre correspondant depuis novembre 1831.

Le mois de février est tout aussi prometteur : Lyell tient absolument à ce que Charles soit présent à la séance du 17 de la Geological Society, consacrée à l'élection du président, afin de soutenir son favori, William Whewell. Au passage, Lyell le félicite pour la qualité de son travail et lui adresse, comme à son habitude, quelques salutaires mises en garde : « Ne vous flattez pas d'être cru avant d'être devenu chauve, comme moi, à force de dur travail, de vexations, et d'être en butte à l'incrédulité du monde[2]... »

Le même jour, Charles est élu membre de la Geographical Society of London, dont l'un des fondateurs n'est autre que sir Francis Beaufort, qui l'a soutenu dans sa candidature au voyage du *Beagle*. Tout cela aurait tendance à lui faire oublier les contingences matérielles, s'il n'y avait la vigilance de ses sœurs qui lui rappellent, dans une lettre qu'il reçoit ce même 17 février, qu'il doit « aller chez Robarts* pour encaisser les dividendes des 800 livres sur la rente à 3 %, ainsi que les dividendes sur les 5 actions du Grand Trunk Canal. » Elles ajoutent : « Tu dois absolument signer certains papiers et je t'écrirai pour t'en dire plus avant que tu ne quittes Londres[3]. »

Devant la multiplication des engagements et des rendez-vous, Charles se résout à quitter Cambridge, où il s'était établi le 13 décembre 1836,

* La banque londonienne Robarts, Curtis & Co.

pour Londres, cette ville « sale et odieuse » qui devient un mal nécessaire. Mais la perspective londonienne ne lui paraît plus aussi lugubre : dans une lettre du 27 février 1837 à sa sœur Caroline, il raconte : « J'ai eu des nouvelles de Lyell hier, il m'a dit que je serai publié d'ici deux ou trois jours. Il veut que j'assiste samedi à une réception chez M. Babbage, qui m'a envoyé un carton d'invitation pour toutes ses soirées de la saison. Lyell dit que les réceptions chez Babbage sont les meilleures de Londres si l'on souhaite rencontrer des gens de lettres — et qu'il y a un bel assortiment de jolies femmes[4]. » Ce qui va le changer de Cambridge et des sempiternelles discussions autour d'une tasse de thé, en compagnie d'un Henslow ou d'un Sedgwick, qu'il regarde maintenant d'un autre œil : « Par moments, je pense sincèrement qu'il devient fou : il est si absent et si bizarre. » Il peut d'autant plus se réjouir de cette invitation que Charles Babbage est un scientifique éminent, proche de Herschel, en relation directe avec ses collègues français comme Arago ou Gay-Lussac. Mathématicien et philosophe, il se montre aussi un inventeur fécond et éclectique : n'a-t-il pas imaginé le pare-buffle pour locomotives ? Esprit original et souvent visionnaire, il restera célèbre pour ses machines à calculer — machine analytique et machine à différences* — qui, sous forme mécanique, préfigurent directement l'ordinateur. Autant dire que Charles

* La machine analytique, achevée par un des fils de Babbage, sera fonctionnelle en 1908. Une machine à différences (deuxième version) sera réalisée entre 1985 et 2002 par le musée des Sciences de Londres à partir des plans de Babbage ; elle fonctionne parfaitement.

va désormais fréquenter un tout autre monde que celui des aristocrates naturalistes amateurs et des révérends toujours prompts à s'extasier devant la perfection divine de la Création...

Arrivé à Londres le 6 mars et tout juste installé à sa nouvelle adresse du 36, Great Marlborough Street, à deux pas d'Erasmus qui loge au n° 43, il doit décliner l'offre du poste de secrétaire de la Geological Society qui lui offrait Whewell. Il va arguer de sa jeunesse, de son inexpérience, de son ignorance de la géologie de la Grande-Bretagne, et surtout de l'obligation de rédiger en priorité le récit de son voyage : « Je dois écrire pour le capitaine FitzRoy le troisième volume du compte-rendu de notre expédition. Il est déjà en avance sur moi et je crains que, même en laissant de côté nombre de détails d'histoire naturelle, je ne sois une cause de retard. » En fait, FitzRoy, tout à son bonheur de jeune marié et bientôt de jeune père, a pris un retard considérable. Charles l'ignore-t-il ou préfère-t-il s'en tenir au conseil de Lyell : « N'acceptez pas prématurément les dignités officielles » ?

En tout cas, son plan de travail est clair : tandis que FitzRoy doit rédiger deux volumes, l'un retraçant la première expédition du *Beagle* à la Terre de Feu sous les ordres du capitaine King et le deuxième relatant l'expédition qui vient de s'achever, Charles s'est chargé du troisième volume qu'il conçoit comme « une espèce de journal d'un naturaliste, sans cependant suivre rigoureusement l'ordre chronologique, mais plutôt l'ordre géographique. Les mœurs des animaux en occuperont une large partie, et des aperçus de la géologie, la description des paysages et des détails personnels viendront compléter ce mélange. [....] Par la suite, j'écrirai un compte-rendu géologique détaillé, et je rédigerai quelques articles zoologiques. J'ai donc un énorme travail pour un an ou deux, et je ne prendrai pas de vacances tant que je n'aurai pas terminé[5]. »

À la même période, John Gould lui fait part de ses conclusions sur les « pinsons des Galápagos » : les espèces ne diffèrent que par la forme de leurs becs. Charles se trouve face à un problème passionnant : comment — et pourquoi — l'unique espèce de pinson initialement installée aux Galápagos s'est-elle transformée en une douzaine d'espèces distinctes ? Mais si les spécimens ont été collectés dans plusieurs îles de l'archipel, leur étiquetage est insuffisant, Charles n'ayant pas pensé que leur origine précise pouvait être importante. Il rentre alors en contact avec certains membres de l'équipage du *Beagle* qui ont eux aussi constitué des collections de pinsons ; par chance, beaucoup, dont le précieux Syms Covington, ont noté dans quelles îles ils les avaient capturés. Et le verdict tombe : chaque forme de bec correspond à une île particulière, il y a donc corrélation directe entre une espèce et ses conditions de vie. L'idée de la mutation des espèces s'impose désormais à lui et ne va pas tarder à prendre forme :

Commencé mon premier livre de notes sur la transmutation des espèces. Avais été très frappé [...] par les caractéristiques des fossiles d'Amérique du Sud et des espèces des Galápagos. Ces faits (surtout les derniers), origine de toutes mes vues à ce sujet[6].

Simultanément, tout en poursuivant la rédaction du *Journal de voyage*, il s'engage dans un projet qui lui tient à cœur : réaliser une « Zoologie » intégrale du voyage du *Beagle* en confiant chaque volume à un spécialiste du domaine. Le 10 avril, il envoie un courrier très diplomatique au révérend Leonard Jenyns, avec qui les rapports sont délicats depuis qu'il a en quelque sorte pris sa place à bord du *Beagle*, lui présentant les grandes lignes de « ce projet qui flotte dans l'air » et lui demandant s'il consentirait « à décrire pour ce livre les poissons[7] ». L'idée fait son chemin, et Charles, souhaitant que sa « Zoologie » soit abondamment illustrée, va rechercher des mécènes pour financer les coûteuses gravures. Le 18 mai, il fait part à Henslow de son projet de demander une participation financière au gouvernement et lui expose au passage ses difficultés d'écriture : « J'ai travaillé très régulièrement, et néanmoins je n'en suis encore qu'aux deux tiers. Bien que je travaille plusieurs heures par jour, je trouve que les progrès sont bien lents. C'est une terrible chose que de se dire sans cesse : tout imbécile et tout homme intelligent en Angleterre pourra faire autant de malveillantes remarques qu'il le voudra sur cette malheureuse phrase[8]... »

Ce travail lui pèse, au point que, le 28 juillet, il note : « J'ai fait une visite au *Beagle* aujourd'hui. Il part dans une semaine pour l'Australie. Il me semble tout à fait étrange de revoir le petit vaisseau — et de penser que je ne ferai pas partie du voyage. S'il n'y avait pas le mal de mer, je n'aurais aucune objection à repartir[9] », d'autant plus que cette fois c'est son ami Wickham qui prend le commandement du navire. Remarque étonnante si l'on se souvient que Charles, à son retour, avait juré à qui voulait l'entendre que « sa haine de la mer était plus forte que jamais » et qu'on ne l'y prendrait plus...

Mais, entre obligations professionnelles et événements familiaux, il n'est pas vraiment question d'une nouvelle évasion vers les antipodes. Début juillet, il apprend avec plaisir que sa sœur Caroline va se marier avec leur cousin Josiah Wedgwood III, l'aîné des fils d'Oncle Jos et de Tante Bessie, pour le plus grand bonheur de cette dernière, qui déclare attendre depuis treize ans que ces deux-là se décident — Josiah a quarante-deux ans et Caroline trente-sept... Le mariage est fixé au 1er août, et ce sera une excellente occasion de se rendre à Maer et à Shrewsbury. En attendant, Charles est venu à bout du *Journal de voyage*, mais il n'a pu goûter qu'un bref répit :

Je me suis accordé quelques vacances et une visite à Shrewsbury, car maintenant que j'ai fini mon *Journal*, je vais être très occupé à combler les lacunes et à préparer le tout pour l'impression, vers le 1er août. J'éprouverai toujours du respect pour quiconque a écrit un livre, quel qu'il soit, car je ne me figurais pas ce qu'il peut en coûter de peine d'essayer simplement d'écrire en anglais. Et il reste, hélas, la partie la plus désagréable de la besogne, la correction des épreuves. Aussitôt ce travail terminé, je devrai me remettre à l'établi et entamer la « Géologie ». J'ai lu quelques articles à la Geological Society, et ils ont été favorablement accueillis par les grosses pointures, ce qui me donne beaucoup de confiance en moi, mais, je l'espère, pas trop de vanité, bien que, je le confesse, je me fais trop souvent l'effet d'un paon admirant sa queue. Je n'aurais jamais espéré que ma géologie serait prise en considération par des hommes comme Lyell, qui a été pour moi, depuis mon retour, un ami des plus efficaces[10].

Ce morceau d'autosatisfaction s'adresse, comme souvent, au cousin Fox... La correction des épreuves va se révéler encore plus fastidieuse que prévue, comme il le confie à sa cousine Elizabeth, en regrettant de ne pouvoir rejoindre les Wedgwood au festival de musique de Birmingham : « C'est gaspiller sa vie que de rester tout l'été dans cette horrible Marlborough Street, et de ne rien voir d'autre, à chaque fois qu'on lève les yeux, que la sempiternelle et odieuse maison d'en face[11]. »

À ce rythme-là, Charles s'effondre. Le 20 septembre, il consulte le docteur Clark, à qui il explique que « depuis quelque temps, tout ce qui [l]'agite [l]e met à plat, et [il] éprouve de violentes palpitations de cœur ». Celui-ci lui ordonne de renoncer momentanément à tout travail, y compris à la correction des épreuves. En octobre, Charles se résout à prendre un vrai mois de vacances, qu'il passe entre Maer et Shrewsbury, avant de revenir à Londres tout en évitant de se surmener. Il ne peut s'empêcher de mettre à profit ce séjour à Maer pour étudier le travail des vers de terre, puis de rédiger sur le sujet un article lu le 1er novembre à la Geological Society, *On the Formation of Mould* — « Sur la formation de l'humus ». Il prépare également le plan de la *Zoologie of the Voyage of the* Beagle, et commence à réunir les résultats géologiques de ses voyages*.

* D'après les notes de son fils Francis Darwin.

Mais il considère que ses soucis de santé l'empêchent de répondre favorablement à la nouvelle proposition de Whewell concernant le poste de secrétaire de la Geological Society.

Novembre commence par un grand jour : Charles a le bonheur de découvrir le *Journal de voyage*, tout juste imprimé*. Devant l'encre encore fraîche, il s'extasie et prend sa plume pour partager sa joie avec Henslow :

> Si je vis jusqu'à quatre-vingts ans, je m'émerveillerai toujours de me voir auteur. Jusqu'à l'été qui a précédé mon départ, j'aurais pensé cette éventualité aussi improbable que si l'on m'avait assuré que je me transformerais en ange vers l'époque actuelle. C'est à vous que je dois cette merveilleuse métamorphose.
>
> Je regrette que beaucoup d'erreurs aient passé dans la première partie de mon volume, qui est imprimé.
>
> Pendant mon absence, M. Colburn** a chargé une oie quelconque du travail de révision, qui, au lieu de diminuer le nombre de mes étourderies, l'a multiplié.
>
> À l'exception de ces détails, l'impression nette, le papier glacé ont belle apparence, et l'autre soir je suis resté assis, regardant et admirant en silence la première page de mon volume que je venais de recevoir de l'imprimeur[12].

Il ignore encore qu'il lui faudra patienter deux ans avant de voir l'ouvrage en librairie, le temps pour le laborieux FitzRoy d'arriver péniblement au bout des deux volumes qu'il s'était engagé à rédiger dans les meilleurs délais… Lequel FitzRoy ne s'extasie guère : il envoie à Charles un billet rageur, sec

* Sous le titre *Voyages of the* Adventure *and* Beagle, *Volume III, Journal and Remarks 1832-1836*, pour cette 1re édition.

** Henri Colburn, l'éditeur.

comme une déclaration de guerre, pour exprimer sa colère de ne pas voir l'équipage du *Beagle* remercié comme il conviendrait (selon lui) dans la préface, et enfonce le clou dans un nouveau courrier : « J'ai été ébahi par l'omission totale de toute mention des officiers, que ce soit nominativement ou dans leur ensemble[13]. » Charles se montrera conciliant, la préface de l'édition définitive rendra hommage à « tous les officiers à bord du *Beagle* pour leur soutien constant dans mes travaux scientifiques et leurs constantes bonnes dispositions à mon égard tout au long du voyage* », et les deux hommes resteront, *grosso modo*, en bons termes.

Fin novembre 1837, Charles s'accorde un bref séjour à l'île de Wight où son cousin Fox s'est installé depuis quelques années. Leurs relations sont redevenues cordiales et, le 11 décembre, il lui adresse une lettre chaleureuse, montrant un intérêt sincère pour les fossiles qu'il a découverts, en particulier la mâchoire inférieure d'un *Chœropotamus*, « cousin » disparu du phacochère et de l'hippopotame. Cette pause aura été bienvenue, car le premier semestre de 1838 ne va lui laisser aucun répit. Dès la mi-janvier, cédant à l'insistance de Whewell, il accepte le poste de secrétaire de la Geological Society : « Je ne pouvais décemment pas refuser, bien qu'il s'agit là d'une fonction qui ne me dit rien[14]. » Simultanément, il supervise la réalisation de sa « Zoologie », désormais découpée en cinq parties confiées chacune à un spécialiste : *Mammifères fossiles* par Richard Owen, *Mammifères* par

* Préface à l'édition mise en vente en 1839.

George Robert Waterhouse, *Oiseaux* par John Gould, *Poissons* par Leonard Jenyns et « Reptiles » par Thomas Bell — cinq collaborateurs qu'il faut encourager, relancer, parfois discrètement recadrer. Tandis que l'éditeur, Smith, Elder & Co., s'impatiente, et que le ministère des Finances, qui a consenti une subvention de 1 000 livres, ne débloque les fonds qu'au fur et à mesure des factures justificatives. Il faut aussi négocier les tarifs : ainsi, un certain Bayfield, qui fait la mise en couleurs des planches d'ornithologie, demande 5 shillings par oiseau, et Charles tente d'obtenir une réduction en lui confiant, en outre, vingt-cinq planches de petits animaux pour un autre volume... Il multiplie les courriers et les visites à ses collaborateurs, sans négliger pour autant ses activités à la Geological Society — il présente le 7 mars un article sur les phénomènes volcaniques —, ni relâcher la pression sur FitzRoy, qui a le plus grand mal à achever la rédaction des deux volumes dont il s'est chargé : « Je suis allé chez le capitaine hier soir pour prendre le thé ; cela fait du bien d'entendre Mme FitzRoy parler de son bébé ; il est si beau et sa voix est une si charmante petite musique ! Le capitaine se porte très bien — enfin, pour un homme qui a un art très consommé de regarder tout et tout le monde de travers. Il travaille très dur à son livre qui, je suppose sera vraiment terminé en juin. J'ai parcouru quelques pages du *Journal* du capitaine King* : je me suis senti obligé, contre toute vraisemblance,

* Le *Journal* du capitaine Philip Parker King, rédigé lors du 1er voyage en Terre de Feu (1826-1830).

1. Charles Darwin et sa sœur Catherine, vers 1816. Peinture d'Ellen Sharples.
Down House, Downe, Kent.

1

« Depuis ma plus tendre enfance, j'ai eu le plus vif désir de comprendre et d'expliquer tout ce que j'observais – c'est-à-dire de regrouper la totalité des faits sous un petit nombre de lois générales. »

2

2. Robert Waring Darwin, père de Charles Darwin. Peinture d'Ellen Sharples.
Down House, Downe, Kent.

3

4

3-4. Charles et Emma Darwin. Gouaches par George Richmond, 1840.
Down House, Downe, Kent.

5. Vitrine de scarabées.
Down House, Downe, Kent.

5

6

6. Charles Darwin et son fils William Erasmus. Daguerréotype anonyme, 23 août 1842.
Down House, Downe, Kent.

« Le mystère du commencement de toute chose est insondable ; c'est pourquoi je dois me contenter de rester agnostique. »

7. Anne Elizabeth Darwin, dite Annie. Daguerréotype, 1849.
Down House, Downe, Kent.

7

8. Le voyage du *Beagle* de 1831 à 1836.

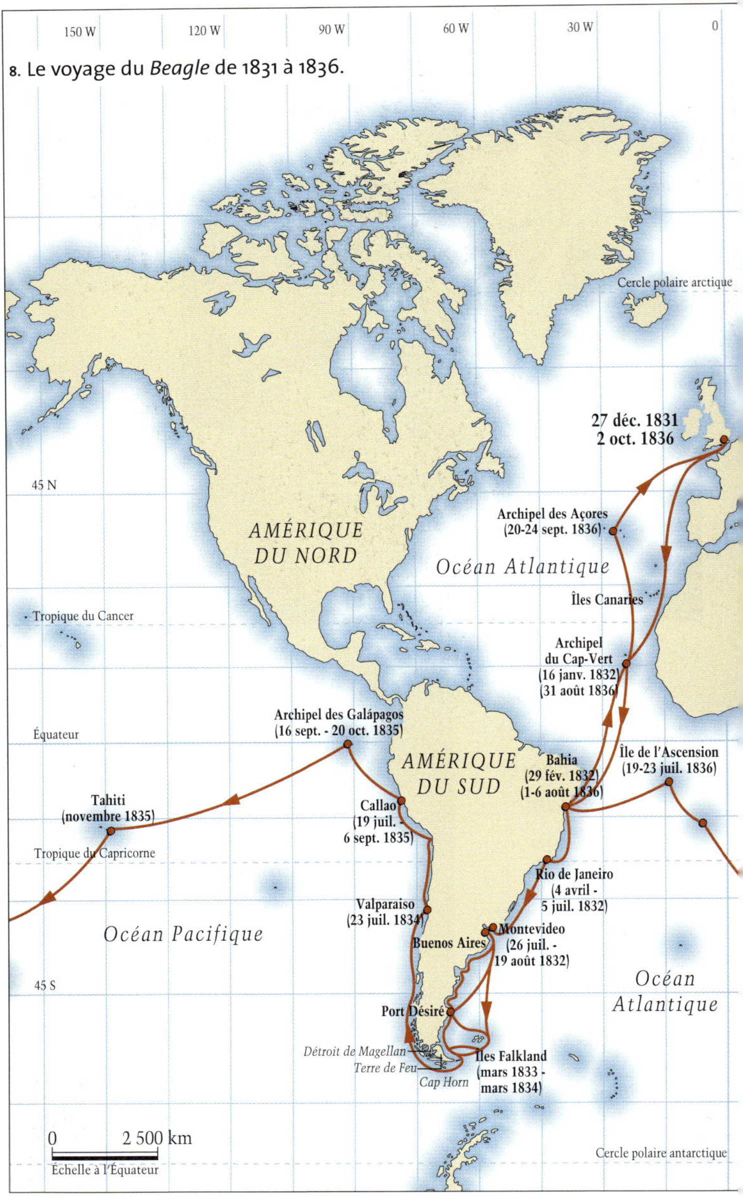

9

9. Le *Beagle* dans le détroit de Murray en Terre de Feu. Aquarelle de Conrad Martens. Down House, Downe, Kent.

10. Dent de *Toxodon platensis*. Planche de la première partie (consacrée aux mammifères fossiles) de *The Zoology of the Voyage of the* Beagle. Londres 1838.

11. Barnacles (famille des crustacés). Planche de *A Monograph of the Sub-class Cirripedia with Figures of all the Species*. Londres, 1854.
Londres, Natural History Museum.

10
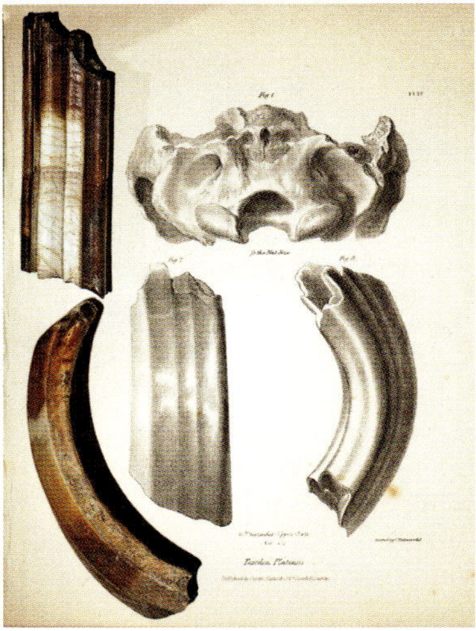

11
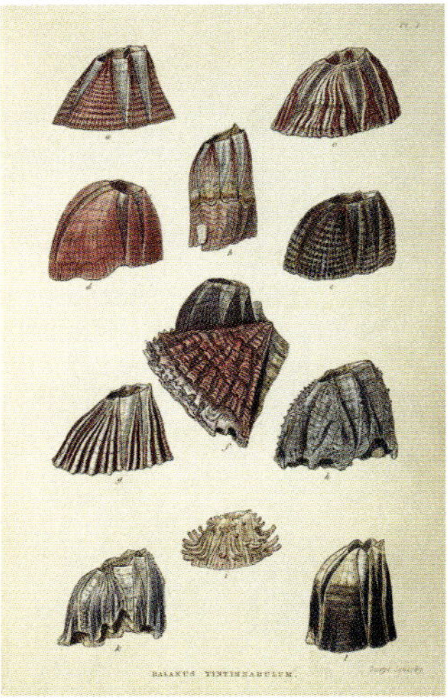

« L'objet le plus élevé que nous soyons capables de concevoir – la production des animaux supérieurs – est la suite directe de la guerre de la nature, de la famine et de la mort. »
(De l'origine des espèces)

12. Charles Darwin et Émile Littré. Caricature d'André Gill dans *La Lune rousse*, 18 août 1878. Darwin y traverse des anneaux, tenus par Littré, sur lesquels on peut lire : «crédulité», «superstition», «erreur» et «ignorance».

12

13

13. Frontispice de l'album de caricatures de Charles H. Bennett, 1863. Londres.

14

14. Portrait de Charles Darwin, vers 1855. Photo Maull et Polyblank.

15

15. Le bureau de Charles Darwin à Down House.

16. Portrait de Charles Darwin par Julia Margaret Cameron, 1868.
Washington, Library of Congress.

16

« Les espèces qui survivent ne sont pas les espèces les plus fortes, ni les plus intelligentes, mais celles qui s'adaptent le mieux aux changements. »

17. Inauguration de la statue de Charles Darwin au Muséum d'histoire naturelle de Londres. Gravure parue dans *The Graphic*, 20 juin 1885.

17

d'affirmer au capitaine que je trouvais tout cela très bon mais, en toute honnêteté, jamais pudding servi dans un réfectoire d'école n'a été aussi indigeste. Tout cela dégouline d'histoire naturelle absolument nulle. J'espère que le volume du capitaine sera meilleur[15]... » Ce ne sera pas le cas et, des trois volumes, seul celui signé par Darwin sera un succès de vente, ce dont FitzRoy concevra une tenace jalousie.

Paradoxalement, au milieu de ce tourbillon, il semble se préoccuper des femmes plus qu'il ne l'a jamais fait — à sa manière souvent teintée d'ironie. D'abord en décochant quelques féroces flèches contre sa cible du moment, Harriet Martineau ; après une visite au zoo de Londres, où il assiste au curieux spectacle du rhinocéros qui, pour sa première sortie à l'extérieur, galope, se cabre et rue de joie dans son enclos, il écrit à Caroline : « Miss Martineau [...] était ces temps derniers aussi frétillante que le rhinocéros. Erasmus était avec elle midi, matin et soir ; si elle n'avait pas la froideur d'une montagne des régions polaires, elle aurait certainement craqué. Lyell lui a rendu visite l'autre jour, et il y avait une belle rose sur la table ; elle la lui a désignée en disant sans la moindre émotion : "Erasmus Darwin me l'a donnée." Quelle chance qu'elle soit aussi laide, sinon je devrais être effrayé : c'est une femme étonnante. Quand Lyell est arrivé, il y avait là Rogers, Jeffris et Empson*, tous trois venus la voir. [...] Le vieux Rogers semble l'un de

* Rédacteurs de l'*Edinburgh Review*, dans laquelle Harriet Martineau publiait régulièrement.

ses fervents admirateurs. Il dit que son rire est si charmant qu'il est "comme celui d'un enfant chatouillé dans son berceau". [...] Drôle de beau petit bébé, dans ce cas[16] ! » Quelques jours plus tard, il écrit à propos d'un dîner chez Sarah William, une amie de sa sœur Caroline : « Il y avait des gens très divers — une charmante veuve, tout en noir, jeune et jolie, elle a pris le parti d'avoir l'air charmante et de parler peu[17]. » Il évoque à nouveau le sujet, mais sur un ton moins assuré, dans une lettre à son ami Whitley : « Quant à une femme, ce spécimen particulièrement intéressant du sous-embranchement des vertébrés, seule la Providence sait si j'arriverai un jour à en capturer une, ou si je serai capable de la nourrir après sa capture[18]. » Charles souffre en fait d'un réel complexe d'infériorité ; comme l'exprimera délicatement sa fille Henrietta : « Il avait l'étrange idée que son visage charmant, plein d'énergie et de douceur, était d'une laideur repoussante[19]. » Sa cousine Elizabeth Wedgwood, moins indulgente mais plus objective — bossue et handicapée, elle savait cruellement ce qu'est la laideur — disait plus crûment : « Il a si belle allure que sa laideur n'a pas d'importance[20]. » Charles est mal dans sa peau, son manque de confiance en lui est là aussi flagrant. Et lorsqu'il écrit à Caroline, le 15 mai 1838, « j'ai oublié de dire que Miss Martineau va me rendre visite un de ces jours, afin de voir l'auteur dans sa tanière, et que nous avons ainsi une sorte de flirt ensemble », la famille s'alarme : ce faux laid serait-il finalement capable, par défaut, de s'éprendre de cette vraie laide ?

L'été 1838 s'annonce plus serein que les mois écoulés : grâce au soutien actif de Lyell, Darwin est élu membre de l'Athæneum le 21 juin — le même jour que Charles Dickens — et ne tarde pas à s'y trouver comme chez lui, venant y dîner chaque jour ou presque. À la même période, sa cousine Emma Wedgwood, de retour d'un séjour parisien qui avait réuni une partie de la famille, ainsi que Catherine Darwin, autour de l'oncle et de la tante Sismondi, s'attarde à Londres chez son frère et sa belle-sœur Hensleigh et Fanny. À cette occasion, Charles vient souvent dîner « en voisin ». Emma est ravie de revoir son cousin, mais lui semble ne pas faire attention à elle. Il se sent fatigué et ne rêve que de vacances loin de Londres. C'est ainsi qu'il part pour l'Écosse le 23 juin, prenant le bateau pour Édimbourg, et miracle ! il voit le spectre du mal de mer se dissiper : « Le trajet en vapeur fut fort agréable, et, misérable que je suis ! j'ai joui, étant tout à fait bien, du spectacle de deux dames et de quelques petits enfants en proie au mal de mer. À mon retour de Glasgow à Liverpool, j'ai éprouvé pareil sentiment de triomphe à l'égard de plusieurs hommes faits[21]. »

Au terme de cette excursion géologique, il passe quelques jours à Shrewsbury et Maer, avant de retourner à Londres, pour la première fois de sa vie, par le train. Emma lui avait vanté ce nouveau moyen de transport, qu'elle avait emprunté lors de son précédent voyage, mais lui se dit plutôt déçu par l'inconfort et la pagaille des multiples changements — le tunnel de Kilsby* n'est pas achevé, il faut quitter le train à Rugby pour une diligence, puis, après quatre heures de cahots, emprunter un autre train dans une gare provisoire... Tout cela convient mal aux habitudes rangées de vieux garçon que Charles, bientôt trentenaire, semble adopter : « Je vis ici tranquille, et mon travail continue d'avancer lentement, mais sûrement. Je suis arrivé à une conclusion qui vous fera dire que je suis un homme très raisonnable, et que vous avez raison dans ce que vous dites. La preuve en est que j'ai adopté votre système de ne travailler que deux heures de suite, après quoi je sors, je fais mes affaires au-dehors, puis je rentre et je me remets au travail. D'un jour, j'en fais deux. Ce nouveau système me réussit à merveille ; après la seconde moitié de ma journée, je vais dîner à l'Athæneum comme un gentleman, ou plutôt comme un seigneur, car le premier soir où je m'assis dans ce grand salon, étendu seul sur un canapé, je me faisais l'effet d'un duc[22]. »

En septembre et octobre, il poursuit imperturbablement ses recherches, de plus en plus intéressé par le sujet de la transmutation des espèces : « À propos de la question des espèces, j'ai rempli livre de notes après livre de notes de faits qui commencent à se grouper d'eux-mêmes et *clairement*** selon des lois secondaires[23]. » Dans le même ordre d'idées, toujours préoccupé des variantes constatées chez les

* En raison d'études géologiques bâclées, les travaux de ce tunnel de 2,2 km en terrain instable furent trois fois plus longs et coûteux que prévu ; l'ouvrage est cependant toujours en service.

** C'est Darwin qui souligne.

« pinsons des Galápagos », il écrit à Henslow, en possession des plantes recueillies dans l'archipel : « Vous vous souvenez certainement combien de fois je vous ai parlé du fait étonnant que les espèces d'oiseaux sont différentes dans les différentes îles des Galápagos. Récemment, j'ai collecté quelques faits curieux, portant sur le même sujet, concernant les lézards et les tortues des mêmes îles ; maintenant, je voudrais savoir si vous pouvez me dire quelque chose au sujet des plantes. Comprenez bien que je ne vous demande pas de prendre la peine de me donner des noms, etc., etc., tout ce que je veux est de savoir, en jetant un œil sur mes plantes, combien de fois (car vous m'avez parlé d'un ou deux cas) on trouve des espèces proches, du même genre — une espèce venant d'une île et une deuxième d'une autre île. » S'il existe, en effet, des corrélations directes entre chaque espèce de plante et chaque île, « cela viendra à l'appui du cas des oiseaux et des tortues de manière *glorieuse**[24] ».

Entre ses livres de notes relatifs aux variations des espèces, Charles conserve précieusement, depuis quelque temps, un mémo devenu célèbre, consacré à « ce spécimen particulièrement intéressant du sous-embranchement des vertébrés », autrement dit la femme. Dans un dilemme shakespearien, il a intitulé le document « Se marier ou ne pas se marier », en écho au fameux « Être ou ne pas être », et pèse la question en termes quasi scientifiques :

* C'est Darwin qui souligne

Se marier

Enfants — (s'il plaît à Dieu) — compagne permanente (amie une fois l'âge venu), qui s'intéresse à vous, objet à aimer et avec qui se divertir — mieux qu'un chien de toute façon — Maison, et quelqu'un pour la tenir — Charmes de la musique et bavardage féminin. Tout cela bon pour la santé. Forcé de faire des visites et de recevoir des parents, *mais terrible perte de temps*.

Mon Dieu, il est intolérable de penser à passer sa vie entière comme une abeille, à travailler, travailler, et rien d'autre. — Non, impossible.

Imagine de passer toute la journée solitaire dans maison de Londres sale et enfumée. — Imagine un peu une jolie femme douce sur un sofa, avec un bon feu, des livres et peut-être de la musique — comparer cette vision avec la terne réalité de Great Marlborough Street. Se marier — Se marier — Se marier. CQFD.

Ne pas se marier

Pas d'enfants (pas de seconde vie), personne pour s'occuper de vous l'âge venu. — À quoi sert de travailler sans la sympathie de proches et d'amis. — Qui sont les proches et les amis, quand on est vieux, sinon la famille ?

Liberté d'aller où on veut — Choisir une Société et *la fréquenter peu*. Conversations avec hommes intelligents dans les clubs.

Pas forcé de rendre visite aux parents et de se plier à toutes les broutilles — de subir la dépense et l'anxiété pour les enfants — et peut-être des scènes. — *Perte de temps* — ne pas pouvoir lire le soir — gras et oisif — anxiété et responsabilité — moins d'argent pour les livres, etc. — Si beaucoup d'enfants, forcé de gagner son pain. — (Mais alors très mauvais pour la santé de travailler trop).

Peut-être ma femme n'aimera pas Londres ; alors la sentence est le bannissement et la dégradation : devenir un sot indolent et désœuvré.

Au verso de la même page, Charles récapitule ses arguments :

Le mariage étant prouvé nécessaire — Quand ? Tôt ou tard. Le Gouverneur dit tôt car, autrement, mauvais si l'on a des enfants. — le caractère est plus souple — les sentiments sont plus vifs, et si on ne se marie pas de bonne heure, on passe à côté de tant de bonheur.

Mais si je me mariais demain : il y aurait une avalanche d'ennuis et de dépense pour acquérir et meubler une maison — se battre pour éviter la Société — visites matinales — difficultés — pertes de temps toute la journée — (à moins que ma femme soit un ange et me laisse travailler) — Maintenant comment pourrais-je m'occuper de mes affaires si j'étais obligé d'aller tous les jours me promener avec ma femme. — Hélas ! Je ne rencontrerai jamais de Français — je n'irai pas sur le Continent — ni en Amérique, je ne monterai pas en ballon, ne ferai pas de voyage solitaire au pays de Galles — pauvre esclave, tu seras plus malheureux qu'un Noir. — Et alors pauvreté horrible (à moins que ma femme ne soit meilleure qu'un ange et ait de l'argent) — Ne t'en fais pas, mon garçon — Courage — On ne peut pas vivre cette vie solitaire, dans cette vieillesse boiteuse, sans amitié ni chaleur, ni enfants qui vous regardent en face et vous voient déjà ridé — Ça ne fait rien, faire confiance au hasard — garder l'œil vif — Il y a beaucoup d'esclaves heureux[25].

Au-delà d'arguments à faire bondir les féministes — on imagine mal une Harriet Martineau cautionner l'image de la jolie femme douce sur un sofa, sans parler du sidérant « mieux qu'un chien *de toute façon* »... —, certains traits de caractère de Charles apparaissent sans fard, en particulier son horreur de la dépense couplée à la crainte de la pauvreté, alors qu'il est à l'abri de tout souci financier : une autre façon d'exprimer ce manque de confiance en lui qui le mine depuis l'enfance et l'oblige à se surpasser.

Le 9 novembre, Charles, pris d'une impulsion subite, abandonne tous ses travaux en cours pour se rendre à Maer. Le surlendemain, 11 novembre, surmontant ses doutes et ses inquiétudes, il se jette à l'eau et, sans préambule, demande à Emma de l'épouser. À ses grands ravissement et soulagement, elle accepte sans hésiter. Il n'a plus qu'à noter dans son *Journal* : « Dimanche 11. Le jour entre tous ! »

Domicile conjugal

Aux inquiétudes de Charles — « Puis-je espérer une telle bonne fortune ? » — répondaient depuis des mois les inquiétudes inverses d'Emma, tombée sous le charme de son regard gris-bleu : « Mais quand va-t-il se décider ? » Dans une lettre à sa tante, Jessie de Sismondi, elle confie que, lorsque Charles est venu à Maer au mois d'août précédent, « il était d'excellente humeur, et j'avais le sentiment que s'il me connaissais mieux, alors il m'aimerait vraiment », sa grande crainte étant de « continuer dans cette sorte d'amitié que nous entretenions depuis des années[1] », qui risquait fort de ne déboucher sur rien d'autre.

La déclaration de Charles s'est faite dans des circonstances fort peu officielles : au matin du 11 novembre 1838, lorsqu'il prend Emma à part pour lui ouvrir son cœur, il y a ce jour-là grande réception à Maer. Le secret sera gardé toute la journée, seuls Oncle Jos, Elizabeth Wedgwood et Catherine Darwin sont dans la confidence. Oncle Jos pleure de joie, « car il a toujours eu beaucoup de considération pour Charles, et Charles éprouve pour lui le plus grand respect et une immense affection ». Comme tout ce petit monde prend des airs de conspirateurs avec un air lugubre, certains dans l'assistance se demandent si un malheur n'est pas arrivé. Seule cette fine mouche de Fanny, l'épouse de Hensleigh, se montre plus maligne et comprend tout. Emma et elle vont bavarder jusqu'à très tard dans la nuit, jusqu'au moment où la fringale se fait sentir et où, après avoir fouillé la cuisine et trouvé une miche de pain, deux livres de beurre et un couteau à découper, les deux cousines vont se livrer à « une élégante collation[2] ». Tout cela est bien loin des clichés d'une demande en mariage en bonne et due forme à l'ère victorienne...

Oncle Jos n'est pas le seul à se réjouir, toute la famille et les amis félicitent, de vive voix et par courrier, Charles et Emma : « Tu seras aussi heureux qu'on peut être heureux » (Caroline à son frère Charles) ; « C'est moi qui prends la plume avant ma femme, parce que je veux être le premier à embrasser, au moins en idée, ma jolie nièce [...]. Tout ce qu'on peut désirer dans un époux me semble réuni dans celui à qui vous donnez la main* » (Jean Charles de Sismondi à Emma)... Henslow, qui vient de fêter son quinzième anniversaire de mariage, prodigue des conseils de vieux sage : « Souvenez-vous que si vous prenez femme pour le meilleur et pour le pire, prenez soin de valoriser le meilleur et de ne pas vous soucier du pire. Bien sûr, il est impossible à un amoureux d'envisager qu'il puisse y avoir du pire en la ma-

* Lettre écrite directement en français.

tière, mais c'est le rôle prudent du mari de faire qu'il n'y en ait pas[3]. » Quant aux deux futurs beaux-pères, et déjà beaux-frères, Robert Darwin et Oncle Jos, ils se congratulent mutuellement sans oublier les sujets matériels. Ainsi, le docteur écrit : « Qu'Emma ait agréé Charles me donne autant de bonheur que le mariage de Jos et de Caroline, et je n'en dirai pas plus », mais il ajoute ironiquement qu'il est presque aussi heureux que si Charles épousait Harriet Martineau — voir s'éloigner la menace Martineau comme belle-fille le met en joie. Oncle Jos, dans sa réponse tout aussi enthousiaste, ajoute : « Je me propose de faire pour Emma ce que j'ai fait pour Charlotte et trois de mes fils, à savoir lui donner 5 000 livres en titres et de lui faire une rente de 400 livres par an[4]. » En retour, le docteur accorde 10 000 livres à Charles : le jeune couple n'aura jamais de problèmes d'argent.

À partir de ce jour, les préoccupations professionnelles de Charles passent au second plan. Le 27 novembre, il écrit à Emma, qu'il est revenu voir à Maer dix jours plus tôt : « Je ne peux positivement rien faire d'autre, et n'ai rien fait d'autre de toute la semaine, que de penser à nous et à notre vie future[5]. » Sa grande préoccupation devient la recherche d'un logement : comme à cette époque les baux sont d'un an minimum et se concluent vers Noël avec effet au 1er janvier, il faut faire vite. En compagnie d'Erasmus, Charles arpente les quartiers de Londres qu'Emma aimerait habiter, le sud de Regent's Park, si possible près de Covent Garden, ou Tavistock Square. Très vite, Charles s'inquiète : « Les difficultés sont vraiment effrayantes.

Les maisons sont très rares et les propriétaires sont tous devenus fous, ils demandent des prix incroyables. » Pour réduire les frais, il propose à Emma de louer une maison vide, puis de la meubler au fur et à mesure de leurs possibilités. Emma, qui le sent débordé et angoissé, décide de venir l'aider dans ses recherches et arrive à la gare d'Euston au train de 19 h 15, le 6 décembre. Ensemble, ils vont visiter les trois ou quatre maisons que Charles préfère, et ils se mettent d'accord pour une maison vide située Woburn Place, louée 110 livres par an. Finalement, Charles va jeter son dévolu sur une autre maison, bien située au 12, Upper Gower Street, tout près de Tavistock Square dans le quartier résidentiel de Bloomsbury, comportant « un grand salon en façade avec trois fenêtres, un salon sur l'arrière, plus petit, avec une vue plaisante sur un petit jardin qui sera très agréable, l'été, pour respirer un peu d'air frais. C'est meublé, mais plutôt hideux[6] » : devant le jaune canari des rideaux et le bleu azur des murs, Charles a un peu tiqué et aussitôt surnommé l'endroit « Villa des Perroquets ». Le 29 décembre, l'affaire est réglée : « La maison de Gower Street est nôtre, rideaux jaunes et tout. J'ai versé aujourd'hui une avance, signé un bail, et reçu les clés ; et la "vieille femme" m'a informé que désormais j'étais le maître des lieux... Il me tarde que nous entrions ensemble dans notre maison ; quel bonheur ce sera de te voir assise près du feu dans notre chez-nous[7]. »

Dès le lendemain, Charles n'y tient plus : à 11 heures, il sonne son secrétaire, Syms Covington, qu'il a conservé à son service depuis le voyage du

Beagle, et lui demande, bien que ce soit dimanche, de l'aider à faire ses bagages. À 15 h 30, deux fourgons de déménagement remplis de lourdes caisses (certaines chargées d'échantillons de minéraux !) prennent le chemin d'Upper Gower Street, où tout est livré à 18 heures. Vers 20 heures, la « vieille femme » lui prépare des œufs au bacon et un thé. Et, le lendemain, tout est en ordre, le grenier sur rue étant devenu son « musée privé ». Sur le conseil de sa belle-sœur Fanny, il engage une cuisinière à 14 guinées par an, « plus le thé et le sucre ».

Plus les jours passent, plus Charles est impatient d'être au 24 janvier, date prévue pour le mariage. Mais, le 7 janvier, une lettre d'Emma l'informe que l'événement doit impérativement avoir lieu le 29 — elle précise, pour désamorcer tout reproche, qu'elle avait toujours dit « *aux alentours** du 24 »… Devant ce relatif contretemps, Charles se précipite à Maer où il arrive le 15 janvier, pour rentrer à Londres le 18. De là, il lui adresse une lettre pleine de tendresse :

Je ne saurai te dire combien j'ai apprécié ma visite à Maer, j'ai pressenti la sérénité de ma future vie : combien j'espère que tu seras aussi heureuse que j'ai la certitude de l'être [...]. Je pense que tu sauras m'humaniser, et bientôt m'apprendre qu'il y a de plus grands bonheurs que de bâtir des théories et d'accumuler des faits dans le silence et la solitude. Ma très chère Emma à moi, je prie ardemment pour que tu ne regrettes jamais la grande, et j'ajouterai la très bonne, action que tu vas accomplir *ce* mardi. Ma chère future femme à moi, que Dieu te bénisse[8].

* C'est Emma qui souligne.

La même longue lettre contient aussi quelques passages plus terre à terre : « Depuis mon retour, j'ai regardé à plusieurs reprises, comme tu le croiras sans peine, dans le salon. Je suppose que mon goût pour les couleurs harmonieuses commence déjà à se dégrader, car je dois dire que j'ai trouvé que la pièce avait l'air moins affreuse » ; il la remercie également pour les sandwichs qu'elle lui avait confectionnés pour le voyage, et sans lesquels il serait mort de faim, la diligence étant arrivée à Birmingham cinq minutes seulement avant le départ du train — ce qui, au passage, lui a permis d'économiser une demi-couronne*, prix d'un repas complet !

Le 24 janvier, décidément jour faste d'une manière ou d'une autre, Charles est élu membre de la Royal Society, qui réunit l'élite des scientifiques britanniques et les grandes fortunes du pays, les secondes jouant les mécènes pour les premiers. Alors qu'il n'a pas encore fêté ses trente ans, il devient ainsi le naturaliste de premier plan, reconnu par ses pairs, que pressentait Sedgwick.

Le 28 janvier 1839, Charles retrouve Emma à Maer pour être marié le lendemain à l'église du village par leur cousin, le révérend John Allen Wedgwood. La cérémonie anglicane, simplifiée pour ne pas heurter les convictions unitariennes d'une partie de la famille, est brève, et Charles n'a qu'une hâte, quitter Maer avec Emma pour rejoindre leur nid de Bloomsbury par le premier train : le voyage

* Une couronne équivaut à 1/4 de livre sterling.

de noces se limitera au trajet Birmingham-Londres, et le repas de fête à quelques sandwichs arrosés d'eau claire. Dans un Londres glacé où les passants pataugent dans la neige fondante, le jeune couple s'empresse de se livrer à quelques achats destinés à rendre leur foyer encore plus chaleureux : un excellent piano (d'occasion), cadeau de mariage de Charles à Emma, de l'argenterie...

Cependant, leur bonheur est assombri par une mauvaise nouvelle : le nouveau-né de Caroline et Josiah III meurt le 31 janvier. Au-delà du chagrin, Charles s'inquiète : ce bébé chétif à la naissance, qui n'a vécu que quelques jours, était le fruit d'un mariage entre cousins germains, tout comme le sien. Cette proximité, bien que conforme aux lois humaines, ne viole-t-elle pas la loi naturelle, provoquant une dégénérescence de la descendance* ? Depuis son retour en Angleterre, il s'intéresse de très près à la sélection artificielle des espèces animales par les éleveurs et connaît le résultat décevant de certains croisements. Ce qui vaut pour les animaux ne vaut-il pas pour l'homme ? Cette question ne le quittera plus, au fil des naissances, des maladies, parfois des décès, de ses propres enfants.

Autre contrariété : il a confié à Richard Owen les fossiles, en particulier une mâchoire inférieure de *Chæropotamus*, découverts par le cousin Fox. Owen a rédigé sur le sujet un article intitulé « Sur quelques restes fossiles d'*Anoplotherium*, de *Palæotherium*, de *Chæropotamus*, trouvés dans les

* À l'époque, tout reste à découvrir en matière d'hérédité et de patrimoine génétique.

couches du terrain d'eau douce de l'île de Wight », article lu à la Geological Society le 7 novembre 1838, puis publié dans la revue de la société le 7 janvier 1839. Dans les deux cas, Owen s'attribue la découverte de la mâchoire, affirmant sans sourciller « le fragment retrouvé par M. Owen... ». Il n'est pas question pour l'instant de se brouiller avec un personnage aussi important, par ailleurs contributeur majeur de la « Zoologie », mais Charles commence à avoir des doutes sur son honnêteté intellectuelle et prend progressivement ses distances. Il ne se trompe pas : en 1846, Owen, pris en flagrant délit d'appropriation du travail d'un amateur peu connu, se verra exclu à vie de la Zoological Society et de la Royal Society.

L'année 1839 est ponctuée de multiples séjours à Maer et à Shrewsbury, en avril, mai, juin, août et septembre. Au mois d'avril, Charles profite de sa présence à Maer pour parfaire ses connaissances sur les espèces en questionnant deux éleveurs du Staffordshire, Richard Sutton Ford et George Tollet, sur leurs expériences de sélections et de croisements de bovins, d'ovins et de volailles. Vers la même période, Emma constate qu'elle est enceinte : leur premier fils, William Erasmus, naîtra le 27 décembre à Londres. Sa sœur aînée Elizabeth et son père, Oncle Jos, viennent passer quelques jours à Gower Street pour assister Emma. D'emblée, Charles commence à prendre des notes sur le développement de l'enfant, notes qui se veulent seulement scientifiques, mais où transparaît l'affection paternelle — loin de l'image du savant enfermé dans sa tour d'ivoire, il se montrera un père attentif et disponible, voulant peut-être rattraper, par cette proximité, la distance qui a compliqué ses relations avec son propre père. Le carnet, qu'il tiendra jusqu'en septembre 1844, oscille entre description pure, interrogations et attendrissement voilé devant le nouveau-né qu'il a surnommé Hoddy Doddy* :

> Pendant la première semaine, il a bâillé, s'est étiré tout comme une personne âgée — surtout les extrémités supérieures — Hoquet — éternuements. A sucé la surface chaude de la main placée devant son visage, semblait immédiatement vouloir téter, soit par instinct, soit par association avec la surface chaude et douce, bien connue, du sein. — Pleuré et hurlé, mais sans larmes. — Ayant touché avec le dessous de son pied un coin de papier (il avait exactement une semaine), il l'a tout d'un coup rejeté au loin et a replié ses orteils, comme quelqu'un qu'on chatouille — évidemment sensible au chatouillement. Je pense que c'est aussi le cas du corps, sous les bras — plus délicats que d'autres parties de la surface — Quelle peut être l'origine du mouvement issu du chatouillement ?
>
> [...] À son huitième jour, il fronça beaucoup les sourcils — et peut-être plus tôt. — À présent ses sourcils sont très légèrement proéminents avec à peine une ombre de duvet — de sorte que si le fait de froncer les sourcils a un quelconque rapport avec la vue, ce doit être assez instinctif ; de surcroît, la vue à cet âge-là est extrêmement imparfaite. — À son neuvième jour pourtant il a semblé suivre une bougie des yeux[9].

Avec cette naissance, Emma a trouvé sa vocation de mère et de femme au foyer — ou plutôt, elle l'avait toujours eue et peut désormais l'exprimer

* Peut se traduire par « Petite Boule » (parce que le bébé est trapu et potelé) ou « Petit Escargot » (parce qu'il rampe et bave...).

pleinement. Dès son arrivée à Londres, elle avait marqué ses prérogatives « en allant affronter la cuisinière sur son territoire, et la prendre en défaut sur la cuisson des pommes de terre bouillies[10] ». En mars, elle se demande comment elle va se séparer de ladite cuisinière, qu'elle trouve trop maligne et n'en faisant qu'à sa guise, et de la femme de chambre, « laide et vulgaire », mais à qui elle ne peut rien reprocher de précis. Entretemps, le 25 février, le secrétaire-assistant de Charles, Syms Covington, a préféré démissionner. Il émigrera en Australie l'année suivante, tout en restant en contact avec Charles jusqu'à sa mort en 1861. Dès le printemps, Emma règne sur le foyer, entourée d'un personnel à sa convenance. Charles se repose sur elle pour organiser les dîners où sont invités le plus souvent Erasmus, Hensleigh et Fanny, les Lyell, parfois les Henslow. S'ils passent la soirée seuls à la maison, elle donne souvent à Charles « une bonne dose de musique ». En revanche, malgré toute sa bonne volonté, elle ne parvient pas à s'intéresser aux recherches de son mari et ne s'en cache pas : alors qu'au début de leur mariage ils assistent à une conférence de la British Association*, Charles s'inquiète : « J'ai peur que ce ne soit très ennuyeux pour toi. — Pas plus que tout le reste[11] », répond-elle avec sa désarmante franchise habituelle. Calme mais décidée, sachant allier tendresse et fermeté, Emma s'annonce comme la compagne idéale pour Charles, à l'opposé tout à la fois de la fantasque et

* British Association for the Advancement of Science, « Association britannique pour le progrès de la science », fondée en 1831.

impulsive Fanny Owen et de cet invivable bas-bleu de Harriet Martineau.

Emma se montre un soutien d'autant plus précieux que Charles traverse une mauvaise passe : à la mi-mai 1839, il tombe malade lors d'un séjour à Shrewsbury, et il faut toute la science paternelle pour le remettre sur pied. Selon sa cousine Elizabeth, Charles ressent le contrecoup des fatigues de son voyage et travaille trop. Emma, enceinte, n'est pas très bien non plus. Heureusement, le *Journal de voyage*, qui se morfond depuis un an et demi dans les entrepôts de l'éditeur, est enfin mis en vente avec les deux autres volumes de *Voyages*, FitzRoy ayant péniblement réussi à terminer sa partie. Sur le plan de la santé, 1840 va être bien pire : simultanément à la naissance de Doddy, Charles récidive et son état va en empirant. Dans une lettre à sa tante Sismondi, Emma confie qu'« il est allé de plus en plus mal les six dernières semaines, il se trouve dans un état de langueur quasi permanent tout à fait éprouvant, et se retrouver condamné à l'oisiveté lui est très pénible. Il consulte le Dr. Holland, mais sans grand résultat[12]. » Heureusement, lorsqu'elle reprend la rédaction de sa lettre, elle annonce que Charles va mieux depuis trois jours, espérant qu'il a passé le cap et qu'il est en voie de guérison. Charles, un peu plus optimiste, écrit quant à lui à Lyell : « Le Dr. Holland pense avoir trouvé ce que j'ai, et espère maintenant me remettre d'aplomb. Il est tout de même mortifiant de constater que cela fait maintenant neuf semaines que je n'ai pu faire une journée complète de travail, à peine quatre demi-journées[13] », qu'il indique avoir consacrées à la question des récifs coralliens. Il confie à Fitz-Roy quelques détails supplémentaires sur son état : « Mon estomac est, comme d'habitude, mon ennemi, mais le Dr. Holland m'a dit qu'il pensait que ce n'était qu'une affection secondaire, qu'un autre rouage fonctionnait mal[14]. » Le temps passe et Charles ne récupère pas : le 24 mars, il démissionne de son poste de secrétaire de la Geological Society pour raison de santé — démission refusée. Dans les jours qui suivent, il part à Shrewsbury, espérant que le grand air et les soins paternels vont lui faire le plus grand bien. Retrouver l'énergie de travailler reste son souci premier : « J'en ai assez de perdre mon temps et je donnerais tout pour retrouver mes forces[15] », écrit-il à Jenyns. Le même jour, il raconte à Emma les péripéties de son voyage (il a réussi à voyager dans un autre compartiment qu'un « moulin à paroles » de sa connaissance), la rassure sur son état (son père s'est borné à lui conseiller de prendre régulièrement du calomel*) et lui confie qu'il dort mal, seul dans son grand lit (révélant ainsi qu'Emma et lui ne font pas chambre à part comme tant de couples bourgeois)[16].

Malgré le retard pris dans ses travaux, il accepte d'entrer au conseil de la Geographical Society, où il est élu le 25 mai. À la même période, la quatrième et dernière partie du premier volume de la « Zoologie », *Mammifères fossiles*, confié à Owen, est enfin publiée, mettant un terme à une collaboration qui devenait délicate. Charles, soulagé, peut de

* Chlorure mercureux longtemps utilisé comme diurétique et purgatif, mais hautement toxique.

nouveau prendre un mois de repos, cette fois à Maer et en compagnie d'Emma. La vie à la campagne le fait immédiatement se sentir mieux, et il commence à penser que Londres ne lui vaut rien : « Nous sommes arrivés avant-hier et nous profitons du merveilleux parfum de terre mouillée et de plantes. Je pense que nous ne serons jamais capables de rester toute une vie à Londres, et notre chimère du moment est de vivre à proximité d'une gare dans le Surrey, à une vingtaine de miles du centre de la capitale[17]. »

Comme toujours, la curiosité de Darwin ne cesse d'être en éveil : début juillet, lors d'une visite à Shrewsbury, il remarque que certaines oranges — The Mount possède une orangerie — présentent des excroissances « en forme de corne de vache », et s'empresse d'en envoyer quelques spécimens à Henslow en l'interrogeant sur la possibilité de « métamorphoses de certains organes intérieurs du fruit ». Au chapitre des métamorphoses intérieures, Emma est de nouveau enceinte, la naissance étant prévue vers fin février de l'année suivante.

Le grand air de Maer se révèle un traitement insuffisant : Charles rechute le 4 août. Le 19 août, il est toujours au fond de son lit et ne pourra finalement rentrer à Londres que le 14 novembre 1840. Il reprend progressivement ses travaux, mais ce n'est que fin janvier 1841 qu'il estimera que ses forces lui reviennent progressivement, « avec bien des hauts et des bas », lui permettant « d'être capable de travailler une heure ou deux, plusieurs jours par semaine ». Il a également la satisfaction de voir s'achever la publication du volume III de la « Zoologie », consacré aux oiseaux, tandis que le volume IV, *Poissons*, avance régulièrement, Jenyns faisant preuve d'une parfaite ponctualité. Maintenant que les deux premiers volumes, *Mammifères fossiles* et *Mammifères*, sont publiés, seul demeure l'épineux problème du cinquième et dernier volume, *Reptiles*, confié à Thomas Bell qui accumule les retards alors que sa partie est la plus brève de toutes. Début 1841, le zoologiste amateur n'a toujours rien livré alors qu'il s'était empressé de proposer ses services dès 1836…

Le 2 mars 1841 voit la naissance de la petite Anne Elizabeth, « Annie », deuxième enfant et première fille du couple. Le 28 mai, Charles, Emma et le bébé partent pour Maer — où il se sent immédiatement beaucoup mieux qu'à Londres —, puis Shrewsbury, où le petit Doddy séjourne chez son grand-père. C'est là que Charles découvre avec amusement que l'enfant a une peur panique des grenouilles, mauvais augure pour espérer en faire un naturaliste* ! Plus sérieusement, il profite de cette visite à Shrewsbury pour s'ouvrir à son père de ses projets d'installation à la campagne, à bonne distance de Londres, pour sa tranquillité et sa santé comme pour celles des enfants. En fait, il ne souhaite pas seulement l'approbation paternelle, mais surtout le financement de l'achat d'une nouvelle résidence… Le docteur semble très vite entrer dans ses vues car, dès la mi-juillet, Charles évoque le

* De fait, il deviendra banquier.

sujet avec Lyell, qui se désole de ce que leurs réunions londoniennes vont se faire rares et le prie de ne pas suivre l'exemple de Herschel, installé dans le Kent loin de toute gare.

À la fin de l'été, Charles se trouve plutôt en forme, comme il s'en ouvre à son cousin Fox avec qui, depuis le séjour dans l'île de Wight, il a renoué les liens d'amitié de leur jeunesse — il vient d'accepter d'être parrain de son dernier-né : « J'ai constamment gagné du terrain, et maintenant je crois réellement qu'un jour je serai tout à fait fort. Je travaille tous les jours pendant deux heures environ à mon volume sur le corail, et je fais journellement une petite promenade à pied ou à cheval. Le soir, je suis très fatigué, et à ce moment je ne puis sortir : c'est à peine si je puis recevoir les intimes ; mais la vie ne m'est plus un fardeau, maintenant que je puis faire quelque chose. Nous prenons des mesures pour quitter Londres et nous fixer à une vingtaine de milles d'ici, près de quelque chemin de fer[18]. » Un peu plus tard, il précise à Fox qu'il se consacre « à la chasse aux maisons. Nous en avons vu une près de Chobham et Bagshot dans le Surrey, qui pourrait nous convenir, mais le vendeur en demande un prix exorbitant. J'ai hâte de m'installer au grand air, loin de toute cette crasse, du bruit, du vice et de la misère. [...] Vendredi, je me rends à Westcroft avec un expert pour faire une évaluation, puis une offre. Nous ne déménagerons pas avant l'été prochain, peut-être même pas avant l'automne s'il y a des travaux comme je le crains[19]. »

Tout cela ne l'empêche pas de terminer l'ouvrage

consacré aux coraux, qui reprend et amplifie sa communication de mai 1837 à la Geological Society. Le 3 janvier 1842, le manuscrit est envoyé à l'imprimeur, et Charles peut noter dans son *Journal* : « J'ai entamé ce travail il y a trois ans et sept mois. Au cours de cette période (sans compter le travail effectué pendant le voyage du *Beagle*), j'y ai consacré environ vingt mois, et en plus j'ai compilé la partie "Oiseaux" de la Zoologie, l'appendice au *Journal de voyage*, rédigé un article sur les blocs erratiques et corrigé mes articles sur Glen Roy* et les tremblements de terre, et la maladie m'a fait perdre tout le reste de ce temps. »

En février, Darwin a le privilège de rencontrer l'homme dont les écrits l'ont fait rêver au point de tenter de monter une expédition à Tenerife : le baron Humboldt, dont il fait la connaissance lors d'un petit déjeuner chez le géologue et géographe sir Murchinson. Charles note : « Je fus un peu déçu par le grand homme, mais j'en attendais probablement trop. » Plus malicieuse, Emma rapporte que Humboldt a fait à Charles « d'énormes compliments, puis qu'il a parlé sans la moindre pause pendant trois heures, ce qui est loin d'être agréable... ».

Le 7 mars, Charles part pour Shrewsbury où il a le plaisir de retrouver sa sœur Caroline et son bébé — elle vient d'avoir une petite Sophy en février, et si le nouveau-né est en bonne santé, sa mère est terrifiée à l'idée qu'elle pourrait la perdre comme

* Formations géologiques en terrasses parallèles dans une vallée d'Écosse proche du Loch Ness.

son premier-né*. Son père et ses sœurs vont bien, et lui-même se sent en forme, accomplissant de longues promenades et mangeant de bon appétit. Seule ombre au tableau, le Premier ministre, sir Robert Peel, vient d'instaurer un impôt sur le revenu de 3 %, et Charles a calculé que cette mesure — présentée comme « provisoire »... — va lui coûter près de 30 livres par an.

Avril 1842 voit la publication de la quatrième et dernière partie du volume consacré aux poissons. Jenyns a scrupuleusement rempli son contrat, et Charles lui écrit : « Vous devez vous sentir soulagé d'un poids non négligeable, maintenant que vous avez achevé les Poissons. Je regardais hier la dernière livraison, quelle masse de travail il y a là ! J'ai la conviction que votre partie est vraiment excellente [...]. Je souhaite parvenir à convaincre Bell de terminer sa partie, ce qui permettrait aux éditeurs de pousser les ventes ici et à l'étranger[20]. » Il indique aussi qu'il vient de finir de corriger la dernière page d'index de son livre sur les récifs coralliens, « ce qui me réjouit au plus profond de mon cœur ! ». L'ouvrage, intitulé *The Structure and Distribution of Coral Reefs***, est publié en mai chez Smith, Elders & Co., tout comme les cinq volumes de la « Zoologie ».

Le 17 mai, il donne ses instructions à son éditeur concernant le service de presse : « Pouvez-vous

* Sophy vivra et aura deux sœurs qui vivront également.

** Titre intégral : *The Structure and Distribution of Coral Reefs. Being the First Part of the Geology of the Voyage of the* Beagle, *under the Command of Capt. FitzRoy, R.N., During the Years 1832 to 1836* ; en français, *Les Récifs de corail, leur structure et leur distribution.*

envoyer des exemplaires à l'*Athæneum*, à l'*Edinburgh Review*, au *Philosophical Journal* de Jameson et au *Philosophical Journal** de Taylor ? Vous pouvez écrire sur la page de garde "De la part de l'auteur", s'il vous plaît. » Le lendemain, il rejoint Emma à Maer, où il séjourne jusqu'au 15 juin, mettant ses loisirs à profit pour se remettre à travailler sur sa théorie des espèces. Puis, après un bref passage à Shrewsbury, il part pour une nouvelle expédition géologique sur les sites glaciaires de la région de Capel Curig, dans le nord du pays de Galles. Il n'en fera plus jamais d'autres, indiquant dans son *Autobiographie* : « C'est la dernière fois que j'ai été assez en forme pour escalader les montages, ou pour faire les longues marches nécessaires au travail de géologue. »

Courant juillet, Emma et lui pensent avoir trouvé la maison sinon de leurs rêves, du moins correspondant assez à ce qu'ils désirent... et à leur budget. Elle se situe à Down**, un petit village du Kent. En fait, selon leur fils Francis : « Le choix de Down fut plutôt le résultat d'un désespoir que celui d'une préférence ; mon père et ma mère étaient fatigués de la chasse aux maisons, et certaines considérations favorables semblèrent balancer ses défauts plus apparents. Il y avait au moins une condition de remplie : on avait la tranquillité. Il eût été vraiment difficile de trouver un endroit plus retiré à une telle proximité de Londres. En 1842, une course en

* En fait, respectivement l'*Edinburgh New Philosophical Journal* et le *London, Edinburgh and Dublin Philosophical Magazine*.

** Orthographié « Downe » à partir des années 1850, pour éviter les confusions avec le comté de Down (Irlande du Nord).

voiture de 20 miles représentait le seul moyen d'arriver à Down, et même maintenant où les chemins de fer passent plus près, c'est singulièrement en dehors du monde. Rien, si ce n'est parfois le nuage léger de fumée qui assombrit le ciel, n'y révèle le voisinage de Londres[21]. » La maison elle-même, bâtie comme tant de maisons du XVIIIe siècle « aussi près que possible d'un chemin étroit », est « assez triste et peu attrayante : un bâtiment carré, bâti en brique, à trois étages, blanchi à la chaux, couvert de tuiles usées et pendantes ». Jusque-là, les maisons qui plaisaient à Charles et Emma se révélaient trop chères — rien à moins de 3 000 livres —, et leur tentative de négociation pour la maison de Westcroft avait échoué. Leur première idée est de louer Down House avant de faire une proposition d'achat, mais là aussi le projet semble voué à l'échec. Leur agent d'affaires, M. Cresy, les met en garde : la maison est hypothéquée à hauteur de 2 500 livres, leurs meubles personnels pourraient être saisis si le propriétaire ne payait pas les intérêts de l'hypothèque… Charles fait une proposition d'achat à 2 150 livres, au mieux 2 200 livres, mais le vendeur refuse de descendre en dessous de 2 500 livres. Grâce aux bons offices de Cresy, la vente finira par se faire aux alentours de 2 200 livres, somme intégralement payée par le docteur Darwin.

Le reste de l'été est consacré aux préparatifs de leur future installation et, dès le 14 septembre, Emma quitte définitivement Londres pour Down, où Charles la rejoint trois jours plus tard. À des années-lumière de la ville enfumée et des couleurs acides de la « Villa des Perroquets », Down House, en pleine campagne et au milieu d'hectares de pelouses, de fleurs et de grands arbres, a tout d'un paradis à la manière de Maer et de Shrewsbury. Plus qu'une nouvelle vie, c'est la vraie vie qui commence.

La maison du bonheur

Down House va être, pendant des décennies, le cadre de merveilleux moments de vie familiale dont les enfants Darwin garderont un souvenir ébloui et, pour Charles, de fructueux travaux. Pourtant, dès les premiers jours, une période difficile s'ouvre, ponctuée de deuils et de maladies. L'installation à Down est une « fête en larmes* » : le 23 septembre 1842, Emma accouche d'une petite fille, Mary Eleanor ; le 16 octobre, le bébé meurt. La sécheresse de ces deux dates cache des moments dramatiques, à peine évoqués par Emma : « Notre chagrin n'est rien à côté de ce qu'il aurait été si elle avait vécu plus longtemps et encore plus souffert[1]. » À la même période, la maladie d'Oncle Jos empire et il s'affaiblit rapidement, tandis que Hensleigh Wedgwood tombe lui aussi gravement malade. Emma, pour soulager sa belle-sœur, prend en charge à Down ses trois neveux, Snow, Bro et Ernie (décidément, comme les Darwin, les Wedgwood ont un goût prononcé pour les diminutifs et les surnoms),

* Selon la formule de Jean d'Ormesson.

respectivement neuf, huit et cinq ans, pour le plus grand plaisir de leurs cousins Doddy, trois ans, et Annie, deux ans. Bien loin des soucis parentaux, la joyeuse bande explore les environs et, un jour de neige, malgré la surveillance d'une nurse, parvient à s'égarer dans les bois…

L'année 1843 est marquée par la disparition d'Oncle Jos, qui s'éteint le 12 juillet. Charles et Emma auront eu la relative consolation d'avoir pu se rendre à son chevet dès le 8 juillet. Maer, qui autrefois débordait de rires et de vie, n'est plus qu'une maison silencieuse où Elizabeth, la sœur sacrifiée et toujours dévouée, veille sur sa mère grabataire.

Au milieu de tout cela, une nouvelle imprévue est tombée en mars : FitzRoy est nommé gouverneur de Nouvelle-Zélande. Charles lui adresse de chaleureuses félicitations, mais s'interroge dans son for intérieur, connaissant le sens politique limité du capitaine… Il ne se trompe pas : FitzRoy, censé garantir la paix et la prospérité de la colonie, va échouer dans cette mission pour lui impossible et sera démis de ses fonctions dès 1845.

Une nouvelle naissance s'annonçant pour septembre, Charles est amené à faire passer l'agrandissement de la maison avant ses recherches : « Nous sommes très occupés par la pose, qui eut lieu hier, de la première brique d'une annexe à la maison ; de plus, avec la création d'un nouveau potager et divers autres projets, mon temps est très rempli. Tout ceci est très mauvais pour la géologie ; mais j'avance très lentement un volume ou plutôt une brochure sur les îles volcaniques que nous avons visitées. Je ne puis y consacrer qu'une couple d'heures par jour, et cela sans grande régularité. C'est un travail pénible que d'écrire des livres dont la publication coûte de l'argent et qui ne sont pas lus même par les géologues[2]. » Tant qu'à se lancer dans des travaux, il décide d'aménager le jardin d'agrément, ouvert à tous les vents et à la vue de tous les passants, en faisant ériger un mur en meulière le long d'une ruelle et établir des talus et des remblais, plantés d'arbustes, autour de la pelouse, afin de donner à l'ensemble un caractère retiré et abrité. Il peut alors se réjouir : « Je ne crois pas avoir jamais habité endroit plus parfaitement calme » — au point qu'un journaliste allemand écrira un jour sans sourciller qu'on ne peut atteindre la maison de M. Darwin que par un sentier muletier... Mais tout cela coûte cher, et la cassette paternelle va de nouveau être mise à contribution — cette fois, c'est le docteur qui, spontanément, propose généreusement de financer les travaux à hauteur de 300 livres.

Par ricochet, les nouvelles plantations réveillent l'intérêt de Charles pour la botanique et, fin août 1843, il adresse au *Gardener's Chronicle** une lettre, accompagnée de spécimens de gentiane, relative à l'origine des fleurs doubles. Le sujet semble très éloigné de l'évolution des espèces ; en fait, cette mutation l'intéresse au plus haut point : à quelle fonction correspondent ces pétales surnuméraires ? Un autre courrier à la même revue compare les comportements des bourdons et des abeilles dans leur façon de butiner : pour Charles, aucun fait

* Hebdomadaire d'horticulture qui paraîtra de 1841 à 1986.

n'est mineur ou anodin, chacun peut concourir à éclairer le chercheur attentif.

Le quatrième enfant de Charles et Emma naît le 25 septembre : une fille, Henrietta, aussitôt affectueusement surnommée Etty, qui fait preuve d'une belle santé et, bien vite, « semble très intelligente », selon Emma.

L'année se termine plus sereinement qu'elle n'a commencé, avec la satisfaction de voir enfin paraître la dix-neuvième et ultime partie du cinquième et dernier volume de la « Zoologie », consacré aux reptiles et rédigé par Bell. Quelques ombres au tableau, tout de même : l'étude des crustacés reste intégralement à faire, alors que la bourse de 1 000 livres accordée par l'État est épuisée, et Henslow ne progresse guère dans l'étude des plantes. Depuis mars, Darwin est en contact avec le botaniste William Jackson Hooker, directeur des Jardins botaniques royaux de Kew depuis 1841, et par son intermédiaire avec son fils, Joseph Dalton Hooker, lui aussi brillant botaniste, qui s'apprête à revenir en Angleterre, à l'automne 1843, après une expédition de quatre ans en Antarctique à bord du H.M.S. *Erebus*. Au cours de sa navigation, Joseph Hooker, tout comme Charles, a visité l'archipel du Cap-Vert, Sainte-Hélène, Le Cap, la Tasmanie, Sydney, la Nouvelle-Zélande, les îles Falkland, la Terre de Feu… Tout comme Charles, il s'est retrouvé sous l'autorité du médiocre Robert McCormick, qui cumulait une fois de plus les fonctions de naturaliste et de chirurgien. Autant dire que les deux hommes ont nombre de souvenirs communs à partager avant même d'évoquer le sujet de la flore, et que Darwin verrait d'un bon œil Hooker prendre le relais de Henslow. Ce qui se fera tout naturellement dans les derniers mois de 1843, à la satisfaction générale — Hooker ravi de travailler sur une collection botanique plus large, Darwin soulagé de voir ses plantes en de bonnes mains, Henslow libéré d'une charge de travail qu'il avait de plus en plus de mal à assumer.

Le 5 janvier 1844, ce que Charles appelait modestement « une brochure sur les îles volcaniques » est envoyé à l'imprimeur. Il s'agit en fait de l'ouvrage intitulé *Geological Observations on the Volcanic Island Visited During the Voyage of H.M.S.* Beagle*, deuxième volume de la « Géologie », qui paraîtra au printemps. Charles s'attelle aussitôt à la rédaction du troisième et dernier volume, consacré à la géologie de l'Amérique du Sud, tout en préparant une édition révisée de son *Journal and Remarks*, qui paraîtra l'année suivante, cette fois chez l'éditeur John Murray, recommandé par Lyell. Darwin est, en effet, fort mécontent de Colburn, estimant que celui-ci a eu tort de ne pas commercialiser son livre dès 1837, et que l'inclure dans une série de trois volumes a nui aux ventes — 1 337 exemplaires la première année. Pire : non seulement Colburn ne lui a versé aucun droit, mais lui a réclamé 21 livres et 10 shillings pour les exemplaires offerts à ses relations et amis… Charles a travaillé à perte et ne l'a pas digéré.

* Publié en français sous le titre *Observations géologiques sur les îles volcaniques.*

Alors que l'exploitation des données recueillies lors du voyage du *Beagle* s'achève avec l'ultime volume de la « Géologie », Darwin recommence à travailler sur la question de la mutation des espèces, sur laquelle il réfléchit depuis son retour en Angleterre, en particulier depuis les observations de Gould sur les « pinsons des Galápagos » qui l'ont amené à considérer d'un autre œil la faune et la flore de ce microcosme. D'autre part, il a découvert en 1838 — certainement à l'instigation de Harriet Martineau — l'ouvrage de Malthus *Essay on the Principle of Population**, où l'auteur affirme que la population croît de façon géométrique, alors que les ressources ne croissent que de façon arithmétique, ce qui, selon lui, peut entraîner l'effondrement de nos sociétés en moins de vingt-cinq ans, sauf mesures contraignantes. Concernant les populations humaines, Malthus s'est largement trompé. Mais il n'en demeure pas moins, c'est ce que retient Darwin, que, pour une espèce animale ou végétale qui dépend uniquement des ressources naturelles, ces questions restent cruciales :

> Comme j'étais bien placé pour apprécier l'omniprésence de la lutte pour l'existence, du fait de mes nombreuses observations sur les habitudes des animaux et des plantes, l'idée me vint tout à coup que, dans ces circonstances, les variations favorables auraient tendance à être préservées, et les défavorables à être éliminées. Il en résulterait la formation de nouvelles espèces. J'avais donc enfin trouvé une théorie sur laquelle travailler[3].

* Publié en français sous le titre *Essai sur le principe de population* ; l'ouvrage a connu 6 éditions revues et augmentées par l'auteur entre 1798 et 1826.

En croisant ses observations avec ce nouveau fondement théorique, il rédige deux essais restés inédits par sa volonté* : une *Esquisse au crayon de ma théorie des espèces*, en juin 1842, puis l'*Essai de 1844*, beaucoup plus développé**, qui fait le point sur l'avancement de sa réflexion. Mais s'il évoque régulièrement la question dans ses lettres à Hooker, Jenyns, Lyell, Owen et quelques autres, il considère que sa théorie est beaucoup trop imparfaite pour être publiée, mais aussi, d'une certaine manière, trop « dangereuse » :

J'ai été absorbé depuis mon retour par un travail des plus présomptueux : en fait, je ne connais personne qui ne dût le déclarer déraisonnable.

J'ai été tellement frappé de la distribution des organismes des Galápagos, etc., et du caractère des mammifères fossiles d'Amérique, etc., que je me suis décidé à collectionner aveuglément tous les faits qui se rapportent en quelque façon aux espèces. J'ai lu des monceaux de livres d'agriculture et d'horticulture, et je n'ai jamais cessé de collectionner des faits. Des rayons de lumière sont enfin venus, et je suis presque convaincu (contrairement à l'opinion que j'avais au début) que les espèces ne sont pas immuables (je me fais l'effet d'avouer un meurtre).

Le ciel me préserve des sottes erreurs de Lamarck, de sa « tendance à la progression », et des « adaptations dues à la volonté continue des animaux », etc. ; mais les conclusions auxquelles je suis amené ne diffèrent pas beaucoup des siennes, bien que les agents des modifications soient entièrement différents. Je pense que j'ai trouvé (c'est ici qu'est la présomption) la manière très simple par laquelle les espèces s'adaptent parfaitement à des fins variées[4].

* Ils seront publiés à titre posthume par son fils Francis en 1909.

** L'*Esquisse* compte 35 pages ; l'*Essai de 1844*, 230 pages.

Même si l'*Essai* n'est qu'une ébauche, il est conscient de son intérêt au point de confier à Emma, le 5 juillet 1844, une lettre en forme de testament intellectuel : « Je viens de terminer mon esquisse de ma théorie des espèces. Si, comme je le crois, ma théorie est, à un moment donné, acceptée, ne fût-ce que par un seul juge compétent, ce sera un pas considérable de la science. Pour cette raison, j'écris ceci pour le cas où je mourrais subitement, comme ma dernière et plus solennelle prière, et je suis certain que vous y prêterez autant d'attention que si elle était inscrite dans mon testament ; je vous demande de consacrer 400 livres à la publication de cette esquisse et de vous occuper vous-même, ou par l'intermédiaire de Hensleigh [Wedgwood], de ladite publication. Je désire que mon esquisse soit remise à quelque personne compétente, avec cette somme, pour l'engager à prendre la peine de l'améliorer et de l'augmenter[5]. » Parmi les « personnes compétentes » figurent, par ordre de préférence, Lyell (« le meilleur, s'il voulait s'en charger »), Forbes, Henslow, Hooker et Strickland. Quelques corrections éclairent l'évolution des rapports de Darwin avec ses collègues : la phrase « Le professeur Owen conviendrait tout à fait » sera effacée (elle reste encore lisible) ; une note ultérieure réduit la liste initiale à deux noms, Lyell et Hooker ; dix ans plus tard, nouvelle note : « Hooker est celui qui conviendrait de beaucoup le mieux pour éditer mon volume sur les espèces. Août 1854. »

Darwin a de bonnes raisons de ne rien publier, sauf cas de force majeure : un ouvrage anonyme, *Vestiges of the Natural History of Creation*, publié en octobre 1844, popularisant l'idée d'évolution des espèces, rencontre un large succès public — même la reine Victoria en prend connaissance. Mais, en réfutant ouvertement la théologie naturelle, *Vestiges* s'attire les foudres du clergé avec, en première ligne, le révérend Sedgwick, qui va mener le combat au nom de l'université de Cambridge jusqu'en 1850. Dans ces conditions, mieux vaut continuer à affiner la « théorie des espèces » dans le calme de Downe et laisser les passions retomber. D'autant que certains font courir le bruit que Darwin est le véritable auteur de *Vestiges**. Or il ne souscrit pas au contenu de l'ouvrage, qu'il trouve brillant mais peu scientifique, et redoute une confusion hâtive avec ses propres recherches.

En 1845, il continue à préciser et compléter la théorie des espèces, tout en parachevant la rédaction de la *Géologie de l'Amérique du Sud* et la nouvelle édition du *Journal*, travail considérable puisqu'il s'agit d'une refonte plus que d'une révision. Tout cela va l'occuper au long d'une année plutôt sereine, où la maladie semble s'éloigner, et qui est marquée, le 9 juillet, par la naissance de son cinquième enfant, George Howard, dont il confie à Hooker qu'il aimerait le voir devenir naturaliste — il sera en réalité mathématicien et astronome.

Ces années-là, Down House est devenue la maison du bonheur, comme s'en souvenait Joseph Dalton Hooker :

* Il s'agissait en réalité du naturaliste, écrivain et éditeur écossais Robert Chambers (1802-1871).

On ne peut imaginer de maison plus hospitalière, plus attirante à tous égards. On y rencontrait le plus souvent le Dr. Falconer, Edward Forbes, le professeur Bell et M. Waterhouse*. On se promenait beaucoup, on jouait à quatre pattes avec les enfants, on faisait de la musique, qui me hante toujours ainsi que les manières cordiales de Darwin, son rire sonore, son plaisir à jouir de la vie de famille, entouré de ses amis, nos promenades, les tête-à-tête que chacun de nous à tour de rôle avait avec lui, dans son cabinet, pour discuter les diverses questions qui se rapportaient à la branche de biologie ou de physique que nous avions étudiée. Pour ma part, je quittais toujours ces entretiens avec l'impression que je n'avais rien donné et que j'emportais plus que je n'en pouvais porter[6].

D'une certaine manière, jusqu'en 1848, les années se suivent et se ressemblent, entre deuils prévisibles et naissances, soucis de santé et périodes de répit, travail acharné et satisfactions personnelles. Ainsi, au printemps 1846, Tante Bessie, devenue totalement impotente, s'éteint doucement le 31 mars, en murmurant « Ô Seigneur, laisse maintenant ta servante partir en paix ». Avec elle, c'est Maer qui disparaît, Elizabeth quittant bientôt le domaine pour s'installer à Hartfield, petit village du Sussex, au sud de Londres, où vivent sa sœur Charlotte et son beau-frère Charles Langton.

Vers la fin de l'année, Darwin se lance dans une monographie consacrée aux cirripèdes, balanes et anatifes en particulier, ces petits crustacés qui ont la particularité de se fixer sur un support, rocher, objet flottant ou organisme vivant. Il n'imagine alors pas un instant l'ampleur de la tâche :

* Tous quatre naturalistes et amis de Charles Darwin ; les deux derniers avaient participé à la rédaction de la « Zoologie ».

En octobre 1846, je commençai mon travail sur les cirripèdes. Alors que j'étais sur la côte du Chili, j'en trouvai une forme très curieuse, qui nichait en creusant les coquilles de *Concholepas*, et qui était si différente de tous les autres cirripèdes que je dus constituer un nouveau sous-groupe pour elle toute seule. On a trouvé plus tard, sur les côtes du Portugal, un genre fouisseur apparenté. Pour comprendre la structure de mon nouveau cirripède, je dus examiner et disséquer de nombreuses formes communes, ce qui me conduisit progressivement à l'étude du groupe entier. J'ai travaillé régulièrement sur le sujet pendant les huit années qui suivirent et publié finalement deux gros volumes, avec la description de toutes les espèces vivantes connues, et deux petits in-quarto sur les espèces éteintes[7].

Darwin va faire appel à ses correspondants pour partir à la chasse aux cirripèdes du monde entier, et les caisses s'entassent à Down House. Même le fidèle Syms Covington, maintenant aubergiste à Pambula, en Nouvelle-Galles du Sud, sera mis à contribution. Avec succès : il récoltera dans la baie Twofold, sur la côte Pacifique, de multiples spécimens dont certains très rares : « L'un d'entre eux est très curieux. C'est une nouvelle espèce d'un genre que nous ne connaissons qu'un seul exemplaire au monde, qui se trouve au British Museum[8]. » Ce précieux *Catophragmus imbricatus*, jusque-là inconnu, sera largement décrit dans la « Monographie des cirripèdes ».

Le 1er janvier 1847, Charles découvre avec plaisir les chiffres de vente de la deuxième édition du *Journal de voyage* : déjà 4 100 exemplaires écoulés, il ne peut que se féliciter d'avoir quitté Colburn pour Murray. Tout au long de l'année, il se consacre presque exclusivement aux cirripèdes, malgré quelques interruptions d'ordre familial : en février, il passe une quinzaine de jours à Shrewsbury aux côtés de son père, maintenant octogénaire et cloué dans un fauteuil roulant ; lui-même se plaint de sa mauvaise santé qui l'empêche une fois de plus de travailler. En juillet, il devient père pour la sixième fois, avec la naissance, le 8, d'une quatrième fille, Elizabeth, ainsi prénommée en souvenir de sa grand-mère maternelle, et qui hérite tout naturellement du diminutif de Bessy. Dans le courant de la même année, une tante d'Emma, Sarah Wedgwood, vieille fille un peu austère qui ne vit que pour la lecture et les bonnes œuvres, mais adore ses petits-neveux, vient s'installer dans une petite maison du village de Downe pour finir sa vie à proximité de sa nièce. Charles n'y fait pas allusion dans son *Journal*, s'intéressant bien plus à son nouveau jouet, un microscope composé* acquis le 29 avril chez Smith & Beck, fabricant réputé pour la qualité de ses optiques. Avec ce nouvel instrument, il espère réaliser des observations inédites sur ses chers cirripèdes, et ce sera le cas : il pourra ainsi, le premier, démontrer « l'existence, dans certains germes, de minuscules mâles de complément, parasites des hermaphrodites[9] ».

Cependant, contrairement à ce qu'il espérait, il ne pourra consacrer l'année 1848 à sa monographie. Le 4 février, Herschel, à qui il ne peut rien refuser, sollicite sa collaboration, aux côtés d'une

* Microscope à deux groupes de lentilles, permettant un grossissement total important.

quinzaine d'autres scientifiques, pour un ouvrage commandé par l'Amirauté, *A Manual of Scientific Enquiry** (« Un manuel d'enquête scientifique »), visant à établir des bonnes pratiques en matière de recherche naturaliste lors des expéditions menées par « les officiers de la marine de Sa Majesté » — exactement le type de guide que Charles Darwin et Joseph Hooker auraient aimé pouvoir opposer à l'autoritarisme obtus d'un McCormick. Darwin prend en charge la partie consacrée à la géologie et rédige, en outre, un « mode d'emploi » du microscope à bord d'un navire, basé sur son expérience.

L'ouvrage devant paraître l'année suivante, il se met aussitôt au travail ; dès le 21 mars, son manuscrit est achevé. Les cirripèdes s'impatientent, et il ne veut pas perdre de temps. Pourtant, il en perdra bien plus qu'il ne pense : comme l'état de santé de son père se dégrade, il passe la deuxième quinzaine de mai à Shrewsbury pour fêter en famille le quatre-vingt-deuxième et dernier anniversaire du docteur. Voir son père malade le rend malade : en juillet, sa santé lui joue à nouveau des tours. En août naît son septième enfant, un garçon, Francis, rebaptisé Franky ; Charles, qui ne supporte pas de voir Emma souffrir à chacun de ses accouchements, la convainc d'accepter une anesthésie au chloroforme, ce dont elle se trouvera bien. Enfin, le docteur Darwin s'affaiblit de plus en plus et Charles, toujours mal portant, revient le 10 octobre à Shrewsbury où il séjourne deux semaines auprès de son père, qu'il

* L'ouvrage connaîtra un grand succès et sera réédité pendant près de cinquante ans.

quitte « serein et joyeux[10] ». C'est la dernière image qu'il gardera de lui : le docteur décède le 13 novembre. Charles, seul à Down House ce jour-là, Emma étant dans sa famille à Hartfield, supporte très mal la nouvelle. Il se sent incapable de se rendre directement à Shrewsbury, fait étape à Londres chez Erasmus et n'arrivera qu'après les obsèques, pourtant retardées au 17 novembre.

Aux mains des charlatans

Jusqu'en mars 1849, la maladie ne va pas lâcher Charles, qui souffre de vertiges, de maux de tête, de tremblements et de crises de vomissements. Il a le sentiment de sombrer rapidement, que pour lui aussi la fin est proche. Ses amis, consternés de le voir dans cet état, lui conseillent un traitement qui, paraît-il, fait merveille dans les maladies chroniques : la cure d'hydrothérapie du docteur James Gully. Le 10 mars, Charles part avec femme, enfants et domestiques pour la petite station thermale de Malvern, où il a loué une villa, afin d'entreprendre une « cure d'eau » de deux mois, qui en durera finalement quatre. Le voyage se déroule sans problème, prendre la route le fait immédiatement « se sentir un peu plus fort ». Dans un site verdoyant, Malvern est renommé pour l'indiscutable pureté de son air et de l'eau de ses sources. En revanche, les vertus thérapeutiques de cette eau, qui figure jusque sur les tables royales, sont des plus minces : toutes les analyses attestent que l'eau de Malvern « ne contient absolument rien[1] ». Ce qui ne l'empêche pas de faire des miracles : les ulcères cicatrisent, les paralytiques marchent, les aveugles voient...

C'est dans ce contexte que le docteur Gully, abusant de la crédulité des malades, va lancer sa cure d'eau. Gully est un curieux personnage que les scrupules n'étouffent pas — vers la fin de sa carrière, après un certain nombre de liaisons « sentimentales » avec des patientes, il sera impliqué dans une affaire d'empoisonnement d'un mari peu complaisant... Originaire de la Jamaïque, fils d'un planteur de café ruiné par l'abolition de l'esclavage, il cherche un moyen de rétablir la fortune familiale évanouie. C'est alors qu'il découvre, grâce à un confrère, le docteur James Wilson, la « clinique » de Gräfenberg, dans les montagnes de Silésie autrichienne. Là, un simple fermier, Vincent Priessnitz, a monté un institut hydrothérapique où l'on soigne les malades à l'eau froide et où l'Europe entière se précipite. Qu'à cela ne tienne : il suffit de transposer la méthode en Angleterre. Gully, associé à Wilson, décide de s'installer à Malvern, dont la réputation n'est plus à faire, et parvient très vite à attirer une clientèle huppée, pour ne pas dire snob : des poètes et écrivains comme Wordsworth, Tennyson et Dickens, des personnages éminents comme l'historien Macaulay, l'évêque d'Oxford Samuel Wilberforce, le futur Premier ministre William Gladstone ou la célèbre infirmière Florence Nightingale... et, maintenant, Charles Darwin.

Le « traitement », fort économique pour ses promoteurs, n'est pas à la portée de toutes les bourses : 5 guinées par semaine, sans compter de multiples suppléments (consultations obligatoires, rémunérations des doucheurs...), ce qui permet à chacun des associés d'empocher la bagatelle de 10 000 livres par an. Et mieux vaut être en bonne santé pour y résister : « Les patients étaient réveillés à cinq heures du matin, déshabillés, enroulés dans des draps mouillés puis dans des couvertures. Après avoir patienté une heure dans cet état, on les douchait en leur jetant des seaux d'eau froide. Ensuite, les vaillants curistes entreprenaient une marche de 5 miles, en faisant halte à chaque source. [...] À leur retour à la clinique d'hydrothérapie de Malvern, ils prenaient un petit déjeuner de biscuits secs et d'eau. Le reste de la journée pouvait se passer en prenant des bains, sous les formes les plus variées. Certains patients portaient la "Ceinture de Neptune", un drap mouillé enroulé sur le milieu du corps qu'ils n'enlevaient qu'au moment des repas. Le dîner se composait invariablement de mouton bouilli et de poisson. Enfin, pour terminer la journée, quelques heures dans un lit sec. Ce régime se montrait, bien sûr, des plus profitables à ceux qui pouvaient le supporter, car l'exercice, l'absence d'alcool et de nourriture riche, sans doute aussi la compagnie de patients assez fortunés pour s'offrir un tel séjour, devaient faire des merveilles[2]. »

Comment Charles, faible et amaigri comme il se décrit, a-t-il pu endurer un programme aussi drastique ? Certes, le docteur Gully lui a établi un traitement quelque peu aménagé, comme il le raconte à sa sœur Susan, mais il faut une certaine force de caractère et une bonne résistance physique pour tenir pendant seize semaines :

Je me lève à 6 h 45, et on me frictionne avec des serviettes rugueuses trempées dans l'eau froide pendant 2 ou 3 minutes, ce qui au bout de quelques jours me fait ressembler à un homard. J'ai un doucheur très sympathique, qui me frictionne l'arrière du corps tandis que je frictionne le devant. Je bois un gobelet d'eau, je m'habille aussi vite que possible et je marche pendant 20 minutes. Je pourrais marcher plus, mais je trouve que cela me fatigue après coup. J'aime beaucoup tout cela. En même temps, je porte une compresse, une large bande de lin mouillée et pliée, recouverte par un imperméable, qui est « rafraîchie », c'est-à-dire trempée dans l'eau froide, toutes les deux heures, et je la porte toute la journée, sauf pendant 2 heures environ après le déjeuner ; je ne trouve pas que cela me fasse beaucoup d'effet. Après ma promenade, je me rase, me lave et prends mon petit-déjeuner, exclusivement composé de toasts avec de la viande ou un œuf, mais il [Gully] m'a autorisé à boire un peu de lait pour compenser l'acidité des toasts. À aucun moment il ne m'est permis de prendre du sucre, du beurre, des épices, du thé, du bacon ou quoi que ce soit de bon. À midi, je plonge mes pieds pendant 10 minutes dans l'eau froide avec un peu de moutarde et mon doucheur les frictionne énergiquement ; le froid me fait très mal aux pieds mais dans l'ensemble mes pieds sont moins glacés qu'auparavant. Vingt minutes de marche et aussitôt après, déjeuner. Il est un peu moins strict pour mes dîners et m'a dit que je pouvais prendre du pudding nature si je suis sûr que cela diminue mes nausées. Après déjeuner, je m'étends et j'essaie de dormir une heure. À 17 h, bain de pieds froid, je bois de l'eau froide et je marche comme précédemment. Dîner à 18 h, même menu qu'au petit-déjeuner. J'ai eu beaucoup de nausées cette semaine, mais je me sens certainement plus solide et les vomissements m'ont moins déprimé. Demain matin, je serai enveloppé à 6 h pendant 1 h 30 dans des couvertures, puis frictionné avec des draps trempés dans l'eau froide ; mais je ne sais encore rien de tout cela. J'ai le regret de dire que le Dr. Gully me donne des médicaments homéopathiques trois fois par jour, que je prends avec obéissance mais sans y croire une seconde. J'apprécie beaucoup le Dr. Gully, c'est certainement un homme très capable : j'ai été frappé par le nombre de remarques similaires à celles que faisait mon père qu'il m'a fait[3].

Après quinze jours d'hydrothérapie simple, Charles se voit adjoindre des séances de sudation où il est chauffé avec des lampes à alcool jusqu'à ce qu'il ruisselle avant d'être à nouveau enveloppé de draps dégoulinants d'eau glacée… et se sent de mieux en mieux : non seulement il proclame à qui veut l'entendre que la cure d'eau n'est pas du charlatanisme, mais il est maintenant persuadé que le docteur Gully parviendra à le guérir définitivement. D'autant plus que celui-ci prétend avoir identifié l'origine de tous ses troubles, située aux deux extrémités de la moelle épinière. Mais, naturellement, il faudra encore des mois et des mois de traitement onéreux…

Lorsque la famille regagne Down House dans les premiers jours de juillet 1849, Charles se sent en pleine forme, au point d'acheter un nouveau cheval pour reprendre l'équitation ; Emma, en revanche, à nouveau enceinte, se sent épuisée comme à chaque début de grossesse — leur huitième enfant, Leonard, « Lenny », naîtra le 15 janvier 1850. Pour prolonger le bénéfice de la cure, il fait installer dans le jardin une cabine de douche, et chaque matin le fidèle Parslow, le majordome, à son service depuis l'époque de Gower Street, déverse sur son maître une bonbonne d'eau glacée.

Il reprend énergiquement ses recherches sur les

cirripèdes, et il est si convaincu de l'efficacité de l'hydrothérapie que, se sentant fatigué à la fin du mois d'août, il se précipite à Malvern pour une seule et unique journée de traitement et s'en retourne à Down, soulagé. L'année suivante, après avoir travaillé intensivement sur le premier volume consacré aux cirripèdes fossiles, il passe de nouveau une semaine à Malvern, du 11 au 18 juin. Mais, cette fois, il émet quelques réserves quant à l'infaillibilité de Gully : « Mon bien cher Dr Gully, à mon avis, a un triste défaut, c'est celui de croire à tout. Lorsque sa fille a été très malade, il avait une extra-lucide pour lui signaler les changements intérieurs, un magnétiseur pour l'endormir, un homéopathe, le Dr Chapman ; et lui, enfin, comme hydrothérapeute[4] ! »

Au cours de l'été 1850, Charles doit faire face à d'autres soucis de santé que les siens. Annie, sa fille aînée, maintenant âgée de neuf ans, s'affaiblit et perd sa joie de vivre. Comme ses sœurs Henrietta et Elizabeth, elle a eu la scarlatine en novembre de l'année précédente, mais contrairement à ses sœurs elle ne parvient pas à récupérer. Un séjour à Ramsgate, en bord de mer, au mois d'octobre, n'apporte aucun mieux. Charles persuade Emma de tenter une cure d'eau pour soulager la fillette, estimant qu'elle souffre du même mal que lui : « Elle a hérité, je le crains et cela me désole, de ma pitoyable digestion[5]. » Le 24 mars 1851, il arrive à Malvern avec Annie, la petite Etty et leur nurse, Brodie. Le 31 mars, la gouvernante, miss Thorley, les rejoint et Charles retourne à Down, confiant Annie aux bons soins du docteur Gully. Quelques jours plus tard, l'enfant présente une forte fièvre, et miss Thorley, inquiète, demande à Charles de revenir au plus vite. Arrivé à Malvern le 17 avril, il trouve Annie beaucoup mieux que ce qu'il craignait et envoie aussitôt un mot à Emma pour la rassurer, précisant que « le Dr. Gully est très confiant ; il y a de solides espoirs ». Hélas, le lendemain, le pouls est très irrégulier, les vomissements se multiplient et Gully se demande, cette fois, si la petite fille passera la nuit. Emma, morte d'inquiétude mais enceinte de huit mois de leur neuvième enfant, ne peut quitter Down House et demande à sa belle-sœur Fanny de se rendre à Malvern. Le 19 avril, la situation paraît s'améliorer, et Gully pense qu'« elle a passé le cap », d'autant que la fièvre tombe. Le 20, Gully, de plus en plus optimiste, affirme à Charles : « Ce n'est que mon intuition, mais je pense toujours qu'elle va s'en sortir. » De fait, Annie semble avoir l'esprit plus clair et la parole moins embarrassée. Le 21, après l'avoir examinée à plusieurs reprises, Gully la déclare « résolument mieux », et le soir conclut que « tout évolue de manière aussi favorable que possible[6] ». Le 23 avril à midi, Annie s'endort de son dernier sommeil. Elle venait d'avoir dix ans.

Immédiatement, Charles retombe malade et n'aura pas la force d'assister aux obsèques de sa fille. Il prend le plus vite possible le chemin de Downe pour rejoindre Emma, laissant à Fanny, miss Thorley et Brodie le soin d'organiser la cérémonie. Annie sera donc inhumée à Malvern en l'absence de ses parents, un chagrin de plus pour Charles et Emma.

Au-delà de la très proche famille, seul Fox sera informé de la mort d'Annie :

> Je crois que vous ignorez la perte cruelle et douloureuse que nous venons de faire. Notre pauvre chère petite Annie a été, en pleine santé, pendant notre séjour à Malvern, prise de vomissements, et l'on a cru tout d'abord que ce ne serait rien, mais bientôt une fièvre lente et dangereuse se déclara, qui l'a emportée en dix jours*. Grâce à Dieu, elle a peu souffert, et elle a expiré aussi doucement qu'un petit ange. Notre seule consolation est de penser que sa vie a été courte, mais heureuse. Elle était ma préférée entre mes enfants ; sa cordialité, sa franchise, son exubérance, sa vive tendresse la faisaient aimer de tous ! Pauvre chère petite âme. Enfin, tout cela est fini[7]...

Quelques jours plus tard, Charles écrit dans ses carnets :

> Nous avons perdu la joie de notre foyer et la consolation de notre vieillesse. Elle doit avoir su combien nous l'aimions tendrement ; plût à Dieu qu'elle sût maintenant avec quelle tendresse et avec quelle profondeur nous aimions et aimerons toujours sa chère et joyeuse figure. Que nos bénédictions l'accompagnent[8].

« Grâce à Dieu », « plût à Dieu »... Ce ne sont plus, sous la plume de Charles, que des formules creuses. Sa foi, depuis longtemps vacillante, vient de s'effondrer devant cette mort injuste.

* Au vu des connaissances médicales actuelles, il semble qu'Annie souffrait de tuberculose extrapulmonaire.

La bombe venue de Bornéo

Après le drame, Charles se jette à corps perdu dans l'étude pour tenir le chagrin à distance, tandis qu'Emma mobilise ses forces pour affronter, à quarante-deux ans, son neuvième accouchement en moins de douze ans. La fidèle Elizabeth est à ses côtés pour la naissance de Horace le 13 mai. Elle espère que l'arrivée du nouveau-né va adoucir la peine d'Emma, mais en vain : pour elle comme pour Charles, la blessure ne se refermera jamais. Même si la vie continue : le 30 juillet, Emma, Charles et deux des enfants, George, six ans, et Henrietta, sept ans, quittent Down House pour passer une semaine à Londres chez Erasmus. Ensemble, ils ont l'intention de visiter l'Exposition universelle*, la première de toutes, ouverte depuis le 15 mai à Hyde Park et vouée à exalter « la puissance de l'industrie, de l'empire et de l'ordre social britanniques », mais contestée par certains — dont Karl Marx, installé à Londres depuis 1849 — comme une vitrine du

* La *Great Exhibition of the Works of Industry of all Nations* se tint du 1er mai au 15 octobre 1851 à Londres ; elle marqua le sommet de la puissance britannique à l'époque victorienne.

capitalisme. La famille Darwin, qui participe depuis trois générations, à travers la branche Wedgwood, à la révolution industrielle, porte certainement un regard moins critique. Quant aux enfants, qui ont retrouvé pour l'occasion leurs cousins, ils se souviendront surtout des gâteaux et des glaces distribués en abondance par leur généreux oncle Erasmus.

Après cet intermède familial, les cirripèdes reviennent sur le devant de la scène. Pendant trois ans, Charles va s'y consacrer entièrement, de manière quasi obsessionnelle, comme il l'écrit à Fox en 1852 : « Je travaille au deuxième volume des Cirripèdes, et je commence à être terriblement fatigué de ces créatures. Je déteste un Cirripède plus que personne ne l'a jamais fait [...] ; mon premier volume a paru ; la seule partie digne d'attirer l'attention est celle qui traite des sexes des *Ibla* et des *Scalpellum*. J'espère avoir terminé l'été prochain cet ennuyeux ouvrage[1]. » En fait, il lui faudra presque deux ans de plus, et par la suite il se demandera « s'il valait la peine que j'y passe autant de temps ». Enfin, le 9 septembre 1854, il met le point final au dernier volume de sa monographie et, le même jour, reprend ses travaux sur la théorie des espèces, à laquelle il va se consacrer aussi intensivement qu'aux cirripèdes. L'*Essai de 1844* ne le satisfait pas, il le juge insuffisant pour convaincre, trop approximatif, trop lacunaire. Jusqu'au jour où il a une illumination :

Je négligeais un problème de grande importance. Il me semble étonnant, sauf en vertu du principe de l'œuf de Colomb, que j'aie pu le laisser de côté avec sa solution. Il s'agit de la tendance qu'ont les êtres vivants d'une même origine à diverger dans leur caractère dès qu'ils commencent à se modifier. Le fait qu'ils se soient diversifiés est évident : il n'est que de voir la façon dont les espèces peuvent être regroupées en genres, les genres en familles, les familles en ordres et ainsi de suite. Et je me rappelle très exactement de l'endroit de la route, alors que j'étais dans ma voiture, où, à ma grande joie, la solution se présenta à moi ; c'était bien après mon installation à Down. La solution, je crois, est la suivante : la descendance modifiée de toutes les formes dominantes et en extension tend à s'adapter à des situations nombreuses et toujours plus diversifiées dans l'économie de la nature[2].

En avril 1856, Lyell, lors d'un séjour à Down, conseille à Charles de développer davantage ses vues et lui signale un mémoire publié l'année précédente dans *Annals and Magazine of Natural History*, signé d'un certain Wallace, portant sur la répartition géographique des organismes[3]. Darwin, en marge de l'article, note « Rien de très nouveau », tout en remarquant que l'auteur se montre très proche de ses propres idées. Il se remet donc sereinement à son « Grand Livre » qui devrait compter de 2 000 à 3 000 pages sur le sujet, estimant qu'il lui faudra trois ou quatre ans pour achever sa rédaction — mais probablement beaucoup plus, étant donné son perfectionnisme qui le pousse à accumuler toujours plus de faits à l'appui de ses théories, et ses difficultés à s'exprimer dans un style simple, compréhensible par tous.

Cependant, le court mémoire de Wallace — à peine 12 pages — le met mal à l'aise : s'il ne s'est pas privé d'en pointer les insuffisances et les faiblesses, il est frappé par l'esprit de synthèse de l'auteur qui parvient à expliquer avec une saisissante netteté et en quelques lignes ce que Charles peine à exposer au long d'un chapitre entier. Pourtant, le peu qu'il sait de Wallace ne l'incite pas à le prendre trop au sérieux : à ses yeux, ce naturaliste amateur est surtout un aventurier qui gagne plus ou moins bien sa vie en vendant des spécimens aux collectionneurs — Charles a d'ailleurs déjà fait appel à ses services en 1855 pour se procurer des dépouilles de pigeons et de poulets. Après avoir écumé la forêt amazonienne, puis la région du río Negro, et acquis une certaine notoriété pour avoir survécu à un naufrage, il est établi depuis 1854 dans l'archipel des Moluques, dans cette région d'Asie qu'on appelle alors l'Insulinde.

Prudemment, Charles s'engage dans une correspondance régulière avec Wallace, le félicitant pour son mémoire et ses recherches, mais se gardant bien de dévoiler quoi que ce soit de décisif sur ses propres travaux. Cependant, au fil des lettres, les deux hommes s'estiment de plus en plus, et c'est à Charles, et Charles seul, que Wallace envoie depuis Bornéo un courrier qui fera l'effet d'une bombe :

> Le 18 juin 1858, à Down, Darwin reçoit de Wallace, qui poursuit son exploration des îles d'Océanie, une lettre accompagnant un essai de quelques pages dont le contenu cette fois n'autorise plus aucun doute sur le fait qu'un autre naturaliste, son cadet de quatorze ans, est bel et bien parvenu, indépendamment de lui et en suivant la logique de ses propres recherches, à une conclusion similaire au sujet du mécanisme qui gouverne la transformation des espèces[4].

Charles n'a aucune envie de se faire coiffer sur le poteau alors que cela fait maintenant plus de vingt ans qu'il élabore sa théorie des espèces. Mais là où d'aucuns n'auraient pas hésité à étouffer, voire s'attribuer, le travail de Wallace, il fait preuve d'une totale honnêteté intellectuelle et d'une réelle générosité en faisant parvenir le jour même l'essai à Lyell — ce qui revient à le publier. Il accompagne cet envoi d'une lettre des plus explicites :

> Il y a un an environ, vous m'avez recommandé de lire un écrit de Wallace, publié dans les *Annals*, qui vous avait intéressé. Comme je lui écrivais, sachant que je lui ferais grand plaisir, je lui fis part de votre conseil. Aujourd'hui il m'a envoyé l'écrit ci-joint, en me priant de vous le faire parvenir. Il me semble qu'il vaut bien la peine d'être lu. Votre prophétie s'est singulièrement bien vérifiée : je suis devancé. Vous me prédisiez ceci lorsque je vous avais brièvement expliqué ici mes vues sur la dépendance de la sélection par rapport à la lutte pour l'existence. Je n'ai jamais vu de coïncidence plus frappante ; si Wallace avait eu le manuscrit de mon esquisse écrit en 1842, il n'aurait pu en faire un meilleur résumé. Ses propres termes sont les titres de mes chapitres[5].

Charles a beau, dans une nouvelle lettre adressée à Lyell le 25 juin, affirmer « Pardonnez-moi, cher ami, de vous envoyer une lettre futile inspirée par des sentiments futiles » et « Je ne vous ennuierai plus, ni vous ni Hooker, de cette affaire », cette question d'antériorité ne cesse de le tracasser. Comment faire valoir ses droits tout en reconnaissant la qualité du travail d'un confrère devenu un concurrent ? Peut-il décemment publier maintenant ses travaux sans donner l'impression de se précipiter pour devancer Wallace ? C'est pour lui un véritable cas de conscience, et son malaise est d'autant plus grand qu'en cette fin du mois de juin il est préoccupé par de graves soucis familiaux : la scarlatine fait des ravages à Downe où trois enfants sont déjà morts, la petite Etty vient d'avoir la diphtérie et se remet difficilement, et son dernier-né, Charles Waring*, âgé de dix-huit mois, est fiévreux depuis quelques jours. Charles espère qu'il ne s'agit pas d'une scarlatine, mais c'est, hélas, le cas, et l'enfant décède au soir du 28 juin. Cette mort d'un innocent réveille le chagrin causé par la mort d'Annie, et Charles la ressent d'autant plus durement qu'il éprouvait une immense tendresse pour ce bébé fragile qui, selon sa sœur Henrietta, « n'était pas né avec toute sa part d'intelligence. Il n'avait jamais appris à marcher ou à parler[6] » — il était semble-t-il trisomique. Emma, une fois le choc passé, se résigne plus aisément que Charles, étant, d'une certaine manière, soulagée par cette disparition d'un enfant dont elle imaginait mal l'avenir.

Devant l'accablement de Charles, Lyell et Hooker décident de prendre le dossier Wallace en main. Après l'avoir convaincu de leur confier les documents décisifs — entre autres « pièces à conviction », une longue lettre de Darwin au botaniste américain Asa Gray, rédigée en septembre 1857 — afin d'établir l'antériorité de ses recherches, tous deux écrivent à la Linnean Society pour demander, lors d'une prochaine séance, une communication

* Dixième et dernier enfant de Charles et Emma, Charles Waring était né le 6 décembre 1856.

conjointe des travaux de Darwin et de Wallace. Le sujet est immédiatement porté à l'ordre du jour du surlendemain, 1er juillet, et les deux articles lus par le secrétaire de la Linnean, John Joseph Bennett. Charles n'est pas venu, beaucoup plus préoccupé par la santé de ses enfants que du devenir de sa théorie : les plus jeunes doivent partir dès le lendemain chez leur tante Elizabeth à Hartfield, loin du danger d'épidémie. Lyell et Hooker sont dans l'assistance d'où ils lancent quelques remarques qui ont surtout pour but de faire sentir à l'auditoire la nécessité d'accorder une grande attention à ce qui vient d'être présenté, mais sans parvenir à provoquer la discussion. Hooker se souviendra que « l'intérêt provoqué fut considérable, mais le sujet était trop nouveau, de trop mauvais augure pour que la vieille école entrât en lice avant d'avoir revêtu son armure. Après la réunion, l'on en parla avec une émotion contenue : l'approbation de Lyell, et peut-être un peu celle que je donnais en qualité de lieutenant de Lyell dans l'affaire, en imposa aux membres qui, autrement, se fussent insurgés contre la doctrine. Nous avions aussi l'avantage d'être familiers avec les auteurs et avec leur théorie[7] ».

La semaine suivante, Charles, Emma et Henrietta quittent Down House à leur tour pour une longue villégiature dans l'île de Wight, à Sandown, puis à Shanklin. Dans ses lettres, Darwin remercie chaleureusement ses confrères pour avoir mené l'affaire vers une conclusion favorable pour tous : son antériorité est désormais établie de manière incontestable, et Wallace bénéficie du soutien officiel de trois des plus grands scientifiques du moment — Hooker, Lyell et lui-même. Maintenant, l'important est de terminer le « Grand Livre », dont une dizaine de chapitres sont déjà rédigés. Pour l'instant, rien ne presse, et Darwin se consacre à la rédaction d'un article destiné au *Gardener's Chronicle*, relatif à la fécondation des papilionacées par les abeilles et au croisement des haricots...

La bombe de la théorie « sur la tendance des espèces à former des variétés ; et sur la perpétuation des variétés et des espèces par le moyen naturel de la sélection* » ressemble plutôt à une bombe à retardement.

De leur côté, Hooker et Lyell ont mis à profit le mois de juillet pour préparer la publication du mémoire commun Darwin-Wallace dans la revue de la Linnean Society. Tous deux souhaitent que Darwin laisse de côté le « Grand Livre » et rédige au plus vite un résumé de sa théorie, ce à quoi il finit par consentir malgré de fortes réticences. Le 30 juillet, il écrit en ce sens à Hooker : « Je consacre chaque jour deux heures à mon résumé. Ce travail m'amuse, et il avance. Je vous suis obligé du fond du cœur, ainsi qu'à Lyell, pour m'avoir décidé à m'y mettre ; car, lorsque ce sera terminé, je finirai plus facilement ma besogne. Je confesse qu'au début j'ai détesté jusqu'à la pensée de ce travail, et je trouve maintenant qu'il est très désagréable de ne pouvoir donner les raisons de chaque conclusion[8]. » Comme toujours, il a le plus grand mal à synthétiser

* Titre intégral de la communication du 1er juillet 1858 à la Linnean Society.

sa pensée, et son *Journal* témoigne de son insatisfaction : « Du 20 juillet au 12 août, commencé à Sandown le résumé du livre sur les espèces » ; « 16 septembre, recommencé le résumé[9]. »

Après plusieurs tentatives infructueuses, il abandonne l'idée d'une publication sous forme d'un mémoire, ou d'une série de mémoires, pour décider que la forme qui conviendrait le mieux serait celle d'un volume indépendant. Ainsi, début octobre, il a compris que ce qu'il baptise « résumé » n'en serait pas un : « Je travaille courageusement à mon résumé, mais il acquiert une longueur désordonnée ; et pourtant, si je veux rendre clairement ma pensée (tout en ne donnant jamais plus d'un ou deux faits, brièvement, et en passant légèrement sur les difficultés), il m'est impossible de le faire plus court. Cela me prendra encore trois ou quatre mois, tant je travaille lentement, bien que je ne sois jamais paresseux. Vous ne pouvez vous rendre compte du service que vous m'avez rendu en me faisant faire un résumé. Je croyais posséder avec clarté tout ce qui concerne mon travail, et pourtant cela a encore éclairci mon cerveau en me faisant peser l'importance relative des divers éléments[10]. » Quelques jours plus tard, il précise : « Je compte que mon résumé formera un petit volume qui devra être publié séparément[11]. » En novembre, il est désormais affirmatif : « Ce sera assez étendu pour former un petit volume[12]. » Un « petit volume » qui comptera tout de même, selon ses estimations, « de 400 à 500 pages », et qui s'appellera bientôt *L'Origine des espèces*.

La rédaction de ce que Darwin appelle encore un « résumé* », puis, avec l'aide d'Emma, la correction soigneuse des épreuves — Murray fait composer le livre au fur et à mesure de la finalisation des chapitres — vont s'étaler sur « 13 mois et 10 jours » d'un travail acharné, mais régulièrement interrompu par des cures d'hydrothérapie : « Mon cher Hooker, ma santé est tout à fait à plat. Je pars demain pour suivre un traitement hydrothérapique d'une semaine. Je regrette beaucoup de ne pouvoir regarder les épreuves de la semaine, car mon but est de chasser le sujet de mes pensées[13]. » Mais il n'est plus question de Malvern où plane le souvenir de la mort tragique d'Annie. Charles, depuis plusieurs années, préfère s'en remettre aux compétences du docteur Edward Lane qui a ouvert une clinique d'hydrothérapie à Moor Park, dans le Surrey. Pourtant, le 2 octobre 1859, au lendemain de la correction du dernier placard d'épreuves, c'est à Ilkley, petite station thermale du West Yorkshire, qu'il part pour une cure de « trois ou quatre semaines ». D'emblée, il déteste l'endroit et surtout le médecin, le docteur Edmund Smith, qui appartient à la catégorie honnie des homéopathes et lui donne l'impression « de prendre grand soin de ses honoraires et fort peu de ses patients[14] ». Au bout de quelques jours, il décide de louer une maison où Emma et les enfants le rejoignent le 17 octobre. Après six semaines de traitement, il se sent moins bien qu'à son arrivée, mais pour tout dire il s'est

* C'est John Murray qui prendra la décision de supprimer le mot « résumé » (*abstract*) du titre de l'ouvrage.

foulé la cheville, le froid est glacial et le logement des plus inconfortables.

Charles va pourtant prolonger son séjour à Ilkley jusqu'en décembre, et c'est là qu'il reçoit, le 24 novembre, la stupéfiante nouvelle : John Murray, son éditeur, l'informe que la première édition de *L'Origine des espèces* est épuisée à peine mise en vente, les 1 250 exemplaires imprimés s'étant arrachés dans la journée du 22 novembre. Il lui demande aussi de se remettre au travail pour préparer au plus vite une nouvelle édition révisée, tirée à 3 000 exemplaires.

Cette fois, la bombe a vraiment éclaté. Et l'onde de choc s'en fait encore sentir.

Consécration

1860-1882

Dans l'œil du cyclone

Désormais plus question de débats académiques à l'intérieur d'un cercle restreint. Même s'il n'est pas donné à tout le monde de comprendre la théorie des espèces, tout un chacun peut la lire, en discuter, voire en disputer : dès le 7 janvier 1860, John Murray met en vente la deuxième édition, et la semaine suivante Charles découvre avec stupéfaction que son ouvrage, qu'il pensait réservé à une poignée de spécialistes, se vend jusque dans les librairies des gares. En mai, *L'Origine,* dont les ventes en Grande-Bretagne ne faiblissent pas, part à la conquête des États-Unis, avec un premier tirage à 2 500 exemplaires, et de l'Allemagne.

Darwin, prudent, a discrètement ajouté dès la deuxième édition une remarque destinée à désamorcer les attaques des esprits religieux. La phrase finale : « Il y a de la grandeur dans cette idée que la vie, avec ses diverses capacités, a été originellement insufflée à un petit nombre de formes ou bien à une seule... » devenant « ... a été originellement insufflée *par le Créateur**... » La nuance, imper-

* C'est nous qui soulignons.

ceptible, n'apaisera pas la tourmente qui s'annonce. Car, dès l'introduction, l'ouvrage proclame l'*autonomie* de l'évolution des espèces :

> Puisqu'il naît beaucoup plus d'individus de chaque espèce qu'il n'en peut survivre, et puisque, par conséquent, une Lutte pour l'Existence réapparaît fréquemment, il s'ensuit que tout être, s'il varie, même légèrement, d'une manière dont il puisse tirer profit, sous l'action de conditions de vie complexes et parfois variables, aura de meilleures chances de survie, et sera ainsi *sélectionné naturellement**. En vertu du puissant principe de l'hérédité, toute variété sélectionnée tendra à propager sa nouvelle forme modifiée[1].

D'autre part, s'il n'ignore pas, comme il l'a déjà évoqué avec Lyell et Hooker, que sa théorie va heurter de plein fouet les créationnistes, il ne peut rien ou presque contre ceux qui, à l'inverse, vont s'en emparer pour la mettre au service de positions anticléricales radicales. Il vient déjà d'avoir un avant-goût du problème avec l'éloge appuyé de *L'Origine* publié en décembre par Robert Chambers dans le *Chamber's Journal*. Chambers, pourtant durement critiqué par Charles lors de la parution de *Vestiges of the Natural History of Creation*... Le fameux adage « Seigneur, délivrez-moi de mes amis » est plus que jamais d'actualité. Il va falloir se battre sur deux fronts, le front du refus avec les créationnistes, et celui des alliés encombrants, sans oublier les inévitables escarmouches avec tous ceux qui vont tenter de se faire un nom en s'emparant de ce qu'ils considèrent comme une erreur ou une

* Souligné par Darwin.

lacune dans sa théorie. Pire, le combat va se livrer sous le regard du grand public, la presse prenant fait et cause pour les uns contre les autres : le *Spectator*, résolument conservateur, ouvre ses colonnes aux « anti », tandis que les « pro » s'expriment dans le *Times*, plus progressiste.

Darwin se doutait-il qu'en publiant ce « résumé » de sa théorie il allait déchaîner les passions ? Certainement. Pour lui, seul le « Grand Livre » aurait dû être divulgué, après avoir été longuement mûri, chaque proposition théorique étant solidement étayée par une multitude de faits convergents, soigneusement vérifiés et revérifiés. Il aura fallu l'aiguillon de Wallace pour obliger ce perfectionniste à faire ce qu'il déteste le plus : travailler dans l'urgence.

Il avait d'autres raisons de ne pas se précipiter. En 1838, tout fier de ses connaissances géologiques fraîchement acquises en Amérique du Sud, il interprète les terrasses parallèles* de Glen Roy, dans les Highlands d'Écosse, comme autant de vestiges de plages fossiles, donc de preuves de l'élévation progressive du sol. Enthousiaste, il en avait tiré un article communiqué à la Royal Society et publié l'année suivante, mais très critiqué par le géologue suisse Louis Agassiz, spécialiste des glaciers. Pour Agassiz, il ne pouvait s'agir de traces d'un ancien bras de mer, mais de lacs glaciaires successifs. Les plages marines devenaient des plages lacustres. Darwin se cramponnera à sa théorie jusqu'en

* Selon la tradition celte, ces « routes parallèles » très spectaculaires sont l'œuvre de géants.

1844, avant de reconnaître difficilement son erreur. De cette publication hâtive et erronée il avait gardé un souvenir amer et pris une leçon de prudence.

Autre raison de temporiser, l'inévitable conflit avec l'Église anglicane. Avec sa théorie d'une nature qui évolue de manière autonome, Darwin court le risque de passer pour un traître, si ce n'est un hérétique, aux yeux de ses anciens professeurs de Cambridge. Il ne se trompe pas : son ancien mentor ès géologie, le révérend Sedgwick, sera le premier à ouvrir les hostilités. D'abord en lui écrivant, dès le 24 décembre 1859 : « J'ai lu votre livre avec plus de peine que de plaisir. J'ai admiré sans restriction certaines parties, d'autres m'ont fait rire à me donner un point de côté, d'autres encore m'ont causé un réel chagrin, parce que je les crois entièrement fausses et très nuisibles. Vous avez déserté (après être parti au début par la route qui mène à toute vérité physique solide) la vraie méthode d'induction, et vous avez enfourché une machine aussi folle que la locomotive de l'évêque Wilkins qui devait, selon lui, nous transporter dans la lune[2]. » Puis en l'attaquant, de manière anonyme cette fois, dans les colonnes du *Spectator*[3]. Darwin craint fort que d'autres, comme Jenyns et surtout Henslow, dont l'amitié et la proximité intellectuelle lui tiennent encore plus à cœur, ne se rangent ouvertement dans le camp des « anti » — ce ne sera heureusement pas le cas.

Enfin, il a un sujet encore plus personnel, intime même, pour se montrer prudent : Emma. Leur seul désaccord porte sur la question de la religion.

Depuis l'adolescence, Charles témoigne d'un regard critique sur la foi ; malgré la bonne volonté dont il a fait preuve pour tenter de devenir pasteur, malgré son intérêt sincère pour la « théologie naturelle » de Paley et sa tendance naïve, dont il se moquera plus tard, à prendre la Bible à la lettre, il croit avant tout à la raison humaine. L'empreinte unitarienne de ses premières années ne l'a jamais quitté. Emma, en revanche, a gardé une foi simple et souriante en un Dieu bienveillant et un au-delà qui réunira pour l'éternité tous ceux qu'elle a aimés ici-bas. Elle lui a écrit une lettre tout à la fois tendre et inquiète lors de leurs fiançailles, elle en rédigera une seconde peu après la publication de *L'Origine*, lui confiant que son seul soulagement est « de s'efforcer de croire que toutes les souffrances et les maladies n'existent que pour élever nos esprits, et d'aspirer avec impatience à un autre état » et que « c'est le sentiment, et non le raisonnement, qui conduit à la prière[4] ». À la logique, elle oppose la sensibilité ; au fond d'elle-même elle redoute ce qu'impliquent les idées de Charles : un monde où Dieu serait absent et la mort un néant. Charles, de son côté, redoute plus encore de peiner Emma qu'il aime comme au premier jour de leur union. Publier, c'est prendre le risque de la blesser.

Dans les premiers mois de 1860, l'abondante correspondance de Darwin reflète l'agitation intellectuelle provoquée par son livre, entre soutiens plus ou moins inconditionnels — et parfois conditionnels —, attaques plus ou moins virulentes, arguments pour ou contre plus ou moins recevables. La tension monte entre tenants et adversaires de ce que l'on commence à appeler le « darwinisme », selon le terme forgé par Thomas Huxley dès le mois d'avril. Collègue de Charles Darwin à la Royal Society dont il est membre depuis 1850, ce jeune et brillant naturaliste — il a alors trente-cinq ans — a, comme lui, effectué un voyage d'exploration à bord d'un navire de la Royal Navy qui l'a conduit en Nouvelle-Guinée et en Australie. Il a consacré une grande partie de son temps à l'étude des invertébrés marins, devenant un spécialiste incontesté des méduses. Il a immédiatement compris l'intérêt et les enjeux de *L'Origine* :

> Partout où l'on étudie les sciences biologiques, *L'Origine des Espèces* éclaire le chemin de l'investigateur ; partout où on les enseigne, elle imprègne cet enseignement. L'influence des idées darwiniennes n'a pas été moins profonde en dehors du domaine de la biologie. La plus ancienne de toutes les philosophies, celle de l'Évolution, était pieds et mains liés, et jetée dans une obscurité absolue, pendant les mille ans qu'a duré la scolastique théologique. Mais Darwin infusa un sang nouveau dans ce vieux corps ; les entraves ont été brisées, et la pensée, à nouveau vivifiée, de la Grèce ancienne, s'est révélée comme étant une expression plus adéquate de l'ordre universel des choses que n'importe quel autre des systèmes qui ont été acceptés par la crédulité[5].

Si Huxley ne partage pas toutes les vues de Darwin, il lui apporte d'emblée un soutien inconditionnel. Sa fidélité va être mise à rude épreuve dès le début de l'été 1860, lors de la session annuelle de la British Association, qui se tient à Oxford. La ville se trouve être le fief de l'évêque Samuel Wilberforce, ennemi déclaré de Darwin. L'année précédente, profitant de son poste de chapelain du prince Albert*, il a intrigué pour que celui-là ne soit pas fait chevalier, alors qu'il figurait sur la liste proposée à la reine Victoria, et il est arrivé à ses fins : il n'y aura jamais de *sir* Charles Darwin. Ce prédicateur mondain est décidé à profiter de l'occasion pour ridiculiser publiquement la théorie darwinienne.

Samuel Wilberforce, brillant orateur qui manipule son auditoire à coups d'arguments parfois spécieux mais toujours habiles, y a gagné le surnom de Soapy Sam, « Sam l'Onctueux », allusion à une rosserie de Benjamin Disraeli** qui décrit les manières de l'évêque comme « onctueuses, oléagineuses, savonneuses[6] »... Cependant, le personnage ne peut se résumer à cette caricature : loin d'être un ardent réactionnaire, il défend des positions libérales et antiesclavagistes. Le débat scientifique ne lui est pas étranger : naturaliste réputé, il est membre de la Royal Society et directeur de l'observatoire de Kew. Mais il appartient à la vieille école selon laquelle « étudier la nature, c'est étudier l'œuvre de Dieu ». Or, affirme-t-il, « le principe de la sélection naturelle est absolument incompatible avec la parole de Dieu[7] ».

À l'ouverture de la conférence organisée le samedi 30 juin 1860 par la British Association, l'assistance se bouscule dans le hall du Zoological Museum d'Oxford. Chacun sait que Wilberforce a l'intention de pourfendre le darwinisme et ses suppôts et, dans

* Albert, prince consort, époux de la reine Victoria.

** Benjamin Disraeli (1804-1881) sera Premier ministre en 1868, puis de 1874 à 1880 ; d'origine juive, il fut cependant toute sa vie un fervent anglican.

la salle, la seule question qui circule, tandis qu'un scientifique américain, le docteur Draper, prononce un discours fleuve d'un ennui profond, est « M. Darwin viendra-t-il ? ». En fait, pour ne pas changer, Charles est en « cure d'eau », cette fois à Sudbrook Park, dans le Surrey, où il a confié sa santé aux mains d'un hydrothérapeute encore plus douteux que ses confrères : le docteur Ellis, directeur de l'établissement, accusé de meurtre après la mort d'un patient qui n'avait pas supporté l'eau glacée, puis acquitté de justesse ; il n'en a pas moins repris ses activités comme si de rien n'était*.

Darwin ne viendra pas, mais Huxley et Hooker seront présents et bien présents, prêts à défendre pied à pied la théorie de l'évolution. À l'instant où Wilberforce monte à la tribune, le darwinisme entre dans la légende. Pourtant, il n'existe aucun compte rendu officiel des propos des uns et des autres, ni de l'empoignade verbale qui opposa Huxley à l'évêque. Bien qu'anonyme, un des témoignages les plus fiables — ou les moins orientés — est rapporté par Francis Darwin dans son édition de la correspondance paternelle :

> L'agitation était à son comble. La salle, dans laquelle il avait été décidé que la discussion aurait lieu, ne put contenir tous les auditeurs, et la réunion se tint à la bibliothèque du Muséum qui, longtemps avant l'entrée des champions dans la lice, était pleine à étouffer. Le nombre des auditeurs était entre 700 et 1 000, d'après les estimations. [...]
>
> L'évêque fut debout à l'heure voulue ; il parla pendant une

* En fait, il préférera émigrer l'année suivante aux États-Unis, où il fondera une nouvelle clinique d'hydrothérapie dans le désert du Nevada, utilisant cette fois l'eau de sources chaudes...

demi-heure, avec un esprit inimitable, mais son discours fut aussi vide et injuste que spirituel.

La manière dont il traita le sujet prouva qu'il s'en était « gorgé » sans se l'assimiler, et qu'il ne connaissait rien de première main. En résumé, il ne se servit que des arguments de son article dans le *Quarterly**.

Il ridiculisa fort Darwin, fut sauvage pour Huxley ; mais tout cela sur un ton si doucereux, d'une manière si persuasive, et avec des périodes si bien tournées, que moi qui avais été tenté d'abord de blâmer le président de permettre une discussion qui ne servait à aucun but scientifique, je lui pardonnai du fond du cœur. Malheureusement l'évêque, emporté par le courant de sa propre éloquence, s'oublia au point de pousser ses prétendus avantages jusqu'à faire des essais de personnalités dans un passage mordant. Se retournant vers Huxley et s'adressant à lui (j'ai oublié les termes précis, je cite d'après Lyell), il « demanda si c'était du côté de son grand-père ou du côté de sa grand-mère qu'Huxley descendait du singe ». Huxley répondit avec force et éloquence aux arguments scientifiques de son rival, et à l'allusion personnelle avec une modération qui donna de la dignité à sa réplique écrasante.

À partir de là, les avis divergent. Pour les plus modérés, Huxley aurait calmement répondu : « J'ai affirmé et je répète qu'un homme ne saurait être honteux d'avoir un singe pour grand-père. S'il est un ancêtre dont je serais honteux, ce serait d'un homme, d'un homme doué d'une intelligence versatile et agitée qui, non content d'un succès équivoque dans sa propre sphère, plongerait dans les questions scientifiques dont il ignore le premier mot, pour les obscurcir par une rhétorique sans but, et distrairait l'attention de ses auditeurs des points en question par des digressions éloquentes et par

* *Quarterly Review*, revue trimestrielle publiée par John Murray, par ailleurs éditeur de *L'Origine*.

des appels habiles à des préjugés religieux*. » Pour les plus virulents, la réplique de Huxley aurait été beaucoup plus cinglante : « Je préférerais avoir pour ancêtre un singe plutôt qu'un évêque ! » C'est évidemment cette formule percutante, mais forgée après coup, que l'histoire a retenue.

Quoi qu'il en soit, le chahut dans la salle est à son comble. Les étudiants applaudissent Huxley et conspuent Wilberforce, « des hommes se dressèrent, protestant bruyamment contre cette insulte faite au clergé. Lady Brewster** s'évanouit. L'amiral FitzRoy, l'ancien capitaine du *Beagle*, brandissait bien haut la Bible, criant par-dessus le tumulte que là était la véritable et incontestable autorité, et non pas chez ce serpent qu'il avait abrité sur son bateau[8]. »

En réalité, le véritable « vainqueur » de Wilberforce ne sera pas, ce jour-là, Huxley, mais Hooker : « Le président l'invita à donner son opinion au point de vue botanique ; ce qu'il fit en démontrant que l'évêque, d'après son propre discours, ne s'était jamais assimilé les principes de *L'Origine* et ignorait absolument les éléments de la science botanique. L'évêque ne répliqua pas, et la séance fut levée. » La franchise de Hooker, qui n'a pas hésité à reconnaître publiquement qu'il était, au départ, opposé à la théorie darwinienne, mais qu'il avait progressivement compris sa justesse en la confrontant à ses propres observations, emporte l'adhésion de l'auditoire.

* Lettre d'un étudiant d'Oxford, John Richard Green, à son condisciple Boyd Dawkins, citée par Francis Darwin dans son édition de la correspondance paternelle.

** Épouse du physicien écossais sir David Brewster.

Deux jours plus tôt, le 28 juin, un autre débat avait opposé Richard Owen, qui s'était dévoilé à cette occasion comme le véritable inspirateur de Wilberforce, et Huxley à propos de la structure cérébrale comparée de l'homme et du singe. Owen soutenait que l'hippocampe mineur, une petite circonvolution du cerveau humain, n'existait pas chez les grands singes, ce qui prouvait la spécificité de l'homme — entendre par là son origine divine, matérialisée par la présence de cet organe supplémentaire. Huxley va le contredire formellement et s'engage à démontrer qu'Owen se trompe, ce qu'il fera, preuves anatomiques à l'appui, dès l'année suivante.

Sur le moment, la presse se fera plutôt l'écho de ce premier débat sur la parenté homme-singe. Ce n'est que progressivement que le débat opposant Wilberforce à Huxley et Hooker va devenir le symbole de la lutte du progressisme darwinien contre l'obscurantisme religieux, nouvel avatar de l'éternel combat entre l'ombre et la lumière. Combat, aussi, de l'Église contre les Lumières, comme au XVIIIe siècle : Wilberforce ne manquera pas de reprocher à Charles Darwin d'être le petit-fils et l'héritier intellectuel du sulfureux Erasmus Darwin qu'en d'autres temps l'Inquisition aurait envoyé au bûcher. Plus prosaïquement, c'est à la suite du débat d'Oxford que Huxley gagnera son surnom imagé de « bouledogue de Darwin ».

Cependant, le divorce est loin d'être consommé entre la théorie de l'évolution et les hommes d'Église. Ainsi, le révérend Kingsley, chapelain de la reine Victoria, écrit à Darwin : « Il est au moins deux superstitions communes dont je suis net en appréciant votre livre : 1°) Une longue étude du croisement des animaux et des plantes domestiques m'a fait depuis longtemps rejeter le dogme de la permanence des espèces. 2°) Je suis graduellement arrivé à admettre que c'est une aussi noble conception de Dieu, de croire qu'il a créé des formes primordiales capables de se développer en tous les êtres nécessaires, *pro tempore et pro loco*, que de supposer qu'il lui a fallu une nouvelle intervention pour remplir les lacunes que lui-même avait faites. Je me demande si la première conception n'est pas plus élevée que la seconde[9]. »

De leur côté, Henslow et Jenyns, également pasteurs, estiment eux aussi, réflexion faite, que la théorie de l'évolution des espèces n'est pas incompatible avec les enseignements de la religion. Darwin reçoit également le soutien plus modeste, mais tout aussi précieux à ses yeux, du révérend John Brodie Innes, le pasteur de Downe, à qui il porte la plus grande estime. Leurs discussions sont vives, passionnées même, mais toujours courtoises et amicales. Par la suite, Innes se souviendra :

Nous ne nous sommes jamais attaqués l'un l'autre. Avant de connaître M. Darwin, j'avais adopté et exprimé publiquement le principe que l'étude de l'histoire naturelle, de la géologie, de la science en général, devait être poursuivie sans rapports avec la Bible, que le livre de la Nature et l'Écriture provenaient de la même source divine, suivaient des chemins parallèles, et que, si on les comprenait bien, ils ne se contrariaient jamais... Ses vues sur ce sujet se rapprochaient des miennes[10].

À propos de cette amitié paradoxale, Charles aimait rappeler, avec son humour discret :

> Nous avons été amis intimes pendant trente ans, Brodie Innes et moi, et nous n'avons été complètement d'accord sur un sujet qu'une seule fois : aussi nous sommes-nous mutuellement dévisagés pendant un moment, convaincus que l'un de nous devait être fort malade[11] !

Bien qu'il suive avec attention l'évolution du débat, tantôt découragé par la stupidité des arguments qu'on lui oppose, tantôt stimulé en mesurant combien sa théorie fait son chemin dans le monde scientifique, Charles décide de prendre du recul. Après sa cure à Sudbrook Park, il part avec Emma et la petite Henrietta pour Hartfield, où il passe le mois de juillet chez sa belle-sœur Charlotte. Depuis le mois de mai, Etty est malade — probablement une typhoïde. À l'automne, Charles et Emma séjournent près de deux mois à Eastbourne, toujours avec la fillette et toujours dans l'espoir de la fortifier. Elle ne se remettra complètement qu'à l'été 1861, au cours d'un nouveau séjour avec ses parents au bord de la mer, à Torquay.

Charles met à profit cette période de répit pour entreprendre la rédaction d'un nouvel ouvrage, beaucoup moins polémique celui-ci, consacré à la fécondation des orchidées par les insectes. Ce repos intellectuel lui est d'autant plus nécessaire qu'il sait qu'un jour ou l'autre il lui faudra redescendre dans l'arène. Dans *L'Origine des espèces*, en effet, une espèce est absente qui, sans être jamais citée, s'est d'emblée imposée au cœur du débat : l'espèce humaine. Le jour où il présentera l'espèce humaine sous le jour d'une espèce comme les autres, il craint fort d'ouvrir la boîte de Pandore.

« Toute baleine a ses poux »

Le 24 février 1871, plus de onze ans après *L'Origine des espèces,* l'ouvrage tant attendu par le public britannique est enfin disponible : *Descent of Man & Selection in Relation to Sex* (*La Descendance de l'homme et la sélection sexuelle**). Si la seconde partie, « La sélection sexuelle », étudie la question uniquement sous l'angle du règne animal, la première, sous un titre plus que prudent, traite directement de la question longtemps taboue de l'*origine* de l'homme, comme en témoignent ces extraits du sommaire :

Chapitre premier. — Preuves de la descendance de l'homme d'une forme inférieure

Nature des preuves sur l'origine de l'homme. — Conformations homologues chez l'homme et les animaux inférieurs. — Points de correspondance divers. — Développement. — Conformations rudimentaires, muscles, organes des sens, cheveux, os, organes reproducteurs, etc. — Portée de ces trois ordres de faits sur l'origine de l'homme. [...]

Chapitre VI. — Affinités et généalogie de l'homme

* Certaines éditions françaises ultérieures sont intitulées *La Filiation de l'homme et la sélection liée au sexe.*

Sa position dans la série animale. — Le système naturel est généalogique. — Caractères d'adaptation de valeur légère. — Divers petits points de ressemblance entre l'homme et les quadrumanes. — Rang de l'homme dans le système naturel. — Lieu de naissance et antiquité de l'homme. — Absence de chaînons de réunion fossiles. — États inférieurs de la généalogie de l'homme, déduits de ses affinités et de sa conformation. — État primitif androgyne des Vertébrés. — Conclusions[1].

Le livre tombe à point nommé : depuis quelques années, la société victorienne se passionne pour les découvertes de plus en plus fréquentes de ce qu'on appelle des « traces de l'homme antédiluvien ». Le Français Boucher de Perthes, qui fouille les gravières de la Somme, voit ses travaux validés par de grands noms de la géologie britannique comme Lyell ou Hugh Falconer, qui exposent leurs conclusions devant la Royal et la Geological Society. En 1863, la découverte à Moulin-Quignon, près d'Abbeville, d'une mâchoire humaine associée à des outils taillés fait grand bruit. Il s'agit en réalité d'une supercherie*, mais qui, paradoxalement, relance l'intérêt du grand public pour cette science neuve qu'on n'appelle pas encore la préhistoire. Les découvertes indiscutables vont se multiplier, comme en 1868 à l'abri sous roche de Cro-Magnon, aux Eyzies, avec l'exhumation de cinq squelettes humains associés à des ossements d'ours des cavernes et de mammouth et à des ornements, pendeloques d'ivoire, dents et coquillages percés**. En Angleterre même, à seulement deux cent cinquante

* Boucher de Perthes ayant promis 200 francs-or à celui qui signalerait une telle découverte, l'appât du gain avait rendu les terrassiers ingénieux...

** Entre –29 000 et –22 000, selon les datations les plus récentes.

kilomètres de Londres, les grottes de Brixham livrent d'abondants vestiges. Face à ces preuves désormais irréfutables de la très haute antiquité de l'homme et de sa cohabitation avec des animaux disparus, beaucoup s'interrogent : quel est le point de vue de M. Darwin sur cet « homme primitif », son origine et son évolution ? La réponse est celle que l'on pressentait depuis *L'Origine* : en résumé, l'homme descend du singe.

Résumé plus que hâtif, et scientifiquement faux même si la formule a fait florès : l'homme ne « descend » pas du singe, mais homme et singe ont, quelque part dans la nuit des temps, un ancêtre commun, et ils entretiennent une forme de relation de cousinage*, au point, pour certains — bonobo, chimpanzé, gorille, orang-outan —, d'être classés aux côtés des humains dans la famille des hominidés. Mais le public ne s'embarrasse pas de ces nuances. Déjà, en 1870, en réponse à une lettre de Charles évoquant la rédaction de *La Descendance*, son cousin Fox lui assure, sur le ton de la plaisanterie, qu'il n'est en effet pas impossible que l'homme descende du singe car il a constaté, au zoo de Regent's Park, que ces animaux ont les mêmes vices que les humains : « La dame singe des îles Andaman boit et fume tout comme un chrétien ; et de toute évidence le monsieur singe aimerait bien flanquer une volée à la dame, voire la tuer, s'il en avait la possibilité[2]. »

Au-delà de telles pitreries, l'idée d'un lien homme-

* Les récentes comparaisons entre le génome humain et celui de certains singes confirme ce « cousinage ».

singe ne surprend plus, et le livre ne fait pas scandale : « Tout le monde en parle sans être choqué[3] », remarquera Darwin, presque déçu. Il n'y aura pas non plus, comme à Oxford, de grands anathèmes publics lancés contre le darwinisme. Seuls les caricaturistes vont s'en donner à cœur joie en représentant un singe aux traits humains face à un Darwin aux traits simiesques — d'autant plus facile à dessiner que Charles, depuis quelques années, porte une longue barbe quelque peu hirsute pour compenser sa calvitie croissante.

Les esprits ont bien évolué depuis la publication de *L'Origine*. Surtout, *La Descendance* n'apporte aucune révélation fracassante par rapport à l'ouvrage de Huxley, *Man's Place in Nature* (*La Place de l'homme dans la nature*), publié dès 1863. Huxley y expose déjà la relation étroite entre l'homme et les grands singes en faisant appel à l'anatomie comparée pour démontrer les analogies entre leurs squelettes respectifs — les planches illustrant le volume ont marqué les esprits. Comme le remarque Huxley, partie prenante dans l'affaire, « à mesure que le temps s'est écoulé, un heureux changement s'est produit chez les critiques de M. Darwin. Le mélange d'ignorance et d'insolence qui a caractérisé, en une large mesure, les attaques qu'on avait dirigées contre lui n'est plus aujourd'hui la triste caractéristique des critiques antidarwiniennes[4] ». Il n'en demeure pas moins que Darwin confirme ce qui était en filigrane dans *L'Origine* : l'homme est un animal comme un autre, même s'il s'en distingue par une évolution *morale* — tandis que l'animal se limite à une évolution *physique*. Considéré comme une étape fondamentale dans la construction du darwinisme, *La Descendance* est d'emblée pris au sérieux, démentant doublement la prédiction de Darwin lorsqu'il écrivait à son éditeur : « Je suis convaincu que mon chapitre sur l'homme excitera l'attention et m'attirera quantité d'injures, mais je crois que les injures sont aussi favorables à la vente d'un livre que les éloges[5]. » Si les injures ne sont pas au rendez-vous, les ventes le sont bel et bien, avec 4 500 exemplaires écoulés dès le premier mois.

L'année suivante, en 1872, Darwin publie ce qu'il considère comme la véritable deuxième partie de *La Descendance* et qui devait, dans le projet d'origine, figurer dans le même volume. Comme toujours, il a tellement développé son sujet que le manuscrit initial a doublé d'épaisseur, d'où, une fois de plus, cette parution échelonnée. Darwin s'intéresse cette fois aux muscles faciaux et l'ouvrage, significativement intitulé *The Expression of the Emotions in Man and Animals* (*L'Expression des émotions chez l'homme et les animaux*), paraît le 26 novembre 1872. La théorie exposée reste dans le droit fil de la pensée darwinienne : l'homme et l'animal expriment les mêmes états d'esprit par les mêmes mouvements des muscles faciaux. Ceci implique, de manière corollaire, que les muscles du visage humain ne sont pas un « don du Ciel » réservé à l'expression de sentiments complexes et élevés que seul l'homme serait capable d'éprouver. Là aussi, le livre est un succès — plus de 5 000 exemplaires vendus en quelques jours — et il ne soulève guère de polémiques. Il est vrai que Darwin a eu la finesse de présenter les animaux comme ayant des expressions humaines, et non les hommes comme ayant des expressions animales[6]... Ce qui ne pouvait que plaire à la bonne société victorienne, si attentive au bien-être de ses chiens et chats — la famille Darwin ne faisant pas exception.

Cependant, si les attaques sont plus feutrées, elles n'en demeurent pas moins féroces. Un nouvel opposant se dresse, le biologiste St. George Jackson Mivart. Au départ ardent défenseur du darwinisme et ami de Huxley, il a glissé vers une attitude ultra-conservatrice : ce chrétien fervent — anglican, il s'est converti au catholicisme romain, ce qui lui a valu d'être exclu de l'université d'Oxford — ne peut se résoudre à imaginer une création sans créateur. Il veut affirmer la différence irréductible entre le corps et l'esprit, entre l'animalité et la rationalité, rejoignant les créationnistes sur la nature divine de l'intelligence humaine — en un mot, de l'âme. Dans un premier temps, Darwin va engager avec Mivart un débat sans concession, mais courtois. Celui-ci ayant publié, en 1871, un ouvrage qui se veut l'antithèse de *L'Origine*, intitulé *On the Genesis of Species* (« De la genèse des espèces »), Darwin réfute ses arguments point par point, comme à son habitude par le biais d'un long commentaire introduit dans une réédition de *L'Origine**. Huxley, appelé à la rescousse, va de son côté combattre Mivart avec ses propres armes : il retrouve la source de ses arguments dans l'œuvre d'un jésuite, le père Suarez,

* En l'occurrence la 6e édition de *L'Origine* ; l'essentiel de la réfutation figure au chapitre VI, intitulé « Difficultés de la théorie ».

dont il retourne les propos contre Mivart. Celui-ci bat en retraite, n'ayant pas l'agilité intellectuelle pour répondre, mais se venge à la première occasion : lors de la sortie de *La Descendance*, il rédige un article résolument hostile dans la *Quarterly Review*, où il attaque le livre et son auteur à coups d'affirmations gratuites, comme : « L'homme diffère plus d'un éléphant ou d'un gorille que ceux-ci ne diffèrent de la poussière qu'ils foulent à leurs pieds[7] », et de citations tronquées et truquées.

Comme si cela ne suffisait pas, il s'en prend en 1874 au deuxième fils de Charles, George, à l'occasion d'un court article sur le divorce publié par celui-ci dans le numéro de juillet de la *Contemporary Review*, qui accueille les débats intellectuels du temps. Selon George, le divorce devrait être facilité si l'un des conjoints fait preuve de cruauté, de violence ou de maladie mentale. La réponse de Mivart frise l'insulte : il l'accuse « d'encourager le vice » et de favoriser « la licence des mœurs la plus effrénée », voire « d'horribles crimes sexuels[8] ». Mais il a commis l'erreur de s'exprimer dans la *Quarterly Review* de Murray, l'éditeur de Charles… Entre un Darwin auteur à succès qui fait la fortune de Murray et le médiocre (en termes de ventes) Mivart, qui plus est édité par un concurrent, le choix sera vite fait, et Mivart prié de trouver une autre tribune.

Huxley, qui a de nouveau suivi l'affaire de près, remonte au créneau, critiquant ouvertement la malhonnêteté intellectuelle d'un homme qui ne recule devant aucune falsification pour avoir raison à tout prix. Et, faute d'excuses circonstanciées, Darwin

— fait exceptionnel — rédige lui-même, le 12 janvier 1875, une note glaciale priant Mivart de ne plus jamais tenter de communiquer avec lui. Quelques années plus tard, alors que Mivart postule pour devenir membre de l'Athæneum Club, il sera blackboulé par Hooker et Huxley. C'est pour lui le début d'une lente descente aux enfers, où, après avoir été excommunié par l'« Église darwinienne », il sera excommunié par l'Église catholique, lassée de ses incessantes interprétations du dogme « jugées incompatibles avec la Foi ».

Cette rupture définitive et volontaire reste exceptionnelle dans la vie de Darwin qui déteste se brouiller avec qui que ce soit. Ainsi, malgré la virulence du débat qui l'a opposé à Sedgwick lors de la parution de *L'Origine,* il se fera un plaisir de visiter en sa compagnie le Woodwardian Museum de Cambridge en mai 1870 : les vieux souvenirs et la longue amitié l'avaient emporté.

En revanche, l'épisode tragicomique qui le dressera vers la fin de sa vie contre l'écrivain Samuel Butler ne trouvera jamais de conclusion satisfaisante. Butler, devenu célèbre grâce à son roman utopique *Erewhon* (1872), n'est pas un inconnu pour lui : il est le petit-fils d'un autre Samuel Butler, ce directeur de l'école de Shrewsbury qui, bien longtemps auparavant, avait crucifié Charles d'un *poco curante* qui se voulait condamnation définitive d'un futur bon à rien, et le fils de son condisciple et ami Thomas Butler. Samuel Butler, qui ne connaît rien à la science — il s'en fait d'ailleurs une gloire —, s'est lancé à son tour dans un essai sur l'évolution, publié en mai 1879, dont le titre traduit les grandes ambitions et trahit les limites : *Evolution, Old and New, or the Theories of Buffon, Dr. Erasmus Darwin and Lamarck, as Compared with that of Charles Darwin* (« L'évolution, ancienne et nouvelle, ou les théories de Buffon, Erasmus Darwin et Lamarck comparées à celle de Charles Darwin »). Simultanément, Charles rédige de son côté une « Vie d'Erasmus Darwin » qui lui donne bien du fil à retordre — sa plume est plus à l'aise en biologie qu'en biographie. Par facilité, il décide d'incorporer dans son ouvrage la traduction d'un essai d'un savant allemand, le docteur Krause, sur l'apport d'Erasmus Darwin à la théorie de l'ascendance de l'homme, essai paru en février 1879 dans la revue *Kosmos*. Krause accepte, à condition de pouvoir réviser son texte et, pour le documenter, Darwin lui fait parvenir l'ouvrage de Butler. Krause, en désaccord avec les propos du romancier, insère quelques énergiques réfutations, l'attaque la plus virulente étant : « Le système d'Erasmus Darwin était en lui-même un premier pas fondamental dans la voie que son petit-fils a ouverte pour nous, mais tenter de le ressusciter aujourd'hui, comme certains s'acharnent à le faire, témoigne d'une faiblesse d'esprit et d'un anachronisme mental que nul ne saurait envier[9]. »

Lorsque Butler découvre ces propos dans *Life of Erasmus Darwin*, publié en novembre 1879, il bondit, persuadé que ses idées ont été condamnées d'avance, dès février, par un chercheur allemand : Darwin, en effet, a omis de préciser dans la préface qu'il s'agit d'un nouveau texte de Krause, différent du texte initial... Charles s'en explique et lui présente ses excuses, mais Butler s'emporte, crie au complot, voit la main de Darwin guider la main de Krause : « C'est sans doute une pratique courante pour un auteur que de réviser son texte lors d'une nouvelle édition, mais ça l'est beaucoup moins de saisir l'occasion pour introduire une condamnation contre un adversaire, et d'annoncer même très clairement que cette condamnation a été écrite avant la parution du livre qu'elle vise, de façon à faire croire au lecteur qu'il s'agit d'une opinion n'ayant aucun rapport avec ce livre[10]. » Charles, après avoir pris conseil auprès de sa famille et de ses confrères, décide de ne pas répondre, ce qui a pour effet « de conforter la manie de la persécution de Butler ; sa colère dut exploser dans le vide ». Quels sommets de fureur aurait-il atteint s'il avait su que Charles et ses amis l'assimilaient, insulte suprême, à un Mivart, Huxley écrivant : « Je suis surpris par la réaction de Butler — que je prenais pour un gentleman, bien que son dernier livre m'ait paru totalement délirant. A-t-il été mordu par Mivart qui lui a transmis sa darwinophobie ? C'est une maladie affreuse et je tuerai tout fils de [chienne]* contaminé, sans aucune pitié[11]. » Et Darwin de conclure, citant Goethe, par cette formule d'un mépris définitif : « Toute baleine a ses poux... »

* Dans l'original de la lettre, le mot « chienne » est remplacé par un dessin de l'animal, en anglais *bitch* ; il faut donc comprendre *son of a bitch*, « fils de chienne », mais aussi « fils de pute »...

Ni Dieu ni Marx

À l'automne 1862, alors que Thomas Huxley a entrepris d'organiser des cycles de conférences pour populariser et expliquer le darwinisme, deux Allemands réfugiés à Londres comptent parmi ses auditeurs les plus assidus. Ces deux hommes sont tellement passionnés par la théorie de l'évolution que l'un d'eux écrira par la suite : « Pendant plusieurs mois, nous n'avons pas parlé d'autre chose que de Darwin et de l'immense signification de ses découvertes scientifiques[1]... » L'auteur de ces propos s'appelait Wilhelm Liebknecht, et son compagnon d'exil Karl Marx.

Marx a lu pour la première fois *L'Origine des espèces* un an après sa publication, en décembre 1860. À compter de là et pendant plusieurs années, il va exposer, dans ses correspondances comme dans ses conversations, son point de vue sur *L'Origine*, comme dans cette lettre au théoricien socialiste Ferdinand Lassalle : « C'est dans cet ouvrage que, pour la première fois, non seulement un coup mortel est porté à la "téléologie*" dans les sciences

* Très schématiquement, doctrine stipulant que le monde obéit à une finalité.

de la nature, mais qu'en outre le sens rationnel de celle-ci [la nature] est exposé empiriquement[2]. » En revanche, si Marx acceptait la théorie de l'évolution des organismes vivants et admirait les arguments matérialistes et rationnels de Darwin, il critiquait l'usage que celui-ci faisait des théories de Malthus (que Marx détestait passionnément) sur l'explosion démographique pour justifier la formation de nouvelles espèces. Mais, au final, il considérait que l'ouvrage « contient les bases d'une histoire naturelle conforme à nos vues », ainsi qu'il l'écrivit à son ami et alter ego en philosophie Friedrich Engels. Il ajoutera encore qu'il considère l'ouvrage comme une base de raisonnement dans l'élaboration de la théorie de la lutte des classes.

L'influence de Darwin sur Marx est également perceptible dans *Le Capital*. Outre deux notes citant longuement *L'Origine* et le darwinisme, la préface même du volume en porte l'empreinte : « Le développement de la formation économique de la société est assimilable à la marche de la nature et à son histoire[3]. » Pour autant, Marx ne fait pas l'amalgame entre l'histoire humaine et l'histoire naturelle qui diffèrent « par le fait que nous avons fait la première, mais pas la seconde ». Ce qui l'amènera, par la suite, à critiquer avec virulence ceux qui tenteront d'appliquer le darwinisme à la question sociale. Il étrillera ainsi, en 1870, le philosophe Friedrich-Albert Lange : « *Herr* Lange, voyez-vous, a fait une grande découverte. Toute l'histoire peut être placée sous une seule grande loi naturelle. Cette loi naturelle, c'est (mais ici l'expression de Darwin devient une formule creuse) “la lutte pour la vie” [...]. Ainsi, au lieu d’analyser la lutte pour la vie comme représentée historiquement par des formes variables et définies de sociétés, il suffit de traduire chaque lutte concrète par la formule “lutte pour la vie”, puis de replacer cette formule dans le fantasme malthusien de la surpopulation[4]. »

Si Marx et Darwin ne se sont jamais rencontrés, bien que vivant à moins de 20 miles l’un de l’autre, ils ont eu quelques contacts par courrier interposé. Au printemps 1873, Charles reçoit un exemplaire dédicacé de la deuxième édition allemande du *Capital*, accompagné d’une lettre. Si la lettre n’a pas été conservée, la dédicace est la suivante : « À M. Charles Darwin, de la part de son sincère admirateur, [signé] Karl Marx. » Darwin mettra des mois à répondre par ces quelques lignes : « Je vous remercie de l’honneur que vous me faites en m’envoyant votre grande œuvre sur le Capital ; et je souhaiterais de tout cœur être plus apte à la recevoir, en connaissant mieux ce sujet profond et important qu’est l’économie politique*. Bien que nos études soient fort différentes, je crois que nous désirons sincèrement tous les deux l’extension du Savoir ; ce qui constitue, à long terme, l’assurance d’ajouter au bonheur de l’humanité. » Message à double sens qui sous-entend, derrière les remerciements d’usage, la volonté de ne pas discuter du livre, et de n’avoir pas plus de contacts avec son auteur.

* Le *Capital* est sous-titré *Critique de l’économie politique*.

En 1880, nouvelle lettre de Marx, également perdue, mais dont la réponse de Darwin laisse entrevoir le contenu :

Je vous suis très obligé par votre aimable lettre et le document joint*. La publication sous quelque forme que ce soit de vos remarques sur mes écrits ne demande vraiment aucun consentement de ma part, et il serait ridicule d'autoriser ce qui ne nécessite pas d'autorisation. Je préférerais que ce volume ne me soit pas dédié (bien que je vous remercie pour l'honneur que vous me proposez), car cela impliquerait, jusqu'à un certain point, que je sois en accord avec l'ensemble de la publication, dont je ne sais rien. De plus, bien que je me sois toujours fait l'avocat vigoureux de la liberté de pensée sur tous les sujets, il m'apparaît cependant (à tort ou à raison) que les attaques directes contre le christianisme et le théisme ne produisent guère d'effets sur le public ; et que la liberté de pensée est mieux soutenue par le fait d'éclairer progressivement les esprits, au fur et à mesure de l'avancement de la science. C'est pourquoi je me suis toujours gardé de prendre la plume sur des questions de religion, me limitant à la science. Cependant, je suis peut-être influencé par le chagrin que cela pourrait procurer à certains membres de ma famille, si je me livrais à des attaques directes contre la religion. Je suis désolé de répondre ainsi par la négative à toutes vos demandes, mais je suis vieux et très faible, et relire des épreuves (comme j'en fais à présent l'expérience) me fatigue beaucoup**.

Élégante fin de non-recevoir, d'une parfaite courtoisie et d'une totale fermeté. L'année suivante,

* Ce document a été perdu.

** Lettre à Karl Marx, 13 octobre 1880, citée par Ralph Colp Jr. (« The Contacts between Karl Marx and Charles Darwin », *Journal of the History of Ideas*, vol. 35-2, 1974). Selon d'autres spécialistes, il s'agirait plutôt d'une réponse à une demande d'Edward Aveling, le compagnon d'Eleanor Marx, fille de Karl Marx ; cette attribution ne modifie en rien la volonté de Darwin de garder des distances courtoises mais nettes avec Marx et ses proches.

Darwin recevra Edward Aveling et Ludwig Büchner*. Tous trois évoqueront le sujet de la religion, Aveling et Büchner expliquant leur athéisme. Darwin critiquera de nouveau Marx en estimant qu'il n'y avait rien à gagner en tentant de forcer l'humanité à accepter de telles idées et ajoutant que lui-même n'avait abandonné le christianisme qu'après quarante ans, sa foi n'étant plus soutenue par l'évidence. « Après quarante ans », c'était l'âge de Charles à la mort d'Annie…

Si Marx admirait Darwin, l'inverse n'était pas vrai. Il est symptomatique que les lettres de Marx à Darwin aient disparu, alors que son fils Francis affirme : « Il gardait *toutes* les lettres qu'il recevait ; c'était une habitude qu'il tenait de son père et qu'il disait lui avoir été très utile. » Il est encore plus révélateur de constater que son exemplaire du *Capital* n'a pas été lu : il ne porte aucune de ces annotations au crayon dont Darwin était coutumier, et les feuillets ne sont coupés que jusqu'à la page 105, l'ouvrage en comptant plus de huit cents… Force est de constater qu'ils n'ont rien en commun, hormis le fait de figurer parmi les plus grands penseurs du XIXe siècle. Il ne peut y avoir de terrain d'entente, encore moins de sympathie, entre le révolutionnaire révolté et exilé, brillant universitaire issu d'une longue tradition rabbinique, et le grand bourgeois britannique parfaitement intégré à la société de son temps. Tandis que Marx se débat dans la plus noire misère — l'un de ses fils meurt

* Edward Aveling (1849-1898), biologiste britannique, athée, socialiste et darwinien ; Ludwig Büchner (1824-1899), naturaliste et philosophe allemand, matérialiste et théoricien de la libre-pensée.

de sous-alimentation —, Darwin est devenu un riche propriétaire à la tête d'un solide portefeuille boursier. Ses abondants droits d'auteur ne sont pour lui que de l'argent de poche qu'il redistribue à ses enfants, alors que Marx doit puiser dans sa maigre bourse pour financer la publication de ses ouvrages... Décidément, le capital n'a pas le même sens pour les deux hommes.

La fortune*, car fortune il y a, de Charles trouve ses racines dans les spéculations réussies de son père, lui-même conseillé par son beau-frère Josiah II Wedgwood. Après la rente à vie de 400 livres consentie par son père, après le financement intégral par le même de l'achat de Down House et des premiers travaux d'aménagement, il achète en 1845, toujours grâce à son père, un domaine agricole à Beesby, dans le Lincolnshire, pour la somme de 13 592 livres, domaine dont le docteur prend aussi en charge les travaux de modernisation, et qui lui rapportera bon an mal an entre 400 et 600 livres de revenu net jusqu'à la fin de ses jours. En 1850, il écrit à son agent d'affaires, John Higgins, qu'il a 5 000 livres à investir, peut-être dans des terres s'il a une proposition intéressante — tout en se plaignant que la terre agricole ne rapporte plus comme avant. En 1860, il charge le même Higgins de lui trouver une ferme « qui soit un investissement sûr pour mes fils[5] », avec de bonnes terres, des bâtiments en bon état, le tout à un prix raisonnable, et

* Pour mieux comprendre ce qui suit, rappelons que les gages d'un majordome ou d'une femme de chambre se montent alors à 40 livres par an.

il précise qu'il peut y consacrer jusqu'à 21 000 livres — tout en laissant entendre qu'il préférerait n'y mettre pas plus de 18 000 livres. Dans cette lettre, il donne l'origine des fonds : 16 800 livres en actions de compagnies de chemin de fer, Great Northern et North Wales Railways, qui lui rapportent respectivement 412 et 434 livres par an, et le reste sur son compte courant. Au total, entre l'héritage paternel, les propriétés et les chemins de fer, le patrimoine de Charles s'élève à 50 000 livres dans les années 1850, avec un revenu annuel de 5 000 livres. Au fil du temps et des placements de plus en plus fructueux, ce revenu atteindra 9 000 livres dans les années 1870. En 1881, Charles et Emma partagent entre leurs enfants la part non dépensée du revenu de l'année précédente, soit un surplus de 8 000 livres. Sans oublier la fortune personnelle d'Emma, qui se monte à 25 000 livres, outre ses participations dans les usines de céramique familiales. À la fin de son existence, en cumulant les héritages de ses frère et sœurs décédés, Charles se retrouve à la tête d'un capital de 250 000 livres… Ce qui ne l'empêchera jamais de se plaindre de la cherté de la vie et d'avoir une peur panique de se retrouver ruiné et à la rue.

Cette large aisance n'empêche pas non plus Charles de se montrer féroce en matière de petites économies. Francis Darwin se souvient que « toutes les feuilles blanches des lettres qu'il recevait étaient enfermées dans un portefeuille ; il s'en servait pour écrire des notes. Ce fut son respect pour le papier qui lui fit tant écrire sur l'envers de ses vieux manuscrits, et malheureusement il a détruit de cette façon la plus grande partie des manuscrits originaux de ses livres. Son amour pour le papier s'étendait même au papier de rebut, et il s'élevait, en partie en plaisantant, contre la coutume irréfléchie de jeter les allumettes de papier après s'en être servi pour allumer un bougeoir[6]. » Et parfois, après avoir gravement fait les comptes, Charles retrouve le sourire et lance à la famille soulagée : « Dieu merci, vous aurez du pain et du fromage ! »

Le jour où son confrère Alfred Wallace se retrouve réellement, lui, sa femme et ses trois jeunes enfants, au bord de la misère, à la suite d'investissements hasardeux dans les mines et les chemins de fer — ce que Charles avait anticipé en vendant à temps pour réinvestir dans la terre —, il se tourne tout naturellement vers ses collègues, non pour leur emprunter de l'argent, mais pour obtenir d'eux des travaux ou des collaborations qui lui permettront de faire face à ses difficultés. En novembre 1873, Charles, débordé et fatigué, envisage de lui confier la mise au net de ses manuscrits en cours. Wallace accepte, au prix de 7 shillings de l'heure, précisant qu'il a accepté de travailler pour Lyell au tarif de 5 shillings, mais que, dans le cas présent, il risque d'y avoir un gros travail de révision, ajoutant que l'épouvantable écriture de Charles doublera la charge de travail. C'est peut-être un trait d'humour, c'est certainement une erreur : devant ce supplément, Charles tique et Emma tranche. Ce sera leur fils George qui s'en chargera gratuitement — après tout, il a l'habitude des pattes de mouche paternelles. Et Charles répond à Wallace, avec son inébranlable courtoisie en l'occurrence quelque peu perfide, que si son fils ne pouvait mener à bien ce travail, il lui ferait signe et accepterait sa proposition « avec reconnaissance »... En revanche, lorsqu'il s'agira, quelques années plus tard, de faire campagne afin d'obtenir de la reine une pension pour Wallace, qui vivote avec 60 livres par an, Charles ne ménagera pas ses efforts, allant jusqu'à solliciter le Premier ministre, William Gladstone, et, le 6 janvier 1881, il obtient gain de cause : Wallace recevra 200 livres par an, avec un rattrapage rétroactif sur les six derniers mois. Mais cet argent-là ne sortait pas de la poche des Darwin...

Pour l'ensemble de son œuvre... ou presque

Dans les années 1860-1870, Darwin est au faîte de sa notoriété. L'essentiel de son œuvre, traduite dans une dizaine de langues, fait le tour du monde. Personne n'ignore plus Darwin et le darwinisme, et pourtant son triomphe demeure ambigu. L'épisode de la médaille Copley reste emblématique de cette ambivalence.

En novembre 1864, après deux vaines tentatives, Darwin s'était enfin vu attribuer cette médaille, la plus haute récompense décernée par la Royal Society, pour l'ensemble de ses travaux… ou presque : la distinction salue ses recherches en géologie, zoologie et botanique, mais pas son grand œuvre, *L'Origine*. Le président de la Royal Society, sir Edward Sabine, le confirmera sans sourciller dans son allocution :

Pour son travail le plus récent, sur l'*Origine des Espèces*, [...] quelques-uns parmi nous inclineront peut-être à accepter la théorie indiquée par le titre de cet ouvrage, alors que d'autres auront peut-être une tendance à la repousser, ou du moins à la réserver pour l'avenir, lorsque la somme de nos connaissances aura augmenté et fourni des raisons plus fortes pour l'acceptation ou le rejet final. D'une façon générale, et d'accord sur ce point, *nous avons expressément négligé de la considérer parmi les motifs qui nous font décerner la médaille à M. Darwin**[1].

Charles, averti par ses amis, n'apprécie pas et boude la cérémonie de remise, prenant prétexte de sa mauvaise santé. Pourtant, en 1853, la maladie ne l'avait pas empêché de venir à la Royal Society recevoir en main propre la médaille d'or pour la « Géologie du *Beagle* » et son ouvrage sur les cirripèdes...

En clair, M. Darwin est devenu un incontournable monument de la science, mais il sent quelque peu le soufre. Ce qui lui vaudra tout à la fois une avalanche de distinctions et quelques déceptions. Côté distinctions, il cumule les honneurs et les grades : ordre prussien « Pour le Mérite », docteur *honoris causa* des universités de Cambridge, Bonn, Breslau, Leyde, médaille Royale et médaille Copley de la Royal Society, médaille Bailly du Royal College of Physicians, médaille Wollaston de la Zoological Society. Il est membre de seize sociétés savantes du Royaume-Uni (dont des sociétés « coloniales et indiennes »), treize sociétés américaines, trente-sept sociétés européennes, y compris en Russie... Au terme de ce recensement, son fils Francis ajoute : « Cette liste a été composée avec les diplômes et lettres en possession de mon père, et est sans doute incomplète, car il semble avoir perdu ou égaré quelques-uns des diplômes reçus des Sociétés

* C'est nous qui soulignons.

étrangères[2]. » L'un des moments les plus heureux de la vie de Darwin sera son accession au rang de docteur en droit *honoris causa* de Cambridge, le 7 novembre 1877. Dans la salle même où il avait reçu son diplôme de Bachelor of Arts en avril 1831 — se demandant alors ce qu'il allait en faire —, les étudiants lui réservent une immense ovation, tandis qu'un singe empaillé et un « chaînon manquant » (un anneau garni de rubans aux couleurs éclatantes) se balancent à des cordes tendues au-dessus de l'assistance...

Côté déceptions, la plus amère sera peut-être son échec récurrent comme membre correspondant de l'Académie des sciences de Paris, dans la section d'anatomie et zoologie, en 1870, puis de nouveau en 1872. Soutenu par deux des plus éminents zoologistes français du temps, Henri Milne-Edwards et Armand de Quatrefages, il voit se dresser contre lui le zoologiste Émile Blanchard et, surtout, le secrétaire perpétuel de l'académie, le géologue Léonce Élie de Beaumont. Pour Blanchard, « M. Darwin n'est pas un véritable naturaliste, il n'est qu'un amateur[3] », tandis que Beaumont qualifie ses recherches de « science mousseuse ». En la défaveur de Charles, ses travaux sont mal connus en France. Son rôle de coordinateur dans l'édition de la « Zoologie du *Beagle* » le fait souvent passer pour un simple compilateur, sa « Géologie » n'a pas encore été publiée en français — il faudra attendre 1878 — et *L'Origine* a souffert d'une traduction calamiteuse. La traductrice, une certaine Clémence Royer, a cru bon d'ajouter une longue préface de son cru et de multiplier les notes « explicatives » qui trahissent surtout son ignorance de l'histoire naturelle. Elle récidivera lors d'une nouvelle édition française en 1869, ajoutant une deuxième préface où elle expose sans sourciller ses propres vues sur l'évolution, critiquant le darwinisme et accusant Darwin d'avoir « emprunté », pour ne pas dire plus, certaines de ses théories.

Tout cela ne plaide guère en faveur de son élection à l'Académie des sciences. D'autres éléments, d'ordre plus affectif, jouent également contre lui : Beaumont a vu ses hypothèses géologiques « extravagantes » taillées en pièces par Lyell à la Geological Society et n'aime guère tout ce qui peut lui rappeler cet épisode désagréable ; les naturalistes français, restés très attachés aux théories de Lamarck, voient mal, ou n'ont pas très envie de voir, en quoi le darwinisme se distingue du lamarckisme. Dernier point, mais non le moindre car hypersensible, le patriotisme : les scientifiques allemands encensent littéralement le darwinisme, tandis que Darwin, pourtant discret sur le terrain politique, écrit à son ami prussien Julius Victor Carus*, devant l'écrasement rapide de la France en 1870 : « Je ne trouve pas de mots assez forts pour vous dire à quel point je me réjouis des merveilleux succès de l'Allemagne, et je n'ai jusqu'à présent pas rencontré une seule personne qui ne souscrive entièrement à ce sentiment**[4]. » Bien que réservé à la sphère privée, un tel « sentiment » finit

* Julius Victor Carus (1823-1903), zoologiste, professeur d'anatomie comparée, traducteur en allemand de plusieurs ouvrages de Darwin et de Huxley.

** Ce jour-là, l'armée de Bazaine est définitivement encerclée dans Metz.

inévitablement par transpirer... Darwin devra patienter jusqu'au 5 août 1878 pour être péniblement élu dans la section botanique.

Cet enthousiasme progermanique trouve cependant ses limites. Ainsi, en 1879, Darwin critique vertement certains « darwinistes sociaux » allemands : « Quelle idée folle que celle qui semble prévaloir en Allemagne, d'un lien entre le socialisme et l'évolution par la sélection naturelle[5]. » Après avoir ferraillé contre les créationnistes, dont l'opposition était attendue et les arguments prévisibles, il lui faut maintenant affronter le développement d'une nouvelle tendance, beaucoup plus pernicieuse, qui vient pervertir sa pensée : le darwinisme social ou application des principes de la sélection naturelle à la société humaine. Alors qu'il affirme, dans *La Descendance*, que c'est précisément la capacité à s'affranchir des lois de la sélection naturelle qui fait la différence entre l'homme et l'animal, certains, comme le philosophe Herbert Spencer*, reprennent à leur compte quelques-unes des théories les plus coercitives de Malthus envers les pauvres et les amalgament à la notion de sélection naturelle, pour en conclure qu'il faut se garder d'aider les « disqualifiés ». D'autres vont encore plus loin que cette idée d'un simple laisser-faire de la sélection naturelle dans la société en militant pour une sélection artificielle. C'est le cas d'un lointain cousin de Charles, l'anthropologiste et

* Herbert Spencer (1820-1903), philosophe ultralibéral considéré comme le père du « darwinisme social ».

statisticien Francis Galton*, qui propose, pour préserver, voire restaurer, les qualités biologiques et intellectuelles du groupe social, un eugénisme actif visant à l'élimination des « moins aptes », autrement dit l'euthanasie. Darwin s'oppose vigoureusement à ces approches dans *La Descendance* : « Si nous devions négliger intentionnellement ceux qui sont faibles et sans secours, ce ne pourrait être qu'en vue d'un bénéfice imprévisible, lié à un mal présent qui nous submerge. » Rebondissant sur les idées de Spencer et de Galton, l'Allemand Ernst Haeckel** va encore plus loin en proposant une hiérarchie des « espèces humaines ». Ce dernier point est en contradiction absolue avec le darwinisme, qui voit dans l'humanité un groupe unique dérivant d'un type primitif commun : ce monogénisme implique l'égalité entre tous les hommes qui diffèrent par leurs cultures, mais en aucun cas par leurs aptitudes. En revanche, le polygénisme soutenu par Haeckel affirme que l'humanité provient de diverses souches aux capacités intellectuelles inégales. Ce qui l'amènera à distinguer une dizaine de « races » différentes, certaines, selon lui, encore très proches de l'animalité ; en revanche, prétend-il, la « race blanche caucasienne », qui se montre la plus évoluée, donc la plus « apte », doit « naturellement » dominer les autres. Figure très controversée, aux intuitions fulgurantes — il a pressenti l'existence du pithécanthrope de Java et inventé le mot « écologie » —, Haeckel a publié en

* Francis Galton (1822-1911), anthropologiste, brillant statisticien, précurseur de l'« hygiène raciale ».

** Ernst Haeckel (1834-1919), biologiste, philosophe, libre-penseur.

abondance des ouvrages destinés au grand public où il abordait sans précaution des concepts aussi périlleux que le « racisme scientifique », exploités par la suite pour justifier l'injustifiable[6].

Dans le camp socialiste — entendre alors « marxiste » —, la récupération du darwinisme sera tout aussi intense ; lors des funérailles de Marx, Engels déclare : « De même que Darwin a découvert la loi du développement des organismes dans la nature, Marx a découvert la loi du développement de l'histoire humaine[7] », ajoutant en substance, et en contradiction avec Marx lui-même, que marxisme et darwinisme sont les deux théories qui ont donné naissance au matérialisme dialectique. Edward Aveling écrira même : « Le socialisme est le résultat logique de l'évolution, et son support scientifique le plus puissant dérive des enseignements de Darwin. »

Maintenant septuagénaire, Darwin ne peut que constater ces dérives et s'en inquiéter, mais il est trop tard : d'une certaine manière, le darwinisme lui a échappé. Il sait aussi qu'il n'écrira jamais son « Grand Livre » sous la forme ambitionnée. Son propos s'est fragmenté en une galaxie de volumes, de brochures, d'articles, qui gravitent autour des quatre points d'ancrage de l'œuvre : *L'Origine des espèces, La Variation des animaux et des plantes sous l'influence de la domestication, La Descendance de l'homme, L'Expression des émotions chez l'homme et les animaux*. À première vue, l'impression d'éparpillement est extrême. En réalité, tout se complète : l'étude sur les cirripèdes annonce la réflexion sur les espèces ; les enquêtes sur la sélection artificielle, les croisements et les hybridations opérés par les éleveurs et les horticulteurs servent de « bancs d'essai » à la théorie de la sélection naturelle ; les articles publiés dans les revues de jardinage obéissent à la même rigueur scientifique que les œuvres majeures.

Après des décennies passées à jongler entre les domaines scientifiques — zoologie, géologie, paléontologie, entomologie... — pour tenter d'en dégager des points de convergence et des lois générales, il se consacre désormais à la botanique, mais ce jardinier intranquille ne peut s'empêcher de considérer les plantes d'un œil très particulier. Il va ainsi successivement publier *The Movement and Habits of Climbing Plants* (*Les Mouvements et habitudes des plantes grimpantes*) en 1875, *Insectivorous Plants* (*Les Plantes insectivores*) la même année, *The Effects of Cross and Self Fertilisation* (*Les Effets de la fécondation croisée et directe dans le règne végétal*), *The Different Forms of Flowers on Plants of the Same Species* (*Les Différentes Formes de fleurs sur les plantes d'une même espèce*) en 1876, enfin *The Power of Movement in Plants* (*La Faculté motrice chez les plantes*) en 1880. Comme toujours avec Darwin, ces ouvrages sont le fruit longuement mûri de patientes observations et de soudaines intuitions :

L'été 1860, je me reposais sans rien faire près d'Hartfield, où abondent deux espèces de *Drosera*. Je remarquai que de nombreux insectes avaient été capturés par les feuilles. Je rapportai quelques plantes à la maison et, en leur donnant des insectes, observai le mouvement des tentacules, ce qui me suggéra que les insectes étaient attrapés dans un but particulier. Par chance, j'eus l'idée d'une expérience cruciale : je plaçai un grand nombre de feuilles dans divers liquides, azotés et non azotés, de même densité ; dès que j'eus observé que seuls les premiers provoquaient des mouvements énergiques des feuilles, il fut évident qu'il y avait là un nouveau champ de recherches intéressant.

Les années suivantes, quand j'en eus le loisir, je poursuivis mes expériences ; mon livre sur *Les Plantes insectivores* fut publié en juillet 1875, c'est-à-dire seize ans après mes premières observations. Pour ce livre comme pour les autres, ce temps me fut précieux : un si long intervalle permet de critiquer son propre travail presque aussi bien que celui d'un autre. Le fait qu'une plante puisse sécréter, sous l'effet d'une excitation adéquate, un liquide contenant un acide et un ferment tout à fait analogue au fluide digestif d'un animal constituait certainement une découverte remarquable[8].

Ces quelques lignes constituent peut-être le meilleur résumé qui soit de la « méthode Darwin » — qui suppose, cependant, d'être largement dégagé de tout souci matériel pour être aussi généreux de son temps, ce qu'il est le premier à reconnaître : « J'ai disposé de beaucoup de loisirs, du fait que je n'ai pas eu à gagner ma vie. »

Le dernier livre de la série consacrée aux plantes, *La Faculté motrice chez les plantes*, un gros volume de 600 pages, marque une étape : pour la première fois, Darwin associe à son travail un coauteur qui est aussi un cochercheur, en l'occurrence son fils Francis qui, après des études de mathématiques puis de médecine, a choisi de devenir botaniste et découvre ainsi les méthodes paternelles : « Comme il voulait être juste envers ses théories, il ne les condamnait pas sans les mettre à l'épreuve : il lui arrivait donc de soumettre à l'épreuve des théories qui ne paraissaient nullement dignes de cet honneur à la plupart. Il appelait ces sortes d'épreuves des "expériences d'imbécile" et s'en amusait beaucoup. En voici un exemple. Il avait remarqué que les cotylédons du *Biophytum* sont sensibles aux vibrations de la table : il s'imagina qu'ils pouvaient aussi percevoir les vibrations d'un son et me fit jouer du basson auprès d'une de ces plantes[9]. »

Au-delà de ces expérimentations pittoresques, ces premiers travaux menés en collaboration avec son père sur les jeunes pousses d'avoine sont des plus sérieux et des plus prometteurs : à terme, ils ouvriront la voie, d'une part à la découverte des hormones de croissance des plantes, d'autre part à de nouvelles recherches sur la possibilité d'une forme de communication chez les végétaux, au moyen de ce que les Darwin ont appelé le « cerveau-racine ».

Maintenant, le flambeau est transmis. Charles peut sereinement se consacrer à sa famille… et à quelques ultimes recherches laissées en plan depuis bien longtemps, qui lui tiennent toujours à cœur. N'a-t-il pas pour principe de dire toujours : « Je ne serai pas tranquille tant que je n'aurai pas fait cette expérience » ?

L'automne du patriarche

Au fil des années, Darwin s'est installé à Down House comme dans une île. Son univers — sa famille proche, les laboratoires de botanique et d'entomologie que constituent le parc, les jardins et les serres, son cabinet de travail — s'est réduit aux treize hectares du domaine. D'extension en extension, la maison a plus que doublé de surface, mais l'adjonction la plus importante a été celle d'une bande de terre bordée de grands arbres d'un côté, surplombant de l'autre un vallon verdoyant. C'est là que Charles a fait tracer un sentier, le *Sandwalk* (« Promenade de sable »), élément essentiel de sa vie.

Le *Sandwalk* est une réminiscence de son enfance à Shrewsbury. Dans le parc de The Mount, le docteur Darwin avait imaginé une longue allée en boucle, le *Thinking Path* (« Chemin de pensée ») que Charles et son frère Erasmus devaient parcourir chaque matin avant le petit déjeuner, consacrant ce temps de promenade à l'introspection et à la réflexion. Charles a repris cette habitude, comme le raconte son fils Francis : « La promenade de l'après-midi de mon père commençait généralement par une visite à la serre, où il regardait les graines en voie de germination, ou les plantes en expérience qui demandaient un examen accidentel ; mais à cette heure il n'observait rien bien sérieusement. Il faisait ensuite sa promenade hygiénique, autour du *Sandwalk* ou en dehors de sa propriété, dans le voisinage immédiat de la maison. » Il arpente le sentier « se servant d'une canne fortement ferrée ; il la frappait avec bruit contre le sol, produisant ainsi [...] un cliquetis rythmé », et le temps de promenade n'est pas laissé au hasard : « Il avait l'habitude [...] de faire chaque jour un certain nombre de tours qu'il comptait au moyen d'un tas de cailloux : chaque fois qu'il passait, il envoyait rouler dans le sentier une des pierres amoncelées[1]. » Ce système de comptage rustique lui évite de se laisser distraire de ses pensées, et c'est autant au cours de ces allées et venues sur le *Sandwalk* que dans son cabinet de travail que Darwin a mûri la théorie de l'évolution.

Arpenter le *Sandwalk* n'est que l'un des multiples rituels quotidiens que Charles observe scrupuleusement :

Il se levait de bonne heure, parce qu'il ne pouvait rester éveillé au lit, et je crois qu'il aurait aimé à se lever plus tôt encore. Il faisait une courte promenade avant le déjeuner, habitude qui fut prise lorsqu'il alla pour la première fois à un établissement hydrothérapique. Il conserva cette habitude jusqu'à la fin de sa vie. [...] Après avoir déjeuné seul, vers huit heures moins le quart, il se mettait au travail, considérant le temps qui s'écoulait de huit à neuf heures et demie comme un de ses meilleurs moments d'étude : à neuf heures et demie, il venait dans le salon chercher son courrier, se réjouissant si le courrier était léger et peu abondant, quelquefois fort ennuyé quand les lettres étaient nombreuses. Il écoutait la lecture des lettres de famille, s'il y en avait, lecture faite à haute voix pendant qu'il s'étendait sur le divan. La lecture à haute voix, qui comprenait aussi quelques pages d'un roman, durait jusqu'à dix heures et demie. Il retournait alors travailler jusqu'à midi ou midi et quart. À ce moment, il considérait le travail de sa journée comme terminé, et il disait souvent avec satisfaction : « J'ai fait une bonne journée de travail. » Il sortait alors, quelque temps qu'il fît[2].

La suite de sa journée, comme les autres actes de la vie, est tout aussi prévisible :

Le goûter avait lieu, à Down, après sa promenade de l'après-midi. [...] Après le goûter, il lisait le journal, étendu sur le canapé dans le salon. [...] Lorsqu'il avait lu son journal, il écrivait ses lettres. Celles-ci, aussi bien que les manuscrits de ses livres, étaient écrites auprès du feu. Mon père s'asseyait sur un grand fauteuil en crin, son papier reposant sur une tablette qui appuyait sur les bras de la chaise. Quand il avait plusieurs lettres à écrire, ou quand elles étaient longues, il les dictait d'après un brouillon informe. Ces brouillons étaient écrits sur l'envers de ses manuscrits ou de ses épreuves et étaient presque illisibles, même pour lui parfois.

Lorsque sa correspondance était terminée, vers les trois heures de l'après-midi, il allait dans sa chambre à coucher, s'étendait sur le canapé, et fumait une cigarette en écoutant la lecture d'un roman ou d'un autre ouvrage non scientifique. Il fumait seulement lorsqu'il se reposait ; il prisait pour se stimuler, et ne faisait usage du tabac à priser que pendant son travail.

Il redescendait à quatre heures, s'habillait pour la promenade, et son exactitude était telle qu'on entendait sûrement à quatre heures et quelques minutes le bruit de ses pas. De quatre heures et demie à cinq heures et demie environ, il travaillait ; puis il revenait dans le salon et y restait sans occupation jusqu'au moment (vers les six heures) où, à la reprise de la lecture d'un roman, il remontait se reposer en fumant une cigarette [...].

Après dîner, il faisait deux parties de trictrac avec ma mère ; pendant un grand nombre d'années, on tint le compte des parties gagnées par chacun, et il s'intéressait beaucoup à cette liste. [...] Après le trictrac, il lisait un ouvrage scientifique dans le salon ; ou bien, si la causerie était trop animée, il se retirait dans son cabinet.

À la fin de la journée, il se sentait fatigué, particulièrement les dernières années : il quittait le salon vers les dix heures et se couchait vers dix heures et demie. Ses nuits étaient généralement mauvaises, il restait éveillé ou assis sur son séant, en proie à un fort malaise. La nuit, l'activité de sa pensée le gênait.

Tout cela pourrait donner l'image d'un personnage bienveillant et facile à vivre, mais malgré toute son affection et son admiration, Francis Darwin laisse entrevoir quelques-unes des faiblesses paternelles. Ainsi, « il était remarquablement soigneux et exact en ce qui concernait les affaires d'argent. Il tenait ses comptes avec grand soin, les classant et faisant la balance à la fin de l'année comme un négociant. Je me rappelle la vivacité avec laquelle il attrapait son livre de comptes pour y inscrire chaque chèque payé : on eût cru qu'il avait peur d'oublier, s'il ne l'inscrivait de suite ». Ou encore, comme son fils le formule pudiquement : « Je ne crois pas que ses goûts et ses opinions littéraires fussent au même niveau que le reste de son intelligence » ; en littérature, il aime les auteurs populaires comme Walter Scott, Jane Austen et

Mrs. Gaskell* et déteste les histoires qui finissent mal. S'il aime sincèrement la musique et le chant, « il avait si peu d'oreille qu'il était incapable de reconnaître, lorsqu'il l'entendait, un air qu'on lui avait déjà joué, [...] et lorsqu'on jouait un de ses vieux airs favoris, il disait souvent : "C'est beau, qu'est-ce que c'est ?" ». Dans la conversation comme l'écriture, il a le plus grand mal à ordonner, synthétiser et exprimer ses idées : « Les premiers mots de sa phrase lui remettaient souvent en mémoire une exception, ou une objection contre ce qu'il allait dire ; ceci amenait ensuite l'exposé d'un autre point, de sorte que la phrase ne se composait plus que d'une série de parenthèses enchevêtrées les unes dans les autres, et l'on ne pouvait comprendre ce qu'il voulait dire qu'à la fin de la phrase. Il disait habituellement de lui-même que la vivacité de son esprit n'était pas suffisante pour qu'il pût soutenir un débat : je crois que c'était vrai. » Lorsque ce grand émotif est embarrassé, il a « une sorte de bégaiement sur le premier mot de sa phrase », et, confronté à une question qui le touche au cœur, « il osait à peine aborder le sujet de vive voix, car il se mettait facilement en colère, chose qui lui déplaisait fort. Il était conscient de la tendance qu'avait sa colère à s'augmenter lorsqu'il l'exprimait en paroles, et pour cette raison il redoutait, par exemple, d'avoir à réprimander un domestique ».

* La romancière Elizabeth Gaskell (1810-1865), qui signait « Mrs. Gaskell », comptait parmi les auteurs les plus considérés de l'ère victorienne ; sa famille était liée aux Wedgwood et aux Darwin.

Cette émotivité refoulée serait-elle la clé, ou l'une des clés, des problèmes de santé qui, presque toute sa vie, l'ont poursuivi : « Un des principaux traits de la vie de mon père, je le répète, est que pendant quarante ans, il n'eut jamais un seul jour de bonne santé comme les autres hommes : sa vie fut un long combat contre la fatigue et l'effort de la maladie. » La première mention de troubles manifestes remonte à son adolescence, lorsqu'il est victime d'un eczéma facial récidivant. Au cours des semaines qui précèdent son embarquement sur le *Beagle*, il ressent des palpitations et des douleurs à la poitrine. D'un bout à l'autre du voyage, il subit le mal de mer et au retour, peu après son mariage, les symptômes s'installent qui ne le lâcheront plus jusqu'à la fin de ses jours : spasmes gastriques, coliques, crises de vomissements pouvant durer des mois, flatulences, éructations, le tout accompagné de crampes musculaires, vertiges, crises d'angoisse, crises de larmes, acouphènes, paresthésies, troubles de la vision, insomnies... Et, régulièrement, de nouvelles poussées d'eczéma et l'apparition récurrente de furoncles.

Face à cette multiplication de manifestations qui empêchent Charles de mener une vie normale pendant des semaines, parfois des mois, les médecins sont aussi impuissants que démunis. Le diagnostic le plus souvent appliqué est celui de « dyspepsie », fourre-tout commode qui permet d'expliquer tous les troubles par une cause unique. Au milieu du XIXe siècle, la dyspepsie, loin d'être une simple indigestion, englobe la fatigue physique, la perte d'appétit, la dépression, la mélancolie... Elle est aux médecins du temps ce que le poumon est à Monsieur Purgon, l'explication causale et finale de tous les maux. Si le diagnostic est unique, les traitements suivis par Charles tout au long de sa vie seront des plus variés. Outre les cures d'hydrothérapie qu'il suit régulièrement entre 1849 et 1860 avec des résultats très mitigés — il en revient le plus souvent nerveusement reposé, mais physiquement affligé des mêmes désagréments qu'avant le séjour —, il tente de multiples remèdes miracles : huile de foie de morue, morphine, quinine, bismuth, calcium, mais aussi dérivés d'arsenic et de mercure, tartrate d'antimoine, voire acide chlorhydrique dilué, autant de substances aux effets secondaires parfois plus redoutables que le mal qu'elles sont censées combattre. S'il refuse l'homéopathie, il accepte d'essayer une ceinture de stimulation abdominale par chocs électriques et des bracelets électrolytiques en fils de cuivre et de zinc. Il tentera même, en dernier recours, la cure de glace du docteur John Chapman, selon les principes de la « médecine neurodynamique » imaginée par le praticien, qui consiste à appliquer du chaud ou du froid sur l'épine dorsale pendant de longues périodes. La « cure » consiste, dans son cas, en une vessie à glace munie de bretelles qui se porte comme un sac à dos... Le principal intérêt de cet épisode est d'amener Charles à rédiger pour le docteur Chapman une liste intégrale de ses symptômes, deux pages de fine écriture serrée qui n'épargnent aucun détail de son état, de la consistance de ses vomissements aux variations d'aspect de ses urines*. Au final, aucune de ces pseudo-médications ne lui apportera de soulagement véritable.

La maladie de Charles a suscité les hypothèses les plus folles. La belle-sœur du capitaine FitzRoy l'avait pris en pitié, persuadée que son estomac avait été durablement lésé, « retourné » par le mal de mer. Certains, moins charitables, y ont vu une punition divine pour avoir osé élaborer une théorie contraire à la religion : pour les uns, il a été torturé par le remords ; pour d'autres, Dieu lui a envoyé un démon chargé de le persécuter sans relâche pendant sa vie terrestre et de lui donner un avant-goût de l'enfer qui l'attendait**. Également invoquées, une intolérance au lactose, une homosexualité refoulée... Les hypothèses récentes les plus sérieuses, basées sur les connaissances médicales contemporaines, sont celles de la maladie de Chagas, du désordre panique, de la maladie de Crohn et du syndrome de vomissements cycliques. Cette dernière maladie se manifeste par des symptômes très proches de ceux décrits au docteur Chapman. La maladie de Crohn, maladie auto-immune rare, provoque une inflammation intestinale chronique. La maladie de Chagas est une maladie parasitaire transmise par la piqûre des *vinchucas*, ces punaises suceuses de sang dont Charles a subi les morsures en Argentine. L'hypothèse du trouble panique a été soulevée par un psychiatre américain, le docteur Ralph Colp Jr., qui a étudié les corrélations entre

* Note à son médecin, 1865, conservée à la bibliothèque de l'université de Virginie.

** Affirmations reprises par certains sites Internet d'inspiration créationniste.

les périodes de crise et les moments cruciaux de l'existence de Charles : il est frappant de constater que la « maladie » l'a empêché d'assister aux obsèques de son père et de sa fille Annie, mais aussi à la présentation de la théorie de l'évolution devant la Linnean Society ou au « débat d'Oxford ».

En tout état de cause, maladie de Crohn ou syndrome de vomissements ne sont pas incompatibles avec des crises d'anxiété et certaines manifestations cutanées, et l'hypocondrie de Charles semble évidente, sans parler d'un terrain héréditaire très difficile à déterminer. Quelques zones d'ombre, aussi, restent à éclaircir dans le dossier médical Darwin, comme l'épisode de Valparaíso où il s'est retrouvé cloué au lit par un mal mystérieux pendant six semaines, ou la piqûre au genou « extrêmement douloureuse » et handicapante survenue lors d'une excursion dans la forêt brésilienne. Le « diagnostic final » est encore loin d'être porté*... Plus sage, il conclura lui-même sur le chapitre de sa santé : « Bien que la maladie ait gâché plusieurs années de ma vie, elle m'a préservé des distractions et des amusements de la société », voyant dans cette retraite obligée une des clés de son succès comme homme de science.

Malgré sa santé chancelante, sa maigreur — à peine soixante-cinq kilos pour un mètre soixante-dix-neuf —, Darwin, au début des années 1880, a gardé l'œil vif et l'esprit clair, alors que beaucoup

* Dans l'espoir de porter un « rétro-diagnostic » sur le cas Darwin, l'exhumation de ses restes a été demandée à plusieurs reprises ; elle a jusqu'à présent été catégoriquement refusée.

autour de lui ont disparu ou sombré. De tous ceux qui l'ont aidé, parfois en le combattant, à se hisser au premier plan, il est le seul survivant — seuls Wallace, Huxley et Hooker, nettement plus jeunes, sont toujours présents. Mais Henslow, Sedgwick, Murchison, Lyell, Herschel et quelques autres ne sont plus de ce monde, non plus que le capitaine FitzRoy qui, en 1865, finira par commettre l'acte qui l'obsédait et le fascinait depuis toujours, se tranchant la gorge avec un rasoir comme l'avait fait son oncle, lord Castlereagh. En apprenant la nouvelle, Charles conclura, magnanime mais lucide : « Il était, par bien des aspects, et malgré ses graves défauts, un des caractères les plus nobles que j'aie rencontrés[3]. » L'évêque Wilberforce a lui aussi rejoint son créateur, victime d'une chute de cheval en 1873 ; cette fois, c'est Huxley qui aura le féroce mot de la fin : « Son cerveau est enfin entré en contact avec la réalité, et le résultat lui a été fatal ! »

Au fil des années, la famille s'est modifiée : de son côté, seuls survivent sa sœur Caroline et son frère Erasmus qui pourtant meurt à petit feu depuis longtemps, rongé par l'opium. Catherine et Susan sont parties la même année, en 1866, et The Mount a été vendu. Du côté d'Emma, Josiah III, Francis et Elizabeth disparaissent tous trois à quelques mois d'intervalle en 1880, tandis que Henry Allen et Hensleigh s'avancent sur leurs quatre-vingts ans, tout comme l'épouse de ce dernier, Fanny. Mais les mariages successifs des enfants, puis la naissance du premier petit-fils, Bernard, fils de Francis, en 1876, font le bonheur d'Emma et de Charles. Francis n'a jamais oublié les relations d'affection entre

Bernard et son grand-père : « Son affection, sa bonté envers son petit-fils Bernard étaient grandes, il parlait souvent du plaisir qu'il avait à voir “sa petite figure vis-à-vis de lui” au goûter. Lui et Bernard avaient l'habitude de comparer leurs goûts : par exemple, ils préféraient tous deux la cassonade au sucre, et la comparaison se terminait toujours par un : “Nous nous entendons toujours, n'est-ce pas ?” de mon père[4]. » En juin 1881, Emma, Charles et une partie de la famille vont passer quelques semaines à Patterdale, dans le Lake District, où Bernard va découvrir les cascades et les joies des promenades en barque sur le lac d'Ullswater. À en croire les lettres d'Emma, les grands-parents sont encore plus heureux que leur petit-fils : « Ce dimanche a été encore plus beau que dimanche dernier. Nous avons tous, sauf Charles, pris place sur le bateau et nous sommes allés jusqu'au débarcadère de How Town, où nous sommes descendus. Bernard était avec nous, trempant ses mains dans l'eau, très calme et heureux. C'était très agréable d'être au milieu des genévriers et des rochers[5]. »

Les amis de jeunesse eux aussi se raréfient : le cousin Fox disparaît en 1880 — décidément une année noire. D'autres souvenirs resurgissent : lors d'un séjour chez sa fille Henrietta, Charles apprend que son amour de jeunesse, Fanny Owen, maintenant veuve, réside à proximité. Lui a-t-il rendu visite une dernière fois ? Son *Journal* reste muet sur ce point.

Pour autant, Charles ne cède pas à la mélancolie : en 1881, il se préoccupe toujours d'étendre le domaine de Down House en achetant un champ mitoyen afin d'agrandir le jardin — la discussion est vive avec ses enfants, qui préféreraient y voir tracé un court de tennis. Et, surtout, il poursuit ses travaux : quand il se plaint à Hooker, le 15 juin 1881 — « je n'ai ni le cœur ni la force d'entreprendre une recherche qui durerait des années, ce qui est la seule chose dont je jouisse, et je n'ai pas de petits travaux que je pourrais faire » —, il n'est inoccupé que depuis quelques semaines, venant, le 1er mai, de confier à l'imprimeur le manuscrit d'un nouvel ouvrage, *The Formation of Vegetable Mould, through the Action of Worms* (*Le Rôle des vers de terre dans la formation de la terre végétale*). Ce travail parachève un article lu à la Geological Society en… 1838, article rédigé à partir d'observations menées avec Oncle Jos dans les jardins de Maer à l'automne 1837. L'ouvrage paraîtra le 10 octobre 1881, avec un succès étonnant pour un sujet aussi austère : 6 000 exemplaires vendus en moins d'un an.

Mais, entre la remise du manuscrit et la publication du livre, le ressort s'est cassé. Le 26 août, Erasmus, de plus en plus faible et malade, s'éteint. Fanny Wedgwood, le grand amour de sa vie, est accourue à son chevet et l'accompagnera jusqu'à la fin. Dans l'esprit de Charles, la mort de ce frère bien-aimé fait écho, à quarante ans d'intervalle, à la mort de la petite Annie. Le 1er septembre, Erasmus est inhumé dans le petit cimetière de Downe, sous une dalle de marbre gravée d'une citation de Thomas Carlyle : « Un parmi les plus sincères, les plus fidèles et les plus modestes des hommes. » Les prières sont prononcées par le révérend John Allen Wedgwood, celui-là même qui avait marié Charles et Emma à Maer, une éternité auparavant. Le 7 septembre, Charles, d'humeur sombre, rédige son testament. Il n'a pas l'énergie de relire les épreuves du *Rôle des vers*, tâche qu'il confie entièrement à Francis. Seule la sortie de l'ouvrage, ou plutôt l'avalanche de lettres stupides qu'il reçoit les jours suivants, parviendra à le sortir de son accablement. Il se laisse convaincre par Emma de partir pour Cambridge chez leur fils Horace dont l'épouse, Ida, s'apprête à mettre au monde leur deuxième petit-fils. Le bébé voit le jour le 7 décembre 1881 ; dans le plus pur respect de la tradition Darwin, il reçoit le prénom d'Erasmus.

Derniers instants, dernières demeures

De retour de Cambridge dans le courant du mois d'octobre 1881, Charles semble avoir surmonté le choc de la mort d'Erasmus. Il se dit parfaitement reposé et reprend goût au travail, entreprenant de nouvelles recherches encourageantes sur la structure des racines des plantes. De nouveau, il passe de longues heures derrière son microscope, et les courriers idiots qui le désespéraient l'amusent désormais — comme cette brave dame demandant si elle pouvait continuer à détruire sans remords les escargots qui ravagent son jardin ou s'ils sont aussi utiles que les vers de terre, ou cet Australien qui voudrait savoir si les taches noires du pelage du mouton de Jacob* ont un lien avec les souches d'arbres noircies qui émaillent parfois les pâturages...

Pourtant, depuis quelque temps, bien que sa maladie chronique le laisse relativement en paix, Charles se sent de plus en plus souvent essoufflé, fatigué, oppressé. Ses promenades sur le *Sandwalk*

* Race de mouton originaire du Moyen-Orient, à la robe pie (blanche avec des taches noires).

se font de plus en plus brèves, sa démarche de plus en plus lente et pénible : « Lorsqu'il montait les escaliers dans l'après-midi, on pouvait entendre son pas retentir lourdement, comme si chaque marche nécessitait un effort[1]. »

Le 13 décembre 1881, profitant d'un séjour à Londres chez sa fille Henrietta, il rend visite à George Romanes*, un jeune naturaliste proche de Huxley, devenu un véritable ami et qui sera l'un des continuateurs de son œuvre. Alors même que le maître d'hôtel s'apprête à lui ouvrir la porte, il est pris d'un sérieux malaise, comme le relate George Romanes : « Mon maître d'hôtel, voyant que M. Darwin était souffrant, l'engagea à entrer. Il répondit qu'il préférait rentrer à la maison, et quoique le maître d'hôtel insistât pour qu'il restât au moins jusqu'au moment où on lui aurait cherché une voiture de place, il dit qu'il aimait mieux ne pas donner toute cette peine. Pour la même raison, il ne voulut pas permettre au maître d'hôtel de l'accompagner. Celui-ci le vit donc marcher avec difficulté dans la direction où l'on pouvait rencontrer des voitures, et il vit qu'à une distance d'environ trois cents mètres de la maison, il chancela et se retint à la grille du parc, comme pour s'empêcher de tomber. Le maître d'hôtel accourut pour lui prêter aide et assistance, mais après quelques secondes il le vit s'en retourner dans le but évident de revenir chez moi. Cependant, après avoir refait à

* George Romanes (1848-1894), l'un des fondateurs de la psychologie comparative. Il est à l'origine des prestigieuses *Romanes Lectures* (« conférences Romanes »), publiques et gratuites, qui depuis 1892 réunissent chaque année à Oxford les grandes personnalités des arts et des sciences.

peu près la moitié du trajet, il sembla s'être senti mieux à son aise : il changea de nouveau d'avis, et retourna chercher une voiture[2]. »

Aussitôt après cette alerte, Emma prévient le docteur Andrew Clark, le médecin du Tout-Londres. Clark se déplace en personne, constate en effet une faiblesse cardiaque, mais se veut rassurant. De fait, janvier et février 1882 se passent sans problème. Mais dans la dernière semaine de février et au commencement de mars, « des crises de douleur dans la région du cœur, avec irrégularité du pouls, devinrent fréquentes, se présentant pour ainsi dire chaque après-midi[3] », au point que Charles évite de s'éloigner de la maison, préférant rester assis dans le verger à observer les oiseaux et la floraison des premiers crocus. Le 7 mars, alors qu'il se promène seul jusqu'au *Sandwalk*, il est victime d'une nouvelle attaque et ne rentre qu'avec difficulté. Cette fois, les médecins se pressent à son chevet, le docteur Andrew Clark le premier, assisté par le jeune et brillant Norman Moore, de l'hôpital St. Bartholomew, et le docteur Charles Allfrey, médecin de la paroisse voisine de St. Mary Cray. Le traitement semble efficace, et le 27 mars Darwin peut écrire à Huxley : « Je me suis senti plus à mon aise aujourd'hui que depuis trois semaines, et je n'ai ressenti aucune douleur[4]. » Il trouve même l'énergie de rédiger un article consacré aux bivalves d'eau douce, destiné à la revue *Nature*, où il paraîtra le 6 avril.

Cette embellie ne dure pas : le samedi 15 avril, « il fut saisi d'un vertige pendant qu'il était assis à table, dans la soirée, et il s'évanouit en essayant d'atteindre son canapé. Le 17, il fut de nouveau mieux et, pendant mon absence, put noter pour moi les progrès d'une expérience dans laquelle j'étais engagé. Pendant la nuit du 18 avril, à minuit moins un quart environ, il eut une forte attaque et s'évanouit ; on eut beaucoup de peine à le rappeler à la vie[5]. »

Cette fois, l'issue fatale est proche. Malgré l'administration de nitrite d'amyle*, la crise cardiaque ne cède pas. Prévenu, le docteur Allfrey arrive à deux heures du matin et reste au chevet du malade jusqu'à huit heures. Mais rien n'y fait, l'état de Charles empire au fil des heures. En début d'après-midi, tout est perdu. Il murmure quelques dernières paroles affectueuses pour ses enfants et Emma avant de s'évanouir, terrassé par la douleur. Francis lui administre l'ultime remède préconisé par le docteur Allfrey, quelques cuillerées de whisky. Charles reprend brièvement conscience, puis s'endort définitivement, bercé par Emma qui le serre contre elle comme un enfant.

Il est quatre heures de l'après-midi, et Allfrey, qui vient à l'instant d'arriver pour s'informer de l'état de son patient, ne peut que signer le permis d'inhumer de M. Charles Darwin, décédé le mercredi 19 avril 1882 dans sa soixante-quatorzième année.

Le lendemain, jeudi 20 avril, les journaux annoncent le décès et précisent que l'inhumation est prévue pour « lundi ou mardi prochain », dans le

* Puissant vasodilatateur agissant rapidement par inhalation, le nitrite d'amyle est utilisé dans les pathologies cardiaques à partir des années 1860.

caveau de famille du petit cimetière qui entoure l'église St. Mary the Virgin, à Downe. John Lewis, le menuisier du village, qui fut pendant deux ans serviteur à Down House, fabrique le cercueil selon les instructions de Charles, « brut, dans l'état où il avait quitté l'établi, ni poncé ni rien, exactement comme il le voulait[6] », et procède lui-même à la mise en bière.

Pendant « trente et une heures et demie », selon le témoignage du menuisier, Charles va reposer dans ce cercueil d'une simplicité à son image*. C'est alors que les pompes funèbres livrent à Down House, à la nuit tombée, une somptueuse bière en chêne clair dans laquelle le corps est aussitôt transféré « par un clair de lune intermittent[7] ». Car la cérémonie prévue à Downe n'aura jamais lieu.

Entretemps, en effet, tout ce que l'Angleterre de l'époque compte de scientifiques et de sociétés savantes, Royal Society en tête, s'est mobilisé pour offrir à Darwin non seulement des funérailles nationales, mais une « panthéonisation » immédiate à l'abbaye de Westminster, abbatiale des couronnements, nécropole royale et lieu d'hommage aux grands hommes, et femmes, du royaume : plus de trois mille cinq cents personnages illustres y sont ensevelis, au moins autant y sont honorés par un cénotaphe. Darwin a sa place toute trouvée dans le « coin des hommes de science », dans le bas-côté nord, auprès d'un de ses mentors, l'astronome et philosophe des sciences John Herschel, et

* Lequel cercueil sera ensuite vendu au tenancier d'un pub de Farnborough qui l'exposera longtemps comme curiosité pour attirer la clientèle.

à quelques pas d'Isaac Newton. Mais le plus dur reste à faire : convaincre les dignitaires de l'Église anglicane que cet agnostique, pour ne pas dire cet athée, qui s'est permis de faire vaciller les fondements mêmes de la foi, peut être accueilli sans inconvénient en terre consacrée.

Le vendredi 21 avril, une lettre plus que prudente, signée de vingt membres du Parlement britannique, est adressée au docteur George Granville Bradley, doyen de Westminster, alors en voyage en France : « Nous espérons que vous ne nous trouverez pas indiscrets si nous vous suggérons que l'idée d'ensevelir notre illustre concitoyen M. Darwin dans l'abbaye de Westminster rencontrerait beaucoup d'adhésions chez un grand nombre de nos compatriotes de toutes les classes et de toutes les opinions. » Le doyen répondra par retour de télégramme et sans circonlocutions : « Oui sans aucune hésitation regrette mon absence*. »

Après une veillée funèbre dans la chapelle de la Sainte-Foi, le cercueil est escorté par la famille et les amis du défunt jusque dans la nef, le 26 avril à midi. Parmi les porteurs du cercueil figurent les collègues et amis de longue date comme Hooker et Wallace, l'ambassadeur des États-Unis James Russell Lowell et le président de la Royal Society, le mathématicien William Spottiswoode.

Drapé de velours noir, parsemé de fleurs blanches, le cercueil est placé à la croisée du transept, sous la tour-lanterne. Le service funèbre, dirigé

* Curieusement, ce télégramme (cité par R. B. Freeman, *Charles Darwin, A Companion*, The Charles Darwin Trust, 1979) est rédigé en français.

par le chanoine Prothero, s'achève sur un hymne composé pour la circonstance par l'organiste suppléant de l'abbaye, dont les paroles, empruntées au Livre des Proverbes, se voudraient exprimer la personnalité du défunt : « Heureux l'homme qui a trouvé la sagesse, et l'homme qui possède l'intelligence ! / Car le gain qu'elle procure vaut mieux que celui de l'argent, sa possession que celle de l'or pur*... »

Le dimanche suivant, l'évêque de Carlisle, Harvey Goodwin, familier du monde scientifique — il a fait des études poussées de mathématiques — vient prêcher à Westminster. Il profite de l'occasion pour affirmer dans son sermon : « Je crois que l'inhumation des restes de M. Darwin dans l'enceinte de l'abbaye de Westminster est en accord avec l'opinion des plus sages de nos concitoyens. Il aurait été malheureux qu'un événement quelconque soit venu appuyer et accréditer l'idée stupide que certains se sont empressés de répandre, mais dont M. Darwin n'est en rien responsable, selon laquelle il y aurait nécessairement opposition entre la connaissance de la Nature et la croyance en Dieu[8]... » Maintenant que Charles a disparu, la réconciliation officielle avec Darwin peut commencer.

Dans les dernières années de sa vie, Charles Darwin aura incarné, en dépit de sa modestie profonde, une sorte de « statue du Commandeur » du monde

* « *Happy is the man who find wisdom, and the man who gains understanding. / For her proceeds are better than the profits of silver, and her gain than fine gold* », Livre des Proverbes, III, 13-14 (version New King James).

scientifique britannique, l'« ermite de Downe » est devenu un oracle que l'on vient, parfois de très loin, consulter. Bien loin des portraits de jeunesse de Charles, à l'expression volontaire et rêveuse à la fois, l'imagerie officielle va lui faire endosser pour l'éternité l'apparence du patriarche. Ainsi, le buste de bronze de son mémorial à Westminster figure un Darwin en vieillard chauve à longue barbe blanche, plus proche d'un Dieu le Père de l'époque baroque que d'un scientifique moderne — un comble pour un unitarien... La même représentation prévaudra pour sa statue de marbre installée dans le hall central du Muséum d'histoire naturelle de Londres : un *Penseur* de Rodin mâtiné de Victor Hugo, qui semble accablé sous le poids de ses réflexions et de leurs conséquences.

Cette dépersonnalisation de Charles Darwin et sa rapide transformation en icône tiennent en deux inscriptions révélatrices à six ans d'intervalle : sur sa tombe, très simple dalle de marbre blanc installée en 1882, est gravé « Charles Robert Darwin / né le 12 février 1809 / mort le 19 avril 1882 ». Sur le socle de son buste, érigé à proximité en 1888 : « Darwin ».

Seul le charmant mémorial de l'église unitarienne de Shrewsbury, qu'il fréquentait dans sa petite enfance, rend un vivant hommage à ses domaines de prédilection et ses sujets d'étude. Il représente, sculptés dans la pierre blanche, une orchidée sabot-de-Vénus, une fougère, une primevère, un scarabée, un papillon, une phalène, un lombric et un coquillage fossile, l'ensemble se détachant d'un arrière-plan de rochers.

Mais personne, nulle part, n'a associé à sa mémoire les devises prémonitoires des Darwin :

Cave et aude
Prends garde et ose
E Conchis Omnia
Tout vient des coquillages.

Épilogue

Le 23 juin 2006 à Beerwah, petite ville du Queensland, disparaissait, emportée par une crise cardiaque à l'âge de cent soixante-quinze ans, la dernière créature à avoir connu Charles Darwin jeune et voyagé à bord du *Beagle*. Harriet, la tortue recueillie par Charles aux Galápagos, puis offerte à son ami Wickham qui l'avait amenée en Australie, aura été l'ultime témoin vivant de l'aventure de l'origine de *L'Origine*, mais elle n'en a jamais rien su.

ANNEXES

REPÈRES CHRONOLOGIQUES

1809. *12 février* : naissance à The Mount, Frankwell, Shrewsbury, Shropshire, de Charles Robert Darwin, cinquième enfant et second fils du docteur Robert Waring Darwin et de Susannah Wedgwood.

1810. *10 mai* : naissance de sa sœur Emily Catherine, sixième et dernier enfant de Robert et Susannah.

1817. *Printemps* : entre à l'école du révérend George Case (unitarien).
15 juillet : décès de sa mère.

1818. Entre à l'école du révérend Samuel Butler (anglican).

1820. *29 janvier* : mort du roi George III ; George IV lui succède.

1825. *17 juin* : quitte l'école du docteur Butler.
Octobre : entame des études de médecine à Édimbourg.

1826. *5 décembre* : élu membre de la Plinian Society d'Édimbourg.

1827. *27 mars* : présente son premier article naturaliste devant la Plinian Society.
Avril : quitte l'université d'Édimbourg ; voyage en Écosse et en Irlande ; séjour à Londres.
Fin mai : se rend à Paris avec son oncle Josiah II Wedgwood, « Oncle Jos ».
Juillet : retour à Shrewsbury ; son père lui propose de devenir pasteur.
Automne : séjours à Woodhouse chez les Mostyn-Owen.

1828. *Début janvier* : entame des études de théologie à Cambridge.
12 août : décès du commandant Pringle Stokes à Port Famine.
Automne : séjour chez son cousin William Fox à Osmaston ;

séjour à Woodhouse ; il devient de plus en plus intime avec Fanny Owen.

1829. Émancipation des catholiques.

1830. *24 mars* : obtient son Little Go.
26 juin : mort du roi George IV ; Guillaume IV lui succède.

1831. *Fin janvier* : obtient son Bachelor of Arts.
29 août : se voit proposer un voyage océanographique à bord du *Beagle*, commandé par le capitaine Robert FitzRoy.
27 décembre : le *Beagle* prend la mer pour l'Amérique du Sud.
Débuts de l'« ère du rail ».

1832. *15 janvier - 8 février* : escale aux îles du Cap-Vert.
28 février - 17 mars : arrivée au Brésil ; escale à Salvador de Bahia.
4 avril - 5 juillet : escale à Rio de Janeiro ; Darwin explore l'arrière-pays.
22 juillet - 19 août : río de La Plata (Montevideo, Buenos Aires).
20 août 1832 : mort subite de sa cousine Fanny Wedgwood.
6 septembre - 19 octobre : escale à Bahía Blanca ; Darwin fouille le gisement de fossiles de Punta Alta.
26 octobre - 29 novembre : retour dans le río de La Plata.
16 décembre : arrivée en Terre de Feu ; le lendemain, 1re rencontre avec des indigènes fuégiens.
21 décembre : passage du cap Horn.

1833. *Janvier - février* : le *Beagle* explore les canaux de Patagonie.
1er mars - 6 avril : escale aux îles Falkland.
26 avril : retour du *Beagle* à Montevideo.
28 avril - 24 juillet : Darwin réside à terre et explore l'Uruguay.
24 juillet : départ du *Beagle* pour le río Negro.
3 août : arrivée à l'embouchure du río Negro ; Darwin quitte le *Beagle* pour un long voyage terrestre jusqu'au 21 octobre, de Carmen de Patagones à Santa Fe via Bahía Blanca et Buenos Aires. Après de multiples péripéties, il rejoint le *Beagle* à Montevideo, en Uruguay, le 4 novembre.
5 novembre - 6 décembre : 2e voyage d'exploration terrestre de l'Uruguay.

1834. *29 janvier - 7 mars* : relevé des côtes de la Terre de Feu.
10 mars - 7 avril : 2e escale aux îles Falkland.
13 avril - 8 mai : embouchure du río Santa Cruz ; carénage

du *Beagle* ; exploration du cours du Santa Cruz avec trois baleinières.
11 juin : le *Beagle* entre dans l'océan Pacifique.
28 juin - 13 juillet : escale à l'île de Chiloé.
22 juillet - 10 novembre : escale à Valparaíso.
14 août - 27 septembre : 1er voyage d'exploration géologique des Andes.
21 novembre : 2e escale à l'île de Chiloé, exploration de l'île et relevé des côtes.

1835. *19 janvier* : éruption du volcan d'Osorno.
20 février : un violent séisme détruit la ville de Concepción.
11 mars : nouvelle escale à Valparaíso.
14 mars - 17 avril : 2e voyage d'exploration géologique : traversée aller-retour des Andes, passage en Argentine par le col de Piuquenes, arrivée à Mendoza, retour au Chili par le col de La Cumbre.
27 avril - 1er juillet : longues excursions terrestres qui le mènent de Valparaíso à Copiapó, où il retrouve le *Beagle*.
19 juillet - 7 septembre : escale au Pérou.
15 septembre - 20 octobre : escale aux Galápagos.
15 novembre - 26 novembre : escale à Tahiti.
21 décembre - 30 décembre : escale en Nouvelle-Zélande.
« Loi des pauvres » : les assistés sont enfermés dans des hospices de travail (*workhouses*).

1836. *12 - 30 janvier* : escale à Sydney.
5 - 17 février : escale en Tasmanie.
6 - 14 mars : escale à King George Sound (sud-ouest de l'Australie).
1er - 12 avril : escale aux îles Cocos.
29 avril - 9 mai : escale à l'île Maurice.
31 mai - 18 juin : escale au Cap.
8 - 14 juillet : escale à Sainte-Hélène.
19 - 23 juillet : escale à l'île de l'Ascension.
1er - 17 août : dernières escales au Brésil (Salvador de Bahia et Pernambouc).
31 août - 4 septembre : 2e et dernière escale aux îles du Cap-Vert.
20 - 25 septembre : escale aux Açores.
2 octobre : arrivée du *Beagle* à Falmouth (Angleterre).
4 octobre : retour à Shrewsbury.

Fin octobre : Darwin séjourne à Londres chez son frère Erasmus, où il rencontre Harriet Martineau.

1837. *4 janvier* : 1re intervention à la Geological Society.
17 février : élu membre de la Geographical Society.
Début mars : installation à Londres, au 36, Great Marlborough Street.
20 juin : mort du roi Guillaume IV ; Victoria lui succède, elle régnera jusqu'en 1901.

1838. *Mi-janvier* : élu secrétaire de la Geological Society.
21 juin : élu membre de l'Athæneum, club londonien très fermé.
11 novembre : demande sa cousine Emma Wedgwood en mariage.
30 décembre : installation au 12, Upper Gower Street.

1839. *24 janvier* : élu membre de la Royal Society.
29 janvier : mariage avec Emma Wedgwood à Maer.
27 décembre : naissance de son premier enfant et premier fils William Erasmus (Doddy).

1840. Toute l'année, graves problèmes de santé.

1841. *2 mars* : naissance de son deuxième enfant et première fille Anne Elizabeth (Annie).

1842. *Juillet* : achat du domaine de Down House, à Downe, dans le Kent.
Mi-septembre : installation à Down House.
23 septembre : naissance de son troisième enfant et deuxième fille Mary Eleanor.
16 octobre : décès de Mary Eleanor.
Fin d'année : parution de la dernière partie de la *Zoologie du voyage du* Beagle, édité et dirigé par Charles Darwin.

1843. *12 juillet* : décès de son oncle et beau-père Josiah II Wedgwood (Oncle Jos).
25 septembre : naissance de son quatrième enfant et troisième fille Henrietta Emma (Etty).
Automne : rencontre avec le botaniste Joseph Dalton Hooker.

1844. *5 juillet* : achève son « esquisse de la théorie des espèces », l'*Essai de 1844* (inédit de son vivant).

1845. *9 juillet* : naissance de son cinquième enfant et deuxième fils George Howard.

1846. *Octobre* : entreprend la rédaction de la *Monographie sur les cirripèdes.*

Le gouvernement choisit l'application du libre-échange économique.

1847. *8 juillet* : naissance de son sixième enfant et quatrième fille Elizabeth (Bessy).

1848. *16 août* : naissance de son septième enfant et troisième fils Francis (Franky).

13 novembre : décès de son père, le docteur Robert Darwin.

1849. *10 mars* : cure d'hydrothérapie de quatre mois à Malvern, aux soins du docteur Gully.

Novembre : Henrietta, Elizabeth et Annie ont la scarlatine.

1850. *15 janvier* : naissance de son huitième enfant et quatrième fils Leonard (Lenny).

1851. *24 mars* : Darwin confie Annie, fatiguée depuis sa scarlatine, au docteur Gully pour une cure d'hydrothérapie à Malvern.

Début avril : Annie présente une forte fièvre. Le docteur Gully est « très confiant ».

23 avril : décès d'Annie.

1er mai : ouverture de la première Exposition universelle à Londres.

13 mai : naissance de son neuvième enfant et cinquième fils Horace.

Septembre : publication du 1er volume de la *Monographie sur les cirripèdes*.

1854. *Septembre* : publication du 2e volume de la *Monographie sur les cirripèdes*.

1856. *Avril* : Lyell signale à Darwin un article du naturaliste Alfred Russel Wallace sur l'évolution des espèces.

6 décembre : naissance de son dixième enfant et sixième fils Charles Waring.

1858. *18 juin* : Darwin reçoit une lettre de Wallace contenant un essai similaire à sa théorie sur l'origine des espèces.

28 juin : décès de Charles Waring.

1er juillet : présentation conjointe à la Linnean Society des travaux de Darwin et Wallace sur l'évolution des espèces.

1859. *22 novembre* : publication de *L'Origine des espèces*.

1860. *30 juin* : débat d'Oxford, vive confrontation entre pro et antidarwiniens. Darwin, absent, est représenté par Huxley et Hooker.

1862. *15 mai* : publication de *La Fécondation des orchidées par les insectes*.

1864. *Novembre* : reçoit la médaille Copley de la Royal Society.

1865. *30 avril* : suicide du vice-amiral Robert FitzRoy.
12 juin : publication : *Les Mouvements et les habitudes des plantes grimpantes.*

1866. *2 février* : décès de sa sœur Catherine.
3 décembre : décès de sa sœur Susan.

1868. *30 janvier* : publication du 1er volume de *De la variation des animaux et des plantes sous l'action de la domestication* ; le 2e volume paraît en février.

1871. *24 février* : publication de *La Descendance de l'homme et la sélection sexuelle.*

1872. *8 novembre* : publication de *L'Expression des émotions chez l'homme et les animaux.*

1873. *Printemps* : Darwin reçoit un exemplaire du *Capital* dédicacé par Karl Marx.

1875. *1er janvier* : Victoria impératrice des Indes.
12 janvier : rupture officielle avec le biologiste St. George Jackson Mivart.
2 juin : publication : *Les Plantes insectivores.*

1877. *7 novembre* : reçu docteur en droit *honoris causa* de Cambridge.

1879. *Novembre* : querelle avec le romancier Samuel Butler.

1880. *6 novembre* : publication de *La Faculté motrice chez les plantes.*

1881. *26 août* : décès de son frère Erasmus.
10 octobre : publication de son dernier ouvrage, *Le Rôle des vers de terre dans la formation de la terre végétale.*
Début de l'essor du socialisme en Grande-Bretagne.

1882. *19 avril* : mort de Charles Darwin à Down House.
26 avril : funérailles nationales à l'abbaye de Westminster.

GÉNÉALOGIE

GRANDS-PARENTS :

Erasmus DARWIN épouse en 1757 Mary HOWARD
1731-1802 — 1740-1770

5 enfants dont :
↓

Josiah WEDGWOOD épouse en 1764 Sarah WEDGWOOD
1730-1795 — 1734-1815

7 enfants dont :
↓

PARENTS :

Robert Waring DARWIN épouse en 1796 Susannah WEDGWOOD
1766-1848 — 1765-1817

6 enfants :
- ↳ Marianne DARWIN (1798-1858)
- ↳ Caroline Sarah DARWIN (1800-1888) *épouse en 1837* ↳ Josiah WEDGWOOD III (1795-1880)
- ↳ Susan Elizabeth DARWIN (1803-1866)
- ↳ Erasmus Alvey DARWIN (1804-1881)
- ↳ **Charles Robert DARWIN (1809-1882)** ***épouse le 29 janvier 1839*** ↳ **Emma WEDGWOOD (1808-1896)**
- ↳ Emily Catherine DARWIN (1810-1866)

Josiah WEDGWOOD II épouse en 1792 Elizabeth ALLEN
« Oncle Jos » — « Tante Bessie »
1769-1843 — 1764-1846

8 enfants :
- ↳ Elizabeth WEDGWOOD (1793-1880)
- ↳ Josiah WEDGWOOD III (1795-1880)
- ↳ Charlotte WEDGWOOD (1797-1862)
- ↳ Henry Allen « Harry » WEDGWOOD (1799-1885)
- ↳ Francis « Frank » WEDGWOOD (1800-1880)
- ↳ Hensleigh WEDGWOOD (1803-1891)
- ↳ Fanny WEDGWOOD (1806-1832)
- ↳ **Emma WEDGWOOD (1808-1896)**

RÉFÉRENCES BIBLIOGRAPHIQUES

Toute sa vie, Darwin n'a cessé d'écrire et de prendre des notes : au total, des dizaines de milliers de feuillets représentant des dizaines d'ouvrages, des centaines d'articles, une correspondance d'au moins 14 000 lettres... Et la production de textes autour de Darwin et du darwinisme ne cesse de s'enrichir depuis la publication de *L'Origine des espèces* en 1859 — la British Library cumule à elle seule plus de 11 000 références. Cette brève bibliographie recense néanmoins quelques sources indispensables à tous les curieux de Darwin et de sa pensée.

ŒUVRES DE CHARLES DARWIN

L'Autobiographie, traduit de l'anglais par Jean-Michel Goux et Nicolas Witkowski, Le Seuil, 2008.

Écrits intimes, traduit de l'anglais par Maxime Rovere, Payot et Rivages, 2009.

Journal de bord du voyage du Beagle *(1831-1836)*, édition sous la direction de Patrick Tort, traduit de l'anglais par Christiane Bernard et Marie-Thérèse Blanchon, Honoré Champion, 2012.

L'Origine des espèces, édition sous la direction de Patrick Tort, traduit de l'anglais par Aurélien Berra, Honoré Champion, 2009.

The Variation of Animals and Plants under Domestication, John Murray, Londres, 1868.

La Vie et la correspondance de Charles Darwin avec un chapitre autobiographique publiés par son fils M. Francis Darwin, traduit de l'anglais par Henry G. de Varigny, docteur ès sciences, 2 vol., G. Reinwald, 1888.

Voyage d'un naturaliste autour du monde, traduit de l'anglais par Edmond Barbier, La Découverte, 2003.

À PROPOS DE CHARLES DARWIN

En français :

Denis Buican, *Darwin et l'épopée de l'évolutionnisme*, Plon, 2012.

Erasmus Darwin, *Zoonomie ou Les Lois de la vie organique*, traduit de l'anglais, P. F. de Goesin-Verhaeghe, Gand, 1810.

Joanny Moulin, *Darwin. Une scandaleuse vérité*, Autrement, 2009.

Pascal Picq, *Darwin et l'évolution expliqués à nos petits-enfants*, Le Seuil, 2009.

Patrick Tort, *Darwin et la science de l'évolution*, Gallimard, coll. « Découvertes Gallimard », 2000.

En anglais :

Emma Darwin, *A Century of Family Letters, 1792-1896*, édité par sa fille Henrietta Litchfield, 2 vol., D. Appleton and Company, New York, 1915.

Adrian Desmond et James Moore, *Darwin*, Penguin Books, Londres, 2009.

R. B. Freeman, *Charles Darwin. A Companion*, The Charles Darwin Trust, 1979.

Ernst Krause, *Erasmus Darwin, with a Preliminary Notice by Charles Darwin*, John Murray, Londres, 1879.

SITES INTERNET

En français :

http://www.charlesdarwin.fr/: site de l'Institut Charles-Darwin international, fondé et animé par le philosophe Patrick Tort.

En anglais :

http://darwinday.org/ : site de l'International Darwin Day Foundation, organisatrice de la fête mondiale de la science autour de Darwin.

http://www.aboutdarwin.com/index.html : site généraliste sur Darwin créé par un passionné d'histoire des sciences, David Leff.

http://Darwin-online.org.uk/ : site proposant l'essentiel des écrits de Darwin et sur Darwin (principalement en anglais).

http://www.darwinproject.ac.uk/ : site proposant à terme la correspondance intégrale de Darwin (développement en cours).

Sans oublier le désormais indispensable Wikipedia...

ARTICLES

Ralph Colp Jr., « "Confessing a Murder" : Darwin's First Revelations about Transmutation », in *Isis*, vol. 77, nº 1, mars 1986.

—, « "I Will Gladly Do My Best": How Charles Darwin Obtained a Civil List Pension for Alfred Russel Wallace », in *Isis*, vol. 83, nº 1, mars 1992.

—, « The Contacts between Karl Marx and Charles Darwin », in *Journal of the History of Ideas*, vol. 35-2, 1974.

W. H. McMenemey, « The Water Doctors of Malvern », in *Proceedings of the Royal Society of Medicine*, vol. 46, 1er octobre 1952.

Fernando Orrego et Carlos Quintana, « Darwin's Illness : a Final Diagnosis », in *Notes & Records of the Royal Society*, nº 61, 2007.

William E. Swinton, « The Hydrotherapy and Infamy of Dr. James Gully », in *Canadian Medical Association Journal*, vol. 123, 20 décembre 1980.

The Times, archives numériques du quotidien pour la période 1800-1890.

NOTES

La traduction de la correspondance de Darwin, éditée par son fils et traduite par Henry G. de Varigny, a été révisée par l'auteur. Pour les autres textes cités, sauf mention contraire, les traductions des passages cités et référencés ci-dessous sont traduits par l'auteur.

PROLOGUE : SUICIDE À PORT FAMINE

1. Ch. Darwin, *Journal de bord du voyage du* Beagle *(1831-1836)*, 1er juin 1834, édition sous la direction de Patrick Tort, traduit de l'anglais par Christiane Bernard et Marie-Thérèse Blanchon, Honoré Champion, 2012.
2. P. P. King, *Voyages of the* Adventure *and* Beagle, vol. I, Henry Colburn, 1839.
3. Ch. Darwin, *L'Autobiographie*, traduit de l'anglais par Jean-Michel Goux et Nicolas Witkowski, Le Seuil, 2008.

FORMATION, 1809-1831

LE CHROMOSOME DU NON-CONFORMISME

1. Ch. Darwin, *L'Autobiographie*, *op. cit.*
2. Lettre du 19 mai 1802 de Robert Waring Darwin à son neveu

Robert Darwin, Ernst Krause, *Life of Erasmus Darwin, with a Preliminary Notice by Charles Darwin*, John Murray, Londres, 1879.

3. *Ibid.*

4. Erasmus Darwin, *Zoonomie ou Les Lois de la vie organique*, d'après la traduction de P. F. de Goesin-Verhaeghe, Gand, 1810.

5. *Ibid.*

6. Thomas Clarkson, *The History of the Abolition of the African Slave-Trade*, L. Taylor, Londres, 1808.

7. Richard Buckley Litchfield, *Tom Wedgwood, the First Photographer: An Account of His Life*, Duckworth & Co., Londres, 1903.

8. Ernst Krause, *Life of Erasmus Darwin, with a Preliminary Notice by Charles Darwin, op. cit.*

L'ÉCOLE BUISSONNIÈRE OU LE *POCO CURANTE*

1. Ch. Darwin, « Fragment autobiographique (1838) », in *Écrits intimes*, traduit de l'anglais par Maxime Rovere, Payot et Rivages, 2009.

2. *Ibid.*

3. Ch. Darwin, *L'Autobiographie, op. cit.*

4. Ch. Darwin, « Fragment autobiographique (1838) », *op. cit.*

5. Ch. Darwin, *L'Autobiographie, op. cit.*

6. Ch. Darwin, « Fragment autobiographique (1838) », *op. cit.*

7. Ch. Darwin, *L'Autobiographie, op. cit.*

8. Adrian Desmond et James Moore, *Darwin*, Penguin Books, Londres, 2009.

9. Ch. Darwin, *L'Autobiographie, op. cit.*

10. *Ibid.*

11. *Ibid.*

12. Lettre d'Erasmus Darwin à Ch. Darwin, s.d., Darwin Correspondence Project. https ://www.darwinproject.ac.uk/ (DCP).

13. Ch. Darwin, *L'Autobiographie, op. cit.*

14. *Ibid.*, pour tous les extraits.

MÉDECIN MALGRÉ LUI

1. Ch. Darwin, *L'Autobiographie, op. cit.*

2. Lettre du 6 janvier 1826 (DCP).

3. Lettre de Ch. Darwin à Joseph Dalton Hooker, 1847 (DCP).

4. *Ibid.*

5. Lettre d'Erasmus Darwin à Ch. Darwin, 10 janvier 1825 [?].

6. Ch. Darwin, *The Variation of Animals and Plants under Domestication,* John Murray, Londres, 1868.

7. G. Wilson et A. Geikie, *Memoir of Edward Forbes,* Macmillan, Cambridge et Londres, 1861.

8. Lettre à T. F. Kennedy, *in* H. Cockburn, *Letters Chiefly Connected with the Affairs of Scotland*, Ridgway, Londres, 1874.

9. Ch. Darwin, *L'Autobiographie, op. cit.*

10. *Ibid.*

11. *Ibid.*

THÉOLOGIEN PAR DÉFAUT

1. Ch. Darwin, *Journal 1809-1881*, manuscrit conservé à la bibliothèque de Cambridge et disponible sur le site Darwin Online (darwin-online.org.uk).

2. Lettre de Josiah II Wedgwood à Emma Allen, datée du 16 janvier 1827, *in* Emma Darwin, *A Century of Family Letters, 1792-1896*, édité par sa fille Henrietta Litchfield, 2 vol., D. Appleton & Company, New York, 1915.

3. *Ibid.*

4. Lettre de Robert Darwin à Josiah II Wedgwood, [?] mai 1827, *in* Emma Darwin, *A Century of Family Letters, 1792-1896*, *op. cit.*

5. Ch. Darwin, *L'Autobiographie, op. cit.*

6. Rapporté par Francis Darwin, in *La Vie et la correspondance de Charles Darwin avec un chapitre autobiographique publiés par son fils M. Francis Darwin*, traduit de l'anglais par Henry G. de Varigny, docteur ès sciences, 2 vol., G. Reinwald, 1888. Traduction révisée par l'auteur.

7. Lettre de Mme Josiah Wedgwood (« Bessie ») à Emma Allen, 31 octobre 1827, *in* Emma Darwin, *A Century of Family Letters, 1792-1896*, *op. cit.*

8. Ch. Darwin, *L'Autobiographie*, *op. cit.*

9. Rapporté par Henrietta Litchfield *in* Emma Darwin, *A Century of Family Letters, 1792-1896*, *op. cit.*

10. Ch. Darwin, *L'Autobiographie*, *op. cit.*

11. Lettre de Catherine Darwin à sa cousine Emma Wedgwood, vers 1830 [?], *in* Emma Darwin, *A Century of Family Letters, 1792-1896*, *op. cit.*

12. Rapporté par Henrietta Litchfield, in *ibid.*
13. *Ibid.*
14. Charles Darwin, *L'Autobiographie, op. cit.*
15. *Ibid.*
16. D'après A. Desmond et J. Moore, *Darwin, op. cit.*
17. Charles Darwin, *L'Autobiographie, op. cit.*
18. *Ibid.*
19. Lettre de Fanny Owen à Ch. Darwin, juillet [?] 1828 : « or to make a *beast of myself* in the *strawberry beds* » (DCP).
20. Lettre de Ch. Darwin à J. M. Herbert, 14 septembre 1828 (DCP).
21. Lettre de Ch. Darwin à William Darwin Fox, début octobre 1828.
22. Lettre de Fanny Owen à Ch. Darwin, 26 octobre 1828 (DCP).
23. Ch. Darwin, *L'Autobiographie, op. cit.*
24. *Ibid.*
25. Adrian Desmond et James Moore, *Darwin, op. cit.*
26. Lettre de Ch. Darwin à William Darwin Fox, 23 avril 1829.

LE NATURALISTE SORT DU BOIS

1. Lettre de Ch. Darwin à William Darwin Fox, 1er avril 1829 (DCP).
2. Lettre de Ch. Darwin à William Darwin Fox, 3 juillet 1829 (DCP).
3. Lettre de Ch. Darwin à William Darwin Fox, 15 juillet 1829 (DCP).
4. Rapporté par Francis Darwin in *La Vie et la correspondance de Charles Darwin, op. cit.*
5. Lettre de Fanny Owen à Ch. Darwin, 27 janvier 1830 (DCP).
6. Lettre de Ch. Darwin à William Darwin Fox, 25 mai 1830 (DCP).
7. Lettre de Ch. Darwin à William Darwin Fox, 25 août 1830 (DCP).
8. Lettre de Ch. Darwin à William Darwin Fox, 8 septembre 1830 (DCP).
9. Lettre de Fanny Owen à Ch. Darwin, 8 septembre 1830 (DCP).
10. Souvenirs de John Herbert, rapportés par Francis Darwin in *La Vie et la correspondance de Charles Darwin, op. cit.*
11. Ch. Darwin, *L'Autobiographie, op. cit.*
12. *Ibid.*

13. Rapporté par Francis Darwin in *La Vie et la correspondance de Charles Darwin, op. cit.*

14. Lettre de Fanny Owen à Ch. Darwin, expédiée de Woodhouse, 8 avril 1831 (DCP).

15. Lettre de Ch. Darwin à William Darwin Fox, expédiée de Cambridge, 11 mai 1831 (DCP).

16. Lettre de Ch. Darwin à William Darwin Fox, expédiée de Shrewsbury, 9 juillet 1831 (DCP).

17. Lettre de Ch. Darwin à Charles Thomas Whitley, expédiée de Shrewsbury, 12 juillet 1831 (DCP).

18. Lettre de Ch. Darwin à John Stevens Henslow, expédiée de Shrewsbury, 11 juillet 1831 (DCP).

19. Ch. Darwin, *L'Autobiographie, op. cit.*

20. *Ibid.*

21. Lettre de Ch. Darwin à William Darwin Fox, expédiée de Shrewsbury, 1er août 1831 (DCP).

22. Ch. Darwin, *L'Autobiographie, op. cit.*

LA GRANDE ÉVASION

1. *La Vie et la correspondance de Charles Darwin, op. cit.*

2. *Ibid.*

3. Lettre de Ch. Darwin à Susan Darwin, expédiée de Cambridge, 4 septembre 1831 (DCP).

4. Lettre de Ch. Darwin à John Stevens Henslow, expédiée de Shrewsbury, 30 août 1831 (DCP).

5. Ch. Darwin, *L'Autobiographie, op. cit.*

6. Francis Darwin, *La Vie et la correspondance de Charles Darwin, op. cit.*

7. *Ibid.*

8. *Ibid.*

9. Lettre de Ch. Darwin à John Stevens Henslow, envoyée de Cambridge, 2 septembre 1831 (DCP).

10. Lettre de Ch. Darwin à Susan Darwin, expédiée de Londres, 5 septembre 1831 (DCP).

11. Lettre de Ch. Darwin à Susan Darwin, expédiée de Londres, 6 septembre 1831.

12. D'après Charles Darwin, *Journal de bord du voyage du* Beagle, *op. cit.*

13. Extraits de Ch. Darwin, *ibid.*

14. Lettre de Ch. Darwin à Robert FitzRoy, expédiée de Londres, 17 [?] octobre 1831 (DCP).

15. Charles Darwin, *L'Autobiographie, op. cit.*

EXPLORATION, 1832-1836

AU RENDEZ-VOUS DE NEPTUNE

1. Ch. Darwin, *Journal de bord du voyage du* Beagle, *op. cit.*
2. *Ibid.*, pour tous les extraits.
3. Rapporté par Francis Darwin in *La Vie et la correspondance de Charles Darwin, op. cit.*
4. Ch. Darwin, *Journal de bord du voyage du* Beagle, *op. cit.*
5. *Ibid.*
6. Lettre de Ch. Darwin à John Stevens Henslow, envoyée de Devonport, 15 novembre 1831 (DCP).
7. Extraits d'après Ch. Darwin, *Journal de bord du voyage du* Beagle, *op. cit.*
8. Ch. Darwin, *Voyage d'un naturaliste autour du monde*, traduit de l'anglais par Edmond Barbier, La Découverte, 2003.
9. Lettre de Catherine Darwin à Ch. Darwin, janvier 1832 (DCP).
10. Ch. Darwin, *L'Autobiographie, op. cit.*
11. Lettre de Ch. Darwin à Catherine Darwin, expédiée de Rio de Janeiro, 26 avril 1832 (DCP).
12. Tous extraits : Ch. Darwin, *Journal de bord du voyage du* Beagle, *op. cit.*

LE CAP DES TEMPÊTES

1. Ch. Darwin, *Journal de bord du voyage du* Beagle, *op. cit.*
2. Lettre de Ch. Darwin à Susan Darwin, expédiée de Montevideo, 14 juillet - 7 août 1832 (DCP).
3. Ch. Darwin, *Journal de bord du voyage du* Beagle, *op. cit.*
4. *Ibid.*, pour tous les extraits.
5. *Ibid.*
6. Ch. Darwin, *The Descent of Man* (*La Filiation de l'homme*), 1871.

7. Ch. Darwin, *Journal de bord du voyage du* Beagle, *op. cit.*
8. *Ibid.*

L'EXPLORATEUR ET LE DICTATEUR

1. Ch. Darwin, *Voyage d'un naturaliste autour du monde, op. cit.*
2. Ch. Darwin, *Journal de bord du voyage du* Beagle, *op. cit.*
3. Ch. Darwin, *Voyage d'un naturaliste autour du monde, op. cit.*
4. *Ibid.* pour tous les extraits.
5. *Ibid.*
6. *Ibid.*

UNE VIE DE PATAGON

1. Ch. Darwin, *Journal de bord du voyage du* Beagle, *op. cit.*
2. *Ibid.*
3. Lettre de Ch. Darwin à John Stevens Henslow, expédiée des îles Falkland, mars 1834 (DCP).
4. *Ibid.* pour tous les extraits.
5. Lettre de Ch. Darwin à Caroline Darwin, 8 novembre 1834 (DCP).

SUR LE DOS DU DRAGON

1. Ch. Darwin, *Journal de bord du voyage du* Beagle, *op. cit.*
2. *Ibid.* pour tous les extraits.
3. Ch. Darwin, *Voyage d'un naturaliste autour du monde, op. cit.*

RETOUR PAR LES ANTIPODES

1. Ch. Darwin, *Voyage d'un naturaliste autour du monde, op. cit.*
2. Pour tous les extraits, Ch. Darwin, *Journal de bord du voyage du* Beagle, *op. cit.*
3. Ch. Darwin, *Voyage d'un naturaliste autour du monde, op. cit.*
4. Ch. Darwin, *Journal de bord du voyage du* Beagle, *op. cit.*
5. *Ibid.*

RÉFLEXION, 1837-1859

DEVENIR QUELQU'UN

1. Lettre de Caroline Darwin à Elizabeth Wedgwood, 5 octobre 1836, *in* Emma Darwin, *A Century of Family Letters, 1792-1896, op. cit.*

2. Ch. Darwin à Robert FitzRoy, 6 octobre 1836 (DCP).

3. Lettre à Caroline Darwin, expédiée de Londres, 24 octobre 1836 (DCP).

4. Lettre de Ch. Darwin à Charles Thomas Whitley, 24 octobre 1836 (DCP).

5. Ch. Darwin, *L'Autobiographie, op. cit.*

6. *Ibid.*

7. Lettre de Ch. Darwin à Henslow, envoyée de Londres le 30 octobre 1836, *in* Francis Darwin, *La Vie et la correspondance de Charles Darwin, op. cit.*

8. Lettre de Ch. Darwin à John Stevens Henslow, envoyée de Londres, datée du 1er novembre 1836 (DCP).

9. Lettre de Ch. Darwin à Caroline Darwin, 9 novembre 1836 (DCP).

10. Lettre de Ch. Darwin à Richard Owen, 19 décembre 1836 (DCP).

11. Lettre de Charles Lyell à Ch. Darwin, 26 décembre 1836 (DCP).

12. Thomas Malthus, *Essai sur le principe de population*, John Murray, Londres, édition de 1803.

13. Lettre de Ch. Darwin à sa sœur Caroline, 7 décembre 1836 (DCP).

LE TEMPS DES HONNEURS

1. Lettre de Caroline Darwin à Ch. Darwin, 15 janvier 1837 (DCP).

2. Lettre de Lyell, 13 février 1837 (DCP).

3. Lettre de Caroline Darwin à Ch. Darwin, 17 février 1837 (DCP).

4. Lettre de Ch. Darwin à Caroline Darwin, 27 février 1837 (DCP).

5. Lettre de Ch. Darwin à William Darwin Fox, 12 mars 1837 (DCP).

6. « Livre de notes » de Charles Darwin, juillet 1837. Manuscrit consultable sur le site du Darwin Correspondence Project (http ://www.darwinproject.ac.uk/).

7. Lettre de Ch. Darwin à Leonard Jenyns, 10 avril 1837 (DCP).

8. Lettre de Ch. Darwin à John Stevens Henslow, 18 mai 1837 (DCP).

9. Lettre de Ch. Darwin à John Stevens Henslow, 28 mai 1837 (DCP).

10. Lettre de Ch. Darwin à William Darwin Fox, [?] juillet 1837, rapportée par Francis Darwin, *La Vie et la correspondance de Charles Darwin, op. cit.*

11. Lettre de Ch. Darwin à Elizabeth Wedgwood, 28 août 1837 (DCP).

12. Lettre à John Stevens Henslow, 4 novembre 1837, rapportée par Francis Darwin, *La Vie et la correspondance de Charles Darwin, op. cit.*

13. Lettre de Robert FitzRoy à Ch. Darwin, 16 novembre 1837 (DCP).

14. Lettre de Ch. Darwin à John Stevens Henslow, 21 janvier 1838 (DCP).

15. Lettre de Ch. Darwin à sa sœur Caroline, 1er avril 1838 (DCP).

16. *Ibid.*

17. Lettre de Ch. Darwin à sa sœur Caroline, [?] mai 1838 (DCP).

18. Lettre de Ch. Darwin à Charles Thomas Whitley, 8 mai 1838 (DCP).

19. Cité *in* Emma Darwin, *A Century of Family Letters, 1792-1896, op. cit.*

20. Lettre d'Elizabeth Wedgwood, s.d., *in* Emma Darwin, *ibid.*

21. Lettre de Ch. Darwin à Charles Lyell, 9 août 1838 (DCP).

22. *Ibid.*

23. Lettre de Ch. Darwin à Charles Lyell, 14 septembre 1838 (DCP).

24. Lettre de Ch. Darwin à John Stevens Henslow, 3 novembre 1838 (DCP).

25. Ch. Darwin, « Les notes au crayon de 1837-1838 », traduit par Jean-Michel Goux, *in* Ch. Darwin, *L'Autobiographie, op. cit.*

1. Lettre d'Emma Wedgwood à Jessie de Sismondi, s.d., *in* Emma Darwin, *A Century of Family Letters, 1792-1896, op. cit.*

2. D'après lettre d'Emma Wedgwood à Mme Sismondi, 15 novembre 1838, *in* Emma Darwin, *ibid.*

3. Lettre de John Stevens Henslow à Ch. Darwin, 16 décembre 1838 (DCP).

4. Lettre de Josiah Wedgwood à Robert Darwin, s.d., *in* Emma Darwin, *A Century of Family Letters, 1792-1896, op. cit.*

5. Lettre de Ch. Darwin à Emma Wedgwood, 27 novembre 1838 (DCP).

6. Lettre d'Emma Wedgwood aux Sismondi, 28 décembre 1838, *in* Emma Darwin, *A Century of Family Letters, 1792-1896, op. cit.*

7. Lettre de Ch. Darwin à Emma Wedgwood, 29 décembre 1838 (DCP).

8. Lettre de Ch. Darwin à Emma Wedgwood, 20 janvier 1839 (DCP).

9. « Observations sur les enfants », extraits des ff. 1ro et 2ro, in *Écrits intimes, op. cit.*

10. Lettre d'Emma Darwin à sa mère, 31 janvier 1839, *in* Emma Darwin, *A Century of Family Letters, 1792-1896, op. cit.*

11. « Souvenirs de Francis Darwin », in *La Vie et la correspondance de Charles Darwin, op. cit.*

12. Lettre d'Emma Darwin à Mme de Sismondi, 7-10 février 1840, *ibid.*

13. Lettre de Ch. Darwin à Charles Lyell, février 1840 (DCP).

14. Lettre de Ch. Darwin à Robert FitzRoy, 20 février 1840 (DCP).

15. Lettre de Ch. Darwin à Leonard Jenyns, 5 avril 1840 (DCP).

16. Selon lettre de Ch. Darwin à Emma Darwin, 5 avril 1840 (DCP).

17. Lettre de Ch. Darwin à William Darwin Fox, 17 juin 1840 (DCP).

18. Lettre de Ch. Darwin à William Darwin Fox, septembre 1841, *in* Francis Darwin, *La Vie et la correspondance de Charles Darwin, op. cit.*

19. Lettre de Ch. Darwin à William Darwin Fox, 28 septembre 1841 (DCP).

20. Lettre de Ch. Darwin à Leonard Jenyns, 9 mai 1842 (DCP).

21. « Souvenirs de Francis Darwin », in *La Vie et la correspondance de Charles Darwin, op. cit.*

LA MAISON DU BONHEUR

1. Lettre de Ch. Darwin à sa belle-sœur Fanny Wedgwood, 20 octobre 1842 (DCP).

2. Lettre de Ch. Darwin à William Darwin Fox, 28 mars 1843, *in* Francis Darwin, *La Vie et la correspondance de Charles Darwin, op. cit.*

3. Ch. Darwin, *L'Autobiographie, op. cit.*

4. Lettre de Ch. Darwin à Joseph Dalton Hooker, 11 janvier 1844, *in* Francis Darwin, *La Vie et la correspondance de Charles Darwin, op. cit.*

5. Lettre (et note) de Ch. Darwin à Emma Darwin, 5 juillet 1844, *in* Francis Darwin, *La Vie et la correspondance de Charles Darwin, op. cit.*

6. Cité par Francis Darwin, in *ibid.*

7. Ch. Darwin, *L'Autobiographie, op. cit.*

8. Lettre de Ch. Darwin à Syms Covington, 28 novembre 1850 (DCP).

9. Ch. Darwin, *L'Autobiographie, op. cit.*

10. Lettre de Ch. Darwin à William Darwin Fox, 6 février 1849 (DCP).

AUX MAINS DES CHARLATANS

1. W. H. McMenemey, « The Water Doctors of Malvern », in *Proceedings of the Royal Society of Medecine*, vol. 46, 1er octobre 1952.

2. William E. Swinton, « The Hydrotherapy and Infamy of Dr. James Gully » in *Canadian Medical Association Journal*, vol. 123, 20 décembre 1980.

3. Lettre de Ch. Darwin à Susan Darwin, 19 mars 1849 (DCP).

4. Lettre de Ch. Darwin à William Darwin Fox, 4 septembre 1850 (DCP).

5. Lettre de Ch. Darwin à William Darwin Fox, 27 mars 1851 (DCP).

6. Lettre de Ch. Darwin à Emma Darwin, 21 avril 1851 (DCP).

7. Lettre de Ch. Darwin à William Darwin Fox, 28 avril 1851 (DCP).

8. Ch. Darwin, « document privé » cité par Francis Darwin, *La Vie et la correspondance de Charles Darwin, op. cit.*

LA BOMBE VENUE DE BORNÉO

1. Lettre de Ch. Darwin à William Darwin Fox, 24 octobre 1852 (DCP).

2. Ch. Darwin, *L'Autobiographie, op. cit.*

3. Alfred Russel Wallace, « On the Law which Has Regulated the Introduction of New Species » (« Sur la loi qui a régi l'introduction de nouvelles espèces ») in *Annals and Magazine of Natural History*, septembre 1855.

4. Patrick Tort, « Naître à vingt ans : genèse et jeunesse de *L'Origine* », préface à *L'Origine des espèces*, Champion, 2009.

5. Lettre de Ch. Darwin à Lyell, 18 juin 1858, *in* Francis Darwin, *La Vie et la correspondance de Charles Darwin, op. cit.*

6. Emma Darwin, *A Century of Family Letters, 1792-1896, op. cit.*

7. Cité par Francis Darwin, *La Vie et la correspondance de Charles Darwin, op. cit.*

8. Lettre de Ch. Darwin à Joseph Dalton Hooker, 30 juillet 1858, *in* Francis Darwin, *La Vie et la correspondance de Charles Darwin, op. cit.*

9. Ch. Darwin, *Journal 1809-1881, op. cit.*

10. Lettre de Ch. Darwin à Joseph Dalton Hooker, 6 octobre 1858 (DCP).

11. Lettre de Ch. Darwin à Joseph Dalton Hooker, 12 octobre 1858 (DCP).

12. Lettre de Ch. Darwin à Joseph Dalton Hooker, [?] novembre 1858 (DCP).

13. Lettre de Ch. Darwin à Joseph Dalton Hooker, 18 mai 1859 (DCP).

14. Lettre de Ch. Darwin à William Darwin Fox, 16 novembre 1859 (DCP).

CONSÉCRATION, 1860-1882

DANS L'ŒIL DU CYCLONE

1. Ch. Darwin, *L'Origine des espèces, op. cit.*

2. Lettre d'Adam Sedgwick à Ch. Darwin, 24 décembre 1859, *in* Francis Darwin, *La Vie et la correspondance de Charles Darwin, op. cit.*

3. Lettre d'Adam Sedgwick à Ch. Darwin, 24 décembre 1859, *ibid.*

4. Lettre d'Emma Wedgwood à Ch. Darwin, s.d., *in* Emma Darwin, *A Century of Family Letters, 1792-1896, op. cit.*

5. Thomas Huxley, « La réception de *L'Origine des espèces* », in *La Vie et la correspondance de Charles Darwin, op. cit.*

6. Cité dans l'article « Samuel Wilberforce », Wikipedia.

7. Samuel Wilberforce, « Darwin's *Origin of Species* », *Quarterly Review*, juillet 1860.

8. Ruth Moore, *Charles Darwin*, Hutchinson, Londres, 1957.

9. Lettre de Charles Kinsgley à Ch. Darwin, 18 novembre 1859 (DCP).

10. Cité par Francis Darwin in *La Vie et la correspondance de Charles Darwin, op. cit.*

11. *Ibid.*

« TOUTE BALEINE A SES POUX »

1. Extrait du sommaire de la 1re édition française (Reinwald, 1872), traduction J.-J. Moulinié.

2. Lettre de William Darwin Fox à Ch. Darwin, 18 novembre 1870, *in* Francis Darwin, *La Vie et la correspondance de Charles Darwin, op. cit.*

3. Thomas Huxley, « La réception de *L'Origine des espèces* », *ibid.*

4. *Contemporary Review*, 1871.

5. Lettre de Ch. Darwin à John Murray, 31 janvier 1867 (DCP).

6. Eric Korn, *London Review of Books*, novembre 1998.

7. *Quarterly Review*, vol. 131, juillet 1871, cité par Francis Darwin, in *La Vie et la correspondance de Charles Darwin, op. cit.*

8. *Quarterly Review*, vol. 137, juillet 1874, cité *in* John Marchant, *Alfred Russel Wallace, Letters and Reminiscences*, Cassel & Co., Londres, 1916.

9. Ernst Krause, *The Life of Erasmus Darwin, op. cit.*

10. Lettre de Butler au rédacteur en chef de l'*Athæneum*, 31 janvier 1880, citée par Nora Barlow, « L'affaire Darwin-Butler », *in* Charles Darwin, *L'Autobiographie, op. cit.*

11. Lettre de Thomas Huxley à Ch. Darwin, 3 février 1880, citée par Nora Barlow, in *ibid.*

NI DIEU NI MARX

1. Cité par Ralph Colp Jr., « The Contacts between Karl Marx and Charles Darwin », *Journal of the History of Ideas*, vol. 35-2, 1974.

2. Lettre de Karl Marx à Ferdinand Lassalle, 16 janvier 1861, citée par Ralph Colp Jr., « The Contacts between Karl Marx and Charles Darwin », *op. cit.*

3. Préface à la 1re édition allemande du *Capital*, Maurice Lachatre & Cie, 1872.

4. Lettre de Marx à un ami, citée par Ralph Colp Jr., « The Contacts between Karl Marx and Charles Darwin », *op. cit.*

5. Lettre de Ch. Darwin à John Higgins, 21 décembre 1850 (DCP).

6. Francis Darwin, « Réminiscences de la vie de tous les jours de mon père », in *La Vie et la correspondance de Charles Darwin, op. cit.*

POUR L'ENSEMBLE DE SON ŒUVRE... OU PRESQUE

1. *The Reader*, 3 décembre 1864, *in* Francis Darwin, *La Vie et la correspondance de Charles Darwin, op. cit.*

2. Francis Darwin, « Appendices », in *ibid.*

3. Thomas Huxley, « La réception de *L'Origine des espèces* », in *ibid.*

4. Lettre de Ch. Darwin à J. V. Carus, 18 août 1870 (DCP).

5. Cité par Francis Darwin, *La Vie et la correspondance de Charles Darwin, op. cit.*

6. Sur ces points, *cf.* notamment Patrick Tort, « Des partisans impurs », in *Darwin et la science de l'évolution*, Gallimard, « Découvertes Gallimard », 2000.

7. Discours de Friedrich Engels au cimetière de Highgate, à

Londres, le 14 mars 1883, cité par Ralph Colp Jr., « The Contacts between Karl Marx and Charles Darwin », *op. cit.*

8. Ch. Darwin, *L'Autobiographie, op. cit.*

9. Francis Darwin, « Réminiscences de la vie de tous les jours de mon père », in *La Vie et la correspondance de Charles Darwin, op. cit.*

L'AUTOMNE DU PATRIARCHE

1. Francis Darwin, « Réminiscences de la vie de tous les jours de mon père », *in* Francis Darwin, *La Vie et la correspondance de Charles Darwin, op. cit.*

2. *Ibid.*, pour tous les extraits.

3. Ch. Darwin, *L'Autobiographie, op. cit.*

4. Francis Darwin, « Réminiscences de la vie de tous les jours de mon père », in *La Vie et la correspondance de Charles Darwin, op. cit.*

5. Lettre d'Emma Darwin (sans mention de destinataire), juin 1881, *in* Emma Darwin, *A Century of Family Letters, 1792-1896, op. cit.*

DERNIERS INSTANTS, DERNIÈRES DEMEURES

1. Francis Darwin, « Réminiscences de la vie de tous les jours de mon père », in *La Vie et la correspondance de Charles Darwin, op. cit.*

2. Cité par Francis Darwin, in *ibid.*

3. *Ibid.*

4. *Ibid.*

5. *Ibid.*

6. Témoignages cités par R. B. Freeman, *Charles Darwin, A Companion*, The Charles Darwin Trust, 1979.

7. *Ibid.*

8. Harvey Goodwin, « Funeral Sermon for Charles Darwin », in *Walks on the Regions of Science and Faith*, John Murray, Londres, 1883, cité par le site officiel de l'abbaye de Westminster (www.westminster-abbey.org).

REMERCIEMENTS

Un merci tout particulier à Gérard de Cortanze et Yvon Girard. Un merci reconnaissant à tous les passionnés anonymes qui travaillent à déchiffrer, numériser et diffuser l'œuvre de Darwin.

FOLIO BIOGRAPHIES

Alain-Fournier, par ARIANE CHARTON

Alexandre le Grand, par JOËL SCHMIDT

Lou Andreas-Salomé, par DORIAN ASTOR

Attila, par ÉRIC DESCHODT. Prix « Coup de cœur en poche 2006 » décerné par *Le Point*.

Bach, par MARC LEBOUCHER

Joséphine Baker, par JACQUES PESSIS

Balzac, par FRANÇOIS TAILLANDIER

Baudelaire, par JEAN-BAPTISTE BARONIAN

Beethoven, par BERNARD FAUCONNIER

Sarah Bernhardt, par SOPHIE-AUDE PICON

Bouddha, par SOPHIE ROYER

James Brown, par STÉPHANE KOECHLIN

Maria Callas, par RENÉ DE CECCATTY

Calvin, par JEAN-LUC MOUTON

Camus, par VIRGIL TANASE

Le Caravage, par GÉRARD-JULIEN SALVY

Casanova, par MAXIME ROVERE

Céline, par YVES BUIN

Jules César, par JOËL SCHMIDT

Cézanne, par BERNARD FAUCONNIER. Prix de la biographie de la ville d'Hossegor 2007.

Chaplin, par MICHEL FAUCHEUX

Chopin, par PASCALE FAUTRIER

Churchill, par SOPHIE DOUDET

Cléopâtre, par JOËL SCHMIDT

Albert Cohen, par FRANCK MÉDIONI

Colette, par MADELEINE LAZARD

Christophe Colomb, par MARIE-FRANCE SCHMIDT

Joseph Conrad, par MICHEL RENOUARD

Marie Curie, par JANINE TROTEREAU

Darwin, par JEAN-NOËL MOURET
Alexandra David-Néel, par JENNIFER LESIEUR
James Dean, par JEAN-PHILIPPE GUERAND
Debussy, par ARIANE CHARTON
Dickens, par JEAN-PIERRE OHL
Diderot, par RAYMOND TROUSSON
Marlene Dietrich, par JEAN PAVANS
Dostoïevski, par VIRGIL TANASE
Albert Einstein, par LAURENT SEKSIK
Fellini, par BENITO MERLINO
Flaubert, par BERNARD FAUCONNIER
Freud, par RENÉ MAJOR et CHANTAL TALAGRAND
Gandhi, par CHRISTINE JORDIS. Prix du livre d'histoire de la ville de Courbevoie 2008.
Federico García Lorca, par ALBERT BENSOUSSAN
De Gaulle, par ÉRIC ROUSSEL
Geronimo, par OLIVIER DELAVAULT
George Gershwin, par FRANCK MÉDIONI
Goethe, par JOËL SCHMIDT
Goya, par MARIE-FRANCE SCHMIDT
Jimi Hendrix, par FRANCK MÉDIONI
Billie Holiday, par SYLVIA FOL
Victor Hugo, par SANDRINE FILLIPETTI
Ibsen, par JACQUES DE DECKER
Jésus, par CHRISTIANE RANCÉ
Janis Joplin, par JEAN-YVES REUZEAU
Kafka, par GÉRARD-GEORGES LEMAIRE
Gene Kelly, par ALAIN MASSON
Kennedy, par VINCENT MICHELOT
Kerouac, par YVES BUIN
Lafayette, par BERNARD VINCENT
Lapérouse, par ANNE PONS
Lawrence d'Arabie, par MICHEL RENOUARD
Franz Liszt, par FRÉDÉRIC MARTINEZ

Louis XIV, par ÉRIC DESCHODT

Louis XVI, par BERNARD VINCENT

Auguste et Louis Lumière, PAR MICHEL FAUCHEUX

Machiavel, par HUBERT PROLONGEAU

Magritte, par MICHEL DRAGUET

Man Ray, par SERGE LOPEZ

Maupassant, par FRÉDÉRIC MARTINEZ

Bob Marley, par JEAN-PHILIPPE DE TONNAC

Michel-Ange, par NADINE SAUTEL

Mishima, par JENNIFER LESIEUR

Modigliani, par CHRISTIAN PARISOT

Molière, par CHRISTOPHE MORY

Marilyn Monroe, par ANNE PLANTAGENET

Mermoz, par MICHEL FAUCHEUX

Moïse, par CHARLES SZLAKMANN

Jim Morrison, par JEAN-YVES REUZEAU

Mozart, par JEAN BLOT

Musset, par ARIANE CHARTON

Napoléon, par PASCALE FAUTRIER

Nerval, par GÉRARD COGEZ

Nietzsche, par DORIAN ASTOR

Pasolini, par RENÉ DE CECCATTY

Pasteur, par JANINE TROTEREAU

Édith Piaf, par ALBERT BENSOUSSAN

Picasso, par GILLES PLAZY

Marco Polo, par OLIVIER GERMAIN-THOMAS

Louis Renault, par JEAN-NOËL MOURET

Rimbaud, par JEAN-BAPTISTE BARONIAN. Prix littéraire 2011 du Parlement de la Fédération Wallonie-Bruxelles.

Robespierre, par JOËL SCHMIDT

Rousseau, par RAYMOND TROUSSON

Saint-Exupéry, par VIRGIL TANASE. Prix de la biographie de la ville d'Hossegor 2013.

George Sand, par MARTINE REID. Prix Ernest Montusès 2013.

Madame de Sévigné, par STÉPHANE MALTÈRE

Shakespeare, par CLAUDE MOURTHÉ

Stendhal, par SANDRINE FILLIPETTI

Jacques Tati, par JEAN-PHILIPPE GUERAND

Tchekhov, par VIRGIL TANASE

Toussaint Louverture, par ALAIN FOIX

Jules Vallès, par CORINNE SAMINADAYAR-PERRIN

Van Gogh, par DAVID HAZIOT. Prix d'Académie 2008 décerné par l'Académie française (Fondation Le Métais-Larivière).

Verdi, par ALBERT BENSOUSSAN

Verlaine, par JEAN-BAPTISTE BARONIAN

Boris Vian, par CLAIRE JULLIARD

Léonard de Vinci, par SOPHIE CHAUVEAU

Wagner, par JACQUES DE DECKER

Andy Warhol, par MERIAM KORICHI

Oscar Wilde, par DANIEL SALVATORE SCHIFFER

Tennessee Williams, par LILIANE KERJAN. Prix du Grand Ouest des écrivains de l'Ouest 2011.

Virginia Woolf, par ALEXANDRA LEMASSON

Stefan Zweig, par CATHERINE SAUVAT

COLLECTION FOLIO

Dernières parutions

5581. Paolo Rumiz	*L'ombre d'Hannibal*
5582. Colin Thubron	*Destination Kailash*
5583. J. Maarten Troost	*La vie sexuelle des cannibales*
5584. Marguerite Yourcenar	*Le tour de la prison*
5585. Sempé-Goscinny	*Les bagarres du Petit Nicolas*
5586. Sylvain Tesson	*Dans les forêts de Sibérie*
5587. Mario Vargas Llosa	*Le rêve du Celte*
5588. Martin Amis	*La veuve enceinte*
5589. Saint Augustin	*L'Aventure de l'esprit*
5590. Anonyme	*Le brahmane et le pot de farine*
5591. Simone Weil	*Pensées sans ordre concernant l'amour de Dieu*
5592. Xun zi	*Traité sur le Ciel*
5593. Philippe Bordas	*Forcenés*
5594. Dermot Bolger	*Une seconde vie*
5595. Chochana Boukhobza	*Fureur*
5596. Chico Buarque	*Quand je sortirai d'ici*
5597. Patrick Chamoiseau	*Le papillon et la lumière*
5598. Régis Debray	*Éloge des frontières*
5599. Alexandre Duval-Stalla	*Claude Monet - Georges Clemenceau : une histoire, deux caractères*
5600. Nicolas Fargues	*La ligne de courtoisie*
5601. Paul Fournel	*La liseuse*
5602. Vénus Khoury-Ghata	*Le facteur des Abruzzes*
5603. Tuomas Kyrö	*Les tribulations d'un lapin en Laponie*
5605. Philippe Sollers	*L'Éclaircie*
5606. Collectif	*Un oui pour la vie ?*
5607. Éric Fottorino	*Petit éloge du Tour de France*
5608. E.T.A. Hoffmann	*Ignace Denner*

5608. Frédéric Martinez	*Petit éloge des vacances*
5610. Sylvia Plath	*Dimanche chez les Minton et autres nouvelles*
5611. Lucien	*« Sur des aventures que je n'ai pas eues ». Histoire véritable*
5612. Julian Barnes	*Une histoire du monde en dix chapitres ½*
5613. Raphaël Confiant	*Le gouverneur des dés*
5614. Gisèle Pineau	*Cent vies et des poussières*
5615. Nerval	*Sylvie*
5616. Salim Bachi	*Le chien d'Ulysse*
5617. Albert Camus	*Carnets I*
5618. Albert Camus	*Carnets II*
5619. Albert Camus	*Carnets III*
5620. Albert Camus	*Journaux de voyage*
5621. Paula Fox	*L'hiver le plus froid*
5622. Jérôme Garcin	*Galops*
5623. François Garde	*Ce qu'il advint du sauvage blanc*
5624. Franz-Olivier Giesbert	*Dieu, ma mère et moi*
5625. Emmanuelle Guattari	*La petite Borde*
5626. Nathalie Léger	*Supplément à la vie de Barbara Loden*
5627. Herta Müller	*Animal du cœur*
5628. J.-B. Pontalis	*Avant*
5629. Bernhard Schlink	*Mensonges d'été*
5630. William Styron	*À tombeau ouvert*
5631. Boccace	*Le Décaméron. Première journée*
5632. Isaac Babel	*Une soirée chez l'impératrice*
5633. Saul Bellow	*Un futur père*
5634. Belinda Cannone	*Petit éloge du désir*
5635. Collectif	*Faites vos jeux !*
5636. Collectif	*Jouons encore avec les mots*
5637. Denis Diderot	*Sur les femmes*
5638. Elsa Marpeau	*Petit éloge des brunes*
5639. Edgar Allan Poe	*Le sphinx*
5640. Virginia Woolf	*Le quatuor à cordes*
5641. James Joyce	*Ulysse*

5642. Stefan Zweig	*Nouvelle du jeu d'échecs*
5643. Stefan Zweig	*Amok*
5644. Patrick Chamoiseau	*L'empreinte à Crusoé*
5645. Jonathan Coe	*Désaccords imparfaits*
5646. Didier Daeninckx	*Le Banquet des Affamés*
5647. Marc Dugain	*Avenue des Géants*
5649. Sempé-Goscinny	*Le Petit Nicolas, c'est Noël !*
5650. Joseph Kessel	*Avec les Alcooliques Anonymes*
5651. Nathalie Kuperman	*Les raisons de mon crime*
5652. Cesare Pavese	*Le métier de vivre*
5653. Jean Rouaud	*Une façon de chanter*
5654. Salman Rushdie	*Joseph Anton*
5655. Lee Seug-U	*Ici comme ailleurs*
5656. Tahar Ben Jelloun	*Lettre à Matisse*
5657. Violette Leduc	*Thérèse et Isabelle*
5658. Stefan Zweig	*Angoisses*
5659. Raphaël Confiant	*Rue des Syriens*
5660. Henri Barbusse	*Le feu*
5661. Stefan Zweig	*Vingt-quatre heures de la vie d'une femme*
5662. M. Abouet/C. Oubrerie	*Aya de Yopougon, 1*
5663. M. Abouet/C. Oubrerie	*Aya de Yopougon, 2*
5664. Baru	*Fais péter les basses, Bruno !*
5665. William S. Burroughs/ Jack Kerouac	*Et les hippopotames ont bouilli vifs dans leurs piscines*
5666. Italo Calvino	*Cosmicomics, récits anciens et nouveaux*
5667. Italo Calvino	*Le château des destins croisés*
5668. Italo Calvino	*La journée d'un scrutateur*
5669. Italo Calvino	*La spéculation immobilière*
5670. Arthur Dreyfus	*Belle Famille*
5671. Erri De Luca	*Et il dit*
5672. Robert M. Edsel	*Monuments Men*
5673. Dave Eggers	*Zeitoun*
5674. Jean Giono	*Écrits pacifistes*
5675. Philippe Le Guillou	*Le pont des anges*

5676.	Francesca Melandri	*Eva dort*
5677.	Jean-Noël Pancrazi	*La montagne*
5678.	Pascal Quignard	*Les solidarités mystérieuses*
5679.	Leïb Rochman	*À pas aveugles de par le monde*
5680.	Anne Wiazemsky	*Une année studieuse*
5681.	Théophile Gautier	*L'Orient*
5682.	Théophile Gautier	*Fortunio. Partie carrée. Spirite*
5683.	Blaise Cendrars	*Histoires vraies*
5684.	David McNeil	*28 boulevard des Capucines*
5685.	Michel Tournier	*Je m'avance masqué*
5686.	Mohammed Aïssaoui	*L'étoile jaune et le croissant*
5687.	Sebastian Barry	*Du côté de Canaan*
5688.	Tahar Ben Jelloun	*Le bonheur conjugal*
5689.	Didier Daeninckx	*L'espoir en contrebande*
5690.	Benoît Duteurtre	*À nous deux, Paris !*
5691.	F. Scott Fitzgerald	*Contes de l'âge du jazz*
5692.	Olivier Frébourg	*Gaston et Gustave*
5693.	Tristan Garcia	*Les cordelettes de Browser*
5695.	Bruno Le Maire	*Jours de pouvoir*
5696.	Jean-Christophe Rufin	*Le grand Cœur*
5697.	Philippe Sollers	*Fugues*
5698.	Joy Sorman	*Comme une bête*
5699.	Avraham B. Yehoshua	*Rétrospective*
5700.	Émile Zola	*Contes à Ninon*
5701.	Vassilis Alexakis	*L'enfant grec*
5702.	Aurélien Bellanger	*La théorie de l'information*
5703.	Antoine Compagnon	*La classe de rhéto*
5704.	Philippe Djian	*"Oh..."*
5705.	Marguerite Duras	*Outside* suivi de *Le monde extérieur*
5706.	Joël Egloff	*Libellules*
5707.	Leslie Kaplan	*Millefeuille*
5708.	Scholastique Mukasonga	*Notre-Dame du Nil*
5709.	Scholastique Mukasonga	*Inyenzi ou les Cafards*
5710.	Erich Maria Remarque	*Après*
5711.	Erich Maria Remarque	*Les camarades*
5712.	Jorge Semprun	*Exercices de survie*

5713. Jón Kalman Stefánsson — *Le cœur de l'homme*
5714. Guillaume Apollinaire — *« Mon cher petit Lou »*
5715. Jorge Luis Borges — *Le Sud*
5716. Thérèse d'Avila — *Le Château intérieur*
5717. Chamfort — *Maximes*
5718. Ariane Charton — *Petit éloge de l'héroïsme*
5719. Collectif — *Le goût du zen*
5720. Collectif — *À vos marques !*
5721. Olympe de Gouges — *« Femme, réveille-toi ! »*
5722. Tristan Garcia — *Le saut de Malmö*
5723. Silvina Ocampo — *La musique de la pluie*
5724. Jules Verne — *Voyage au centre de la terre*
5725. J. G. Ballard — *La trilogie de béton*
5726. François Bégaudeau — *Un démocrate : Mick Jagger 1960-1969*
5727. Julio Cortázar — *Un certain Lucas*
5728. Julio Cortázar — *Nous l'aimons tant, Glenda*
5729. Victor Hugo — *Le Livre des Tables*
5730. Hillel Halkin — *Melisande ! Que sont les rêves ?*
5731. Lian Hearn — *La maison de l'Arbre joueur*
5732. Marie Nimier — *Je suis un homme*
5733. Daniel Pennac — *Journal d'un corps*
5734. Ricardo Piglia — *Cible nocturne*
5735. Philip Roth — *Némésis*
5736. Martin Winckler — *En souvenir d'André*
5737. Martin Winckler — *La vacation*
5738. Gerbrand Bakker — *Le détour*
5739. Alessandro Baricco — *Emmaüs*
5740. Catherine Cusset — *Indigo*

Composition APS
Impression Maury Imprimeur
45330 Malesherbes
le 25 avril 2014.
Dépôt légal : avril 2014.
Numéro d'imprimeur : 189705.

ISBN 978-2-07-045160-9. / Imprimé en France.

249589